101 GOLF PLÄTZE

101 GOLF PLÄTZE

Die spektakulärsten Anlagen der Welt

Geoffrey Giles

Parragon

Bath · New York · Singapore · Hong Kong · Cologne · Delhi · Melbourne

Entwurf und Realisation: Jollands Editions
Layout: JC Lanaway
Kurs-Karten: Compare Infobase Limited

Parragon Books Ltd
Queen Street House
4 Queen Street
Bath BA1 1HE, UK

Realisation der deutschen Ausgabe:
trans texas publishing, Köln
Übersetzung: Scriptorium GbR, Köln
Lektorat: Birgit Althaus, Elsdorf
Satz und Projektmanagement: Nazire Ergün, Köln

ISBN 978-1-4075-6237-7

Printed in China

PRAKTISCHE HINWEISE

Die meisten hier beschriebenen Golfplätze heißen Gäste willkommen. Ausnahmen bilden nur einige private Clubs in den USA und Kanada. Auf den berühmten Championship Courses ist die Nachfrage so groß, dass man weit im Voraus buchen muss. Auf den Internetseiten der Clubs finden sich Angaben zu Preisen, offenen Terminen, Handicap-Vorgaben, Kleiderordnung und ob ein Empfehlungsschreiben benötigt wird. Viele Clubs bieten zudem die Möglichkeit, online zu buchen. Die Entfernungen sind in Metern angegeben, auch wenn auf den Golfplätzen in Nordamerika und Großbritannien noch Yards verwendet werden. Die Distanzen beziehen sich auf das hintere Ende der Championship-Tees. Bedenken Sie aber, dass für Meisterschaften häufig kurze Par-5-Bahnen für Mitglieder für Profis in lange Par-4-Bahnen umgestaltet werden. Zudem legen die Clubs öfter neue Abschläge an oder vermessen ihre Kurse neu. Daher dienen die Scorekarten nur als Anhaltspunkte. Die Fakten wurden mit größter Sorgfalt recherchiert, Fehler können aber dennoch nicht ausgeschlossen werden. Für Korrekturen, Ergänzungen und hilfreiche Informationen ist der Verlag jederzeit dankbar.

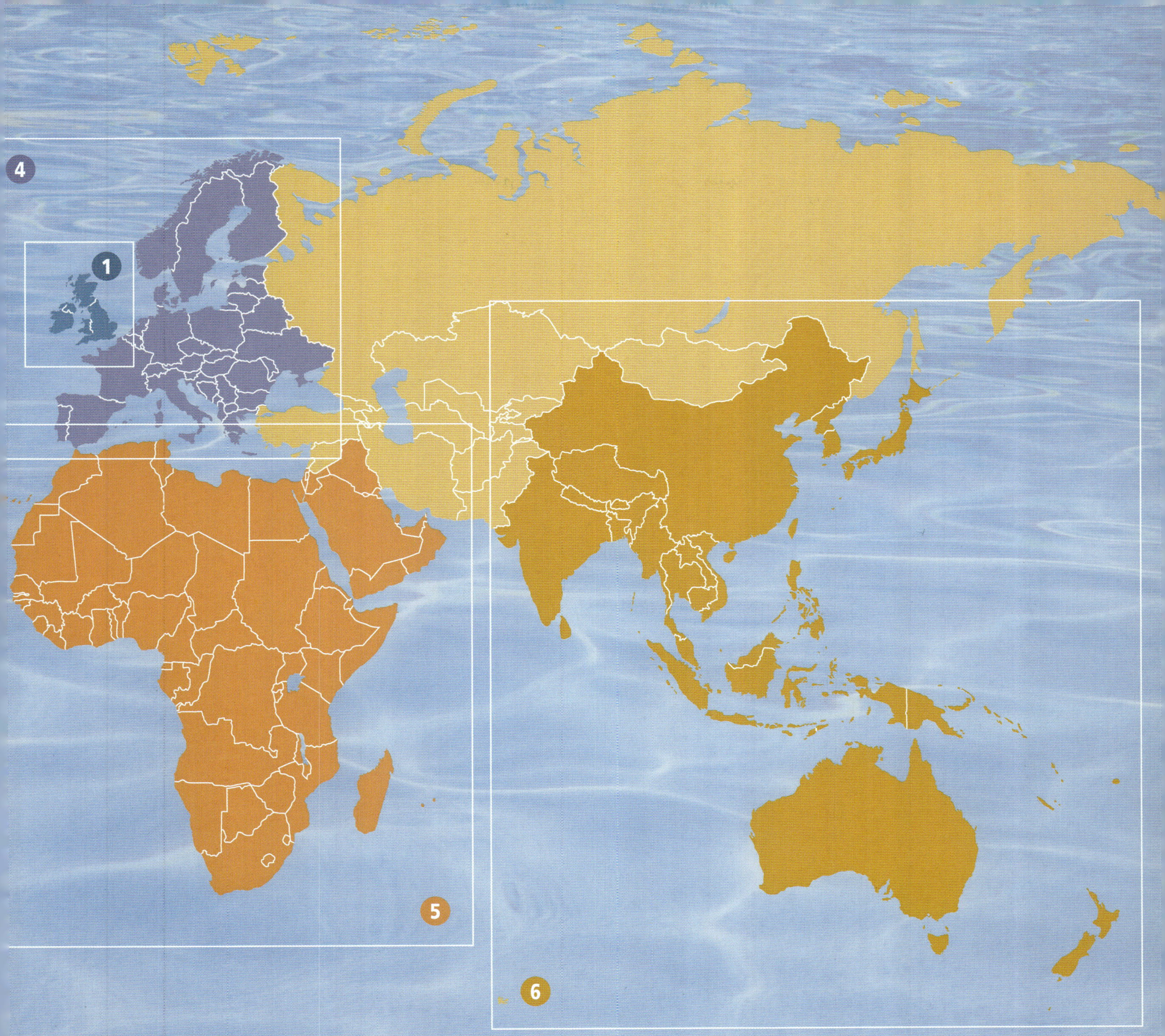

Inhalt

Einleitung

Der aus England stammende, amerikanische Golfplatzgestalter Robert Trent Jones schrieb einmal: „Der erste Golfplatzarchitekt war natürlich Gott, und er ist und bleibt der Beste seines Fachs." Die ersten Golfer in Schottland und den Niederlanden spielten schlicht im freien Gelände in der Nähe ihres Hauses. Einen festgelegten Golfkurs gab es noch nicht. Heute sind bestimmte Elemente Standard geworden, aber einen standardisierten Golfplatz gibt es bis heute nicht.

Die Schotten wurden zur richtungweisenden Kraft, als die Mitglieder der Honourable Company of Edinburgh Golfers 1744 das erste Regelwerk festlegten. 1754 versammelten sich 22 „Noblemen and Gentlemen" in St. Andrews, gründeten den Royal and Ancient Golf Club of St. Andrews (R&A) und gewannen bald an Einfluss. Ihre Regeln, die Regeln des Zählspiels, befassten sich hauptsächlich mit Situationen, die bei einem Spiel zwischen zwei konkurrierenden Parteien vorkommen können. Man trat gegeneinander an und maß sich nicht am Platz. Die Anzahl der Löcher pro Kurs variierte stark, bis St. Andrews 1858 schließlich seinen Kurs auf 18 Löcher reduzierte und diese Lochzahl als Standard für den üblichen Golfkurs festlegte.

OBEN *Die geistige Heimat des Golfsports, St. Andrews. Die Golfkurse gehören aber nicht dem R&A – der Old Course ist nur einer von mehreren Kursen, die vom Links Management Trust für die Stadt verwaltet werden. Wer buchen möchte, sollte dies weit im Voraus tun. Gebucht werden kann telefonisch, auf dem Postweg oder auch online, oder man nutzt ein Paketangebot eines Golfreiseveranstalters oder versucht sein Glück bei der täglichen Verlosung.*

UNTEN *Royal County Down, ursprünglich vor mehr als 100 Jahren von Old Tom Morris angelegt.*

Mitte des 19. Jahrhunderts begann man damit, Golfplätze anzulegen. Neu gegründete Golfclubs engagierten einen der großen Spieler und baten ihn, die „Links" für sie zu planen. Diese großen Spieler kamen alle aus Schottland und spielten demnach alle auf den schottischen Links-Kursen, jenen Plätzen auf dem schmalen Streifen unfruchtbaren, sandigen Bodens am Strand. Und natürlich versuchten sie alle, ihre Heimatplätze nachzuahmen. So suchten sie grüne Senken oder Hügel, die eine gute Spieltechnik erforderten. Auch die von Schafen in die Dünen gegrabenen oder durch Erosion entstandenen Sandlöcher wurden zu häufigen Bestandteilen von Links-Kursen. Die frühen Bunker ahmten diese Löcher nach.

OBEN *Cape Kidnappers, Neuseeland – ein Beispiel für die erstklassige Arbeit des amerikanischen Architekten Tom Doak. Er hat ein untrügliches Talent, atemberaubende Grundstücke zu entdecken und den Golfer bis zum letzten Schlag zu fordern.*

Heutige Golfplatzarchitekten sind Meister ihres Fachs und machen doch kaum etwas anderes als das, was Allen Robertson, Tom Morris und Willie Park vor anderthalb Jahrhunderten getan haben. Allerdings mit großen technischen Hilfsmitteln und hohem Beratungsaufwand. Hält man sich aber vor Augen, welche Flut von ökologischen und anderen Bestimmungen einzuhalten sind und welche Konsequenzen ein Verstoß gegen nur eine dieser Bestimmungen haben kann, sollten wir uns glücklich schätzen, dass die heutigen Spitzenspieler gewillt sind, Robertson, Morris und Park nachzueifern.

FOLGENDE DOPPELSEITE *Die hügelige Landschaft des Old Course von St. Andrews. Auf den welligen Fairways sind Balllage und ein perfekter Stand eine ständige Herausforderung, wie auch die zahlreichen Bunker, die meist an den ungünstigsten Stellen auftauchen.*

Kurse 1–27

SCHOTTLAND
1 St. Andrews, Fife
2 Boat of Garten, Inverness-shire
3 Carnoustie, Angus
4 Gleneagles, Perthshire
5 Kingsbarns, Fife
6 Loch Lomond, Dunbartonshire
7 Muirfield, East Lothian
8 Royal Dornoch, Sutherland
9 Royal Troon, Ayrshire
10 Turnberry, Ayrshire

ENGLAND
11 The Belfry, Warwickshire
12 Ganton, North Yorkshire
13 Royal Birkdale, Merseyside
14 Royal Liverpool, Wirral
15 Royal Lytham & St. Annes, Lancashire
16 Royal St. George's, Kent
17 Sunningdale, Berkshire
18 Wentworth, Surrey
19 Woodhall Spa, Lincolnshire

WALES
20 Celtic Manor, Newport
21 Pennard, West Glamorgan

NORDIRLAND
22 Royal County Down, County Down
23 Royal Portrush, County Antrim

REPUBLIK IRLAND
24 Ballybunion, County Kerry
25 The K Club, County Kildare
26 Lahinch, County Clare
27 Old Head, County Cork

Großbritannien & Irland

Schottland ist die Wiege des Golfsports. Historische Aufzeichnungen belegen, dass schottische Angehörige des Hofes von König James I. von England (James VI. von Schottland) 1608 in Blackheath Golf spielten. Welche Bedeutung Golf heute in Großbritannien und Irland hat, lässt sich am besten an den rund 3000 dort existierenden Golfplätzen ablesen.

Eine lange Tradition haben etwa der Old Course von St. Andrews, Royal Liverpool oder Royal County Down. Andere, wie Celtic Manor, Belfry oder der K Club, sind erst jüngeren Datums.

Nirgendwo sonst auf der Welt finden sich bessere und vielfältigere Links- oder Heidelandplätze, aber auch andere Geländeformen, wie etwa Flachland, Moor, Hochmoor und historische Parklandschaft, bieten sich an. Die meisten dieser Plätze wurden von den großen Architekten des Goldenen Zeitalters der Golfarchitektur angelegt, wie etwa von Harry Colt, Alister MacKenzie, Herbert Fowler, George Abercromby oder Tom Simpson. Doch auch die modernen Meister haben nicht lange gezögert, es ihren Vorbildern gleichzutun.

1

St. Andrews

St. Andrews

Old Course, St. Andrews, Fife, Schottland

Keine Stadt ist berühmter für den Golfsport als St. Andrews. Schließlich wird dort bereits sei dem 15. Jahrhundert Golf gespielt. Mit Blick über den Old Course erhebt sich das hübsche Clubhaus des Royal and Ancient Golf Club (R&A), ein für schottische Verhältnisse mit Gründungsjahr 1754 noch recht junger Club. Der R&A ist heute für die meisten Länder der Welt die führende und regelgebende Autorität im Golfsport und trägt auf dem Old Course alle fünf Jahre die Open Championship (auch British Open genannt) aus. Aus diesem berühmten Turnier sind in jüngerer Vergangenheit Top-Spieler wie etwa Tiger Woods, Jack Nicklaus, Severiano Ballesteros und Nick Faldo siegreich hervorgegangen, in früheren Tagen Golfgrößen wie James Braid und Bob Jones.

Jones war wie viele andere Golfspieler davon überzeugt, dass man die Feinheiten des Old Course erst mit der Zeit zu schätzen lernt. Der Platz ist mit Buckeln und Senken übersäht; an den teils unmöglichsten Stellen lauern Hunderte von Bunkern, die mit ihren klangvollen Namen wie Hell, Strath, Hill oder Road auch die Großen des Golfsports schrecken. Die großen welligen Grüns sind bis auf vier alle Doppelgrüns, die je von zwei entgegengesetzt gespielten Bahnen genutzt werden, und jeder Grashalm steckt voller Geschichte. Hier haben alle Großen des Golfsports gespielt. Wer zum ersten Mal herkommt, sollte einen kenntnisreichen ortsansässigen Caddie engagieren, nicht nur, um in die Geheimnisse des Old Course eingeweiht zu werden, sondern auch, um einige der zahllosen Legenden von St. Andrews zu hören.

BOB JONES UND ST. ANDREWS

Es mag seltsam klingen, aber bei seinem ersten Besuch während der British Open 1921 war Bob Jones über den Old Course sehr aufgebracht und zerriss seine Scorekarte. Mit der Zeit entwickelte er aber eine große Liebe zu diesem Platz und sagte: „Wenn ich aus meinem Leben bis auf meine Erfahrungen in St. Andrews alles streichen würde, hätte ich immer noch ein reiches und erfülltes Leben." Bei der Amateur Championship 1930 besiegte Jones Roger Wethered auf dem Old Course mit 7 zu 6. In diesem Jahr gewann er zudem das US-Amateur-Turnier in Merion, die US Open in Interlachen und die British Open in Royal Liverpool; eine nie wiederholte Leistung, die auch als „Grand Slam" oder „Impregnable Quadrilateral" bezeichnet wird. Nach diesem Erfolg zog sich Jones aus dem aktiven Golfsport zurück und konzentrierte sich auf seine Karriere als Anwalt.

SCOREKARTE DES KURSES		
Loch	*Loch (in Metern)*	*Par*
1	344	4
2	414	4
3	363	4
4	439	4
5	519	5
6	377	4
7	357	4
8	160	3
9	322	4
Out	3295	36
10	348	4
11	159	3
12	318	4
13	425	4
14	565	5
15	417	4
16	387	4
17	416	4
18	326	4
In	3361	36
Gesamt	6656	72

Auf den Spuren der Golfgrößen

Eigentlich gäbe es keinen einfacheren Abschlag als den am 1. Loch des Old Course, läge das Tee nicht direkt vor dem Clubhaus des R&A. Glücklicherweise ist das gemeinsame Fairway des 1. und 18. Lochs sehr breit und hat keine Bunker. Um aufs Grün zu gelangen, will aber zunächst der geschwungene Bachlauf des Swilcan Burn überwunden werden. Der Kurs schlängelt sich vom Clubhaus in Form eines Schäferstabs bis zur Mündung des Eden, macht dann in einer Schleife kehrt und führt parallel zu den auswärtsgerichteten Bahnen über breite, gemeinsam genutzte Fairways und Doppelgrüns wieder zurück zum Clubhaus. Diese Weite, die freie Abschläge und leichte Annäherungen verheißt, ist trügerisch, denn der Kurs ist so genial angelegt, dass schon ein leicht verändert platziertes Tee eine völlig andere Strategie verlangt. So viel Spaß eine Runde hier auch macht, man kann sich erst entspannen, wenn man das 17. Loch, das „Road Hole", überwunden hat, das vom tückischen „Road Bunker" dominiert wird, aus dem es häufig kein Entrinnen gibt! Aber für all die Mühen wird man durch den Gang über das 18. Loch belohnt, den berühmtesten Weg im Golfsport.

LINKS *Eines der berühmtesten Motive des Golfsports ist der Blick über die Swilcan Bridge auf das Clubhaus des R&A.*

RECHTS UNTEN *Der Road Bunker ist der am meisten gefürchtete Bunker des Old Course. Viele Top-Spieler geben sich hier lieber mit einem Bogey zufrieden, um nicht in seine Fänge zu geraten.*

„Es ist ohne Zweifel meine liebste Open-Veranstaltung. Von allen Kursen der Welt ist dies mein Lieblingskurs."

TIGER WOODS, SIEGER DER BRITISH OPEN IN ST. ANDREWS 2000 UND 2005

DIE BUNKER UND IHRE NAMEN

Angeblich gibt es auf dem Old Course 112 Bunker, was jedem, der hier einmal gespielt hat, leicht untertrieben vorkommen muss. Einige von ihnen liegen an so abseitigen Stellen, dass es unmöglich erscheint, jemals dort zu landen – bis es einem passiert! Die meisten besitzen auch Namen. Hier einige klangvolle Beispiele:

CHEAPE'S (2. LOCH) Benannt nach der Familie Cheape, der das nahe Anwesen Strathtyrum gehört. Sir James Cheape erwarb den Old Course 1821 und rettete ihn vor den Kaninchenzüchtern. Sein Sohn verkaufte ihn später an den R&A, der ihn wiederum an die Stadt verkaufte. Somit gebührt Sir James bis heute der Dank aller Golfer.

CARTGATE (3. LOCH) Bezeichnung für Loch und Bahn, die sich auf den Feldweg bezieht, der früher das Fairway Richtung Strand kreuzte.

GINGER BEER (4. LOCH) Ebenfalls Bezeichnung für Loch und Bahn. Sie gehen auf die Mitte des 19. Jahrhunderts zurück, als „Old Daw" Anderson hier einen Stand für Ingwerbier betrieb.

SUTHERLAND (4./15. LOCH) Eigentlich sollte der „Sutherland"-Bunker beim 4. Loch kein Thema sein, wenn die schwierige rechte Seite des Fairways Golfer nicht häufig zu weit nach links abkommen ließe. Er wurde nach A. G. Sutherland benannt, der den in den 1850er-Jahren zugeschütteten Bunker wiederherstellen ließ.

COTTAGE (4./15. LOCH) Wie „Sutherland" sollte auch „Cottage" eigentlich beim 4. Loch keine Rolle spielen, tut es aber doch. Sein Name geht auf das früher nahe gelegene Pilmour Cottage zurück, das heutige Clubhaus des Eden Course.

STUDENTS (4. LOCH) Für den Namen dieses Bunkers gibt es zwei Erklärungen. Eine besagt, dass Studenten im Lernstress, die zu wenig Zeit für eine volle Runde haben, bis hierher spielen und dann umkehren. Die zweite besagt, dass es früher ein gemütlicher (und nicht einsehbarer) Treffpunkt für Studenten und ihre Freundinnen war.

SPECTACLES (4. LOCH) Dieser Bunker am Fuß eines Hügelkamms, der das Fairway kreuzt, sieht wie eine Brille (engl. spectacles) aus.

COFFINS (6./13. LOCH) Man muss schon ein wenig extravagant spielen, um auf der 6. Bahn in diese Bunker zu geraten. Beim 13. Loch sind sie allerdings eine große Bedrohung. Man fühlt sich wie in einem „Sarg" (engl. coffins).

SHELL (7. LOCH) Dieser Bunker erinnert von oben an eine Muschel (engl. shell), sein Name bezieht sich aber eigentlich auf frühere Zeiten, als die Bunker mit Muschelschalen gefüllt waren. (Wenn man sehr weit abkommt, findet man sich eventuell sogar in „Hill" oder „Strath" wieder, sollte sich diese aber für das 11. Loch aufheben).

SHORT HOLE BUNKER (8. LOCH) Manche Bunkernamen sind schlicht: Bunker des kurzen Lochs.

KRUGER (9. LOCH) Eigentlich zwei Bunker, die während der Burenkriege erbaut und nach einem Präsidenten von Transvaal benannt wurden. Ein dritter Bunker etwas weiter heißt „Mrs. Kruger". Angeblich gibt es einen weiteren Bunker namens „Kruger's Mistress" (Krugers Geliebte)!

STRATH (11. LOCH) Er erinnert an die Brüder Strath. Andrew gewann 1865 die British Open. Sein Bruder David weigerte sich 1876 nach einem Unentschieden, ein Play-Off zu spielen, wodurch Bob Martin zum Champion ernannt wurde.

Hill (11. Loch) „Hill" (dt. Hügel) steht „Strath" an Gemeinheit nur wenig nach. Er liegt vorne im Hang des Hügels, vor dem Grün des 11. Lochs.

ADMIRAL'S (12. LOCH) Dieser Bunker liegt nahe am Abschlag und ist angeblich nach einem über 80-jährigen Admiral benannt, der den stattlichen Bunker übersehen haben soll, weil er durch eine feuerrot gekleidete junge Frau abgelenkt war.

UNTEN *Der „Hell"-Bunker bestimmt am 14. Loch die Strategie. Kann man ihn mit dem zweiten Schlag überwinden oder geht man lieber über die Seite an ihm vorbei?*

STROKE (12. LOCH) Wer hier hineingerät, verliert fast zwangsläufig einen Schlag.

NICK'S (13. LOCH) Bunker, die einem überschnittenen Abschlag gefährlich werden und vermutlich nach ihrem Erbauer benannt sind.

CAT'S TRAP (13. LOCH) Der vom Fairway aus nicht zu sehende Bunker fängt Bälle ein wie eine Katze Mäuse.

WALKINSHAW (13. LOCH) Nach einem örtlichen Golfer benannt, der regelmäßig in diesem Potbunker landete.

LION'S MOUTH (13. LOCH) Das „Löwenmaul" ist ein weiterer gemeiner Bunker, der hinter „Cat's Trap" lauert. Seltsamerweise ist „Lion's Mouth" kleiner als „Cat's Trap" (Falle der Katze).

THE BEARDIES (14. LOCH) Ein Bunkerquartett, dessen Ränder von fiedrigem Gras umstanden sind.

BENTY (14. LOCH) Benannt nach einem weitverbreiteten Dünengras: Strandhafer (engl. Bent).

KITCHEN (14. LOCH) Früher wurde der kleine, tiefe Bunker „Devil's Kitchen" (dt. Teufels Küche) genannt. Er wurde inzwischen vergrößert.

HELL (14. LOCH) Einer der berühmtesten Bunker (dt. Hölle), dessen Ausmaß und steile Seiten ein Entrinnen meist unmöglich machen.

GRAVE (14. LOCH) Ein kleiner Bunker vor dem Grün, der früher die Form eines Sarges hatte.

PRINCIPAL'S NOSE (16. LOCH) Mitte des 19. Jahrhunderts amtierte im St. Mary's College ein Schuldirektor, dessen Nase dem Ensemble aus drei Bunkern ihren Namen gegeben haben soll. Eine andere Geschichte besagt, der Name beziehe sich auf einen hässlichen Vorsprung am Vordach des Hauses des Direktors.

DEACON SIME (16. LOCH) „Deacon Sime" ist nach einem Geistlichen aus St. Andrews benannt, der seine Asche in diesem Bunker verstreuen ließ. Er meinte, er habe bereits so viel Zeit seines irdischen Lebens in diesem Bunker verbracht, dass er hier auch getrost die Ewigkeit verbringen könne.

GRANT'S (16. LOCH) Erinnert an einen Captain des R&A aus dem 19. Jahrhundert, der von diesem Bunker magisch angezogen schien.

WIG (16. LOCH) Der frühere „Jackson's Wig Bunker" erinnert an die Kleidung der Golfer früherer Zeiten. Jackson war ein Captain des R&A.

SCHOLAR'S (17. LOCH) Eine Erinnerung daran, dass der Kurs andersherum gespielt wurde. Man war ein vielversprechender Nachwuchsakademiker, wenn man mit dem Abschlag über diesen Bunker kam.

PROGRESSING (17. LOCH) Kam man über diesen Bunker, war man gut, aber noch nicht so geübt wie die Akademiker.

ROAD (17. LOCH) Das „Road Hole" und der berüchtigte Bunker, der in die Seite seines Grüns einschneidet, sind nach der Asphaltstraße benannt, die rechts dicht am Grün vorbeiläuft.

Boat of Garten

Boat of Garten

Boat of Garten Golf and Tennis Club, Inverness-shire, Schottland

Eine schönere Umgebung für Golf als auf dem Golfplatz Boat of Garten wird man kaum finden. Die Cairngorm Mountains bilden die atemberaubende Kulisse, gewellte Fairways schlängeln sich zwischen Weißbirkenalleen, und ein üppiger Bestand an Besenheide und Ginster sorgt für purpurfarbene und strahlend goldgelbe Farbtupfen zwischen den eher gedeckten Blau- und Grüntönen der Berge und des Abernethy Forest. Hirsche und gelegentliche Fischadler deuten an, welch reiche Tierwelt Schottland besitzt, während die Dampfschwaden der erhaltenen Strathspey Railway einen in dieser fast noch unberührten Ecke der Highlands in frühere Zeiten versetzen.

OBEN *Vor dem Hintergrund der Cairngorm Mountains bietet Boat of Garten unzweifelhaft ein schönes Bild. Zudem macht der Kurs Spielern aller Stärken Spaß. Hier ist das 2. Loch zu sehen.*

Boat of Garten erschien erst durch die Anbindung an die Eisenbahn 1863 auf der Landkarte. Der kleine Weiler Gart mit seinem Flusshafen am Spey existierte bereits. Von der Fähre im Hafen übernahm der Bahnhof auch seinen Namen „Boat of Garten". Die Zuganbindung machte das Dorf zum beliebten Ziel für Wanderer, Angler und Menschen (sowie in letzter Zeit für Skifahrer), die die klare Bergluft schätzten. So war es nur eine Frage der Zeit, bis ein Golfplatz entstand.

Bescheidene Anfänge

Der erste Golfplatz 1898 war eine schlichte Anlage mit sechs Löchern. Später kamen noch ein paar Löcher und ein Tennisplatz dazu. Als mit der Zeit mehr Land zum Verkauf stand, rief man James Braid, um bei der Anlage eines vollen 18-Loch-Kurses zu beraten. Er wurde 1932 eröffnet und ist bis auf die kürzliche Umwandlung zweier Par-4-Löcher in Par 5 bis zum heutigen Tag praktisch im Urzustand erhalten. Braid war da-

mals einer der gefragtesten Golfplatzarchitekten und hatte 1926 mit seinen Umbauten in Carnoustie bewiesen, dass er einen Platz bauen konnte, der auch die besten Spieler der Welt auf eine harte Probe stellt. Mit einer Gesamtlänge von 5373 m ist „Boat" nicht wirklich eine Prüfung für Top-Spieler, ist aber dennoch auch für Geübte nicht einfach zu spielen. Der Charme von Braids Kurs liegt in seinen Feinheiten, denn unsauberes Spiel wird sofort bestraft. Hier lauern Besenheide auf zu leichtfertige Abschläge und gut platzierte Bunker sowie steile Böschungen rund um die Grüns.

Ganz ungewöhnlich beginnt Boat mit einem kurzen, unproblematischen Loch. Ein unkompliziertes Par 4 und ein weiteres kurzes Loch führen einen an die Grenze des Kurses, hinter der die Strathspey Railway verläuft. Ab hier erhalten die Fairways durch ihre Wellen einen hinterhältigen Charakter und verlangen dem Golfer oftmals Schläge aus Hanglage mit ober- oder unterhalb der Füße liegendem Ball ab. Das 6. Loch ist besonders elegant. Auf seinem langen, sanft geschwungenen Fairway muss man Distanz und Richtung beim Abschlag gut einschätzen können, und auf seinem sich hinter Bunkern erhebenden Grün braucht man einen perfekten zweiten Schlag. Aus James Braids eigener Hand stammt das 12. Loch, das vielleicht schönste des Platzes. Eines seiner schwersten Löcher mit einem sehr anspruchsvollen Annäherungsschlag auf das erhöhte Grün hebt sich Boat bis zum Schluss auf.

„Bei einer Kulisse wie dieser, was zählt da schon Golf?"

PETER ALLISS, *THE GOOD GOLF GUIDE*

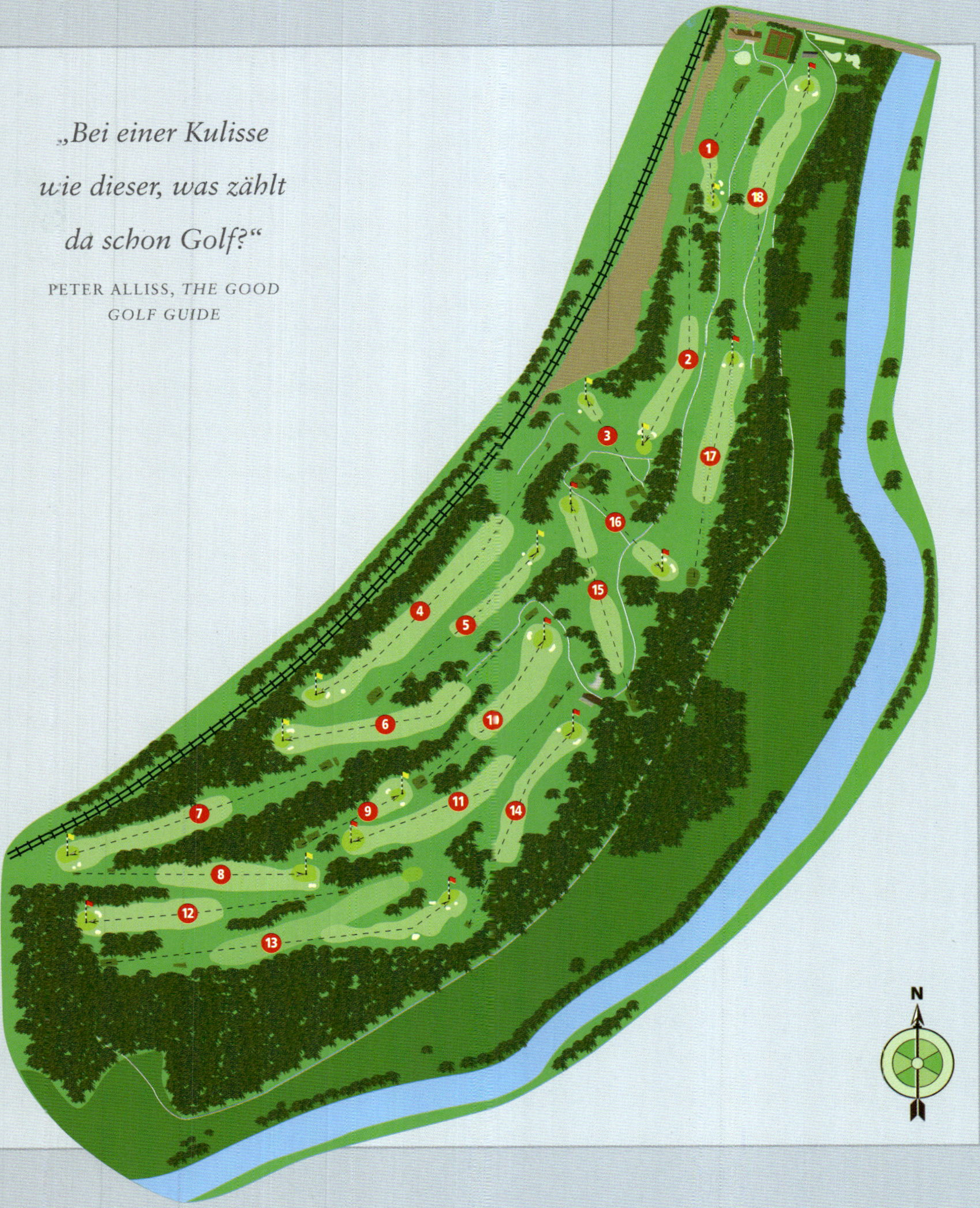

SCOREKARTE DES KURSES

Loch	Länge (in Meter)	Par
1	173	3
2	329	4
3	149	3
4	470	5
5	275	4
6	367	4
7	353	4
8	325	4
9	141	3
Out	2582	34
10	248	4
11	347	4
12	319	4
13	433	5
14	295	4
15	281	4
16	154	3
17	315	4
18	400	4
In	2792	36
Gesamt	5374	70

Carnoustie

Carnoustie

Championship Course, Carnoustie Golf Links, Angus, Schottland

Ist Carnoustie der härteste Kurs auf der British-Open-Tour? So, wie er 1999 präpariert war, als es windete und regnete, war er es bestimmt. Aus diesem Grund blieb Paul Lawrie als Sieger auch sechs über Par. Bei den Open 2007, als Padraig Harrington und Sergio Garcia beide mit 277 Punkten sieben unter Par abschlossen und Harrington das 4-Loch-Play-Off gewann, war er wesentlich freundlicher vorbereitet. Damals waren sich alle Beobachter einig, dass der historische Links-Kurs bei diesem Setup seine ganze Erhabenheit entfaltete und dass er so bei den meisten Löchern, je nach Wetter und den Stärken oder Schwächen eines Spielers, zwei oder drei unterschiedliche Strategien zuließ.

Man ist sich nicht sicher, seit wann in Carnoustie Golf gespielt wird – wahrscheinlich seit über 500 Jahren –, aber es war etwa 1842, als man den damals führenden Golfspieler Allan Robertson von St. Andrews kaufte, damit er den 10-Loch-Barry-Links anlegte. Ein weiterer Stammspieler von St. Andrews, Old Tom Morris, nahm 1867 weitgehende Veränderungen vor und erweiterte den Kurs auf 18 Löcher. Die letzten wichtigen Änderungen führte James Braid 1926 durch.

Der längste Kurs der British Open

1931 kamen die British Open zum ersten Mal nach Carnoustie, die der schottischstämmige Amerikaner Tommy Armour gewann. Ihm folgten Champions wie Henry Cotton (1937), Ben Hogan (1953), Gary Player (1963) und Tom Watson (1975). Als Meisterschaftskurs ist Carnoustie fast der längste. Bei den Open 2007 erreichte er mit 6778 m die größte Gesamtlänge aller Zeiten. Selbst seine zwei Par-4-Löcher mit fast 457 m Länge konnten die Profis mit ihrer perfekten Technik und ihrer modernen Ausrüstung nicht schrecken. Sie stiegen beim Abschlag schlicht vom Driver auf ein langes Eisen um. Ihnen war klar, dass man auf diesem Kurs mit reiner Schlagkraft nicht weit kommt, sondern sein Vorgehen genau planen muss. Denn die Bunker sind tief, perfekt platziert und scheinen magnetisch. Die Roughs können grausam sein; gleich bei mehreren Löchern gerät man leicht ins Aus, und die Bachläufe von Jockie's Burn und Barry Burn sind besonders bei den letzten beiden Löchern hervorragend in das Platzdesign integriert.

Jockie's Burn begrenzt beispielsweise am anspruchsvollen 5. Loch die Weite des Abschlags und macht die Annähe-

rung an das terrassierte, gewundene Grün mit seinen heimtückischen Bunkern und einer Tiefe von 46 m umso schwieriger. Am langen 6. droht das Aus, weil viele Abschläge im tiefen Rough landen. Aber von allen Hindernissen ist der Barry Burn das gefürchtetste, da er sich bei den letzten beiden Bahnen sehr unangenehm bemerkbar macht. Sie folgen direkt auf das 16. Loch, ein sehr langes Par 3, an dem man nur mit einem extrem geraden Abschlag den bebunkerten Wällen an der Vorderseite des Grüns entgeht. Hier sind Birdies selten, Drops dafür umso häufiger. Dann geht es am 17. über den Bach, der das Fairway durch seine vielen Windungen fast zur Insel werden lässt und die Schlagweite begrenzt.

Aber der gefürchtetste Abschlag folgt erst noch. Er führt erneut über den Barry Burn auf ein schmales, vom Bach eingegrenztes Fairway. Selbst wenn er gelingt, kommt noch ein sehr langer, zweiter Schlag auf das Grün, das gefährlich nah am Grenzzaun und direkt hinter einer Biegung des Bachs liegt.

LINKS *Der Barry Burn schlängelt sich über das 17. und 18. Loch. Der Bach brachte Jean van de Velde bei den British Open 1999 den siebten Schlag ein; mit sechs hätte er gewonnen.*

SCOREKARTE DES KURSES

Loch	*Länge (in Meter)*	*Par*
1	371	4
2	423	4
3	327	4
4	377	4
5	380	4
6	529	5
7	375	4
8	167	3
9	437	4
Out	3386	36
10	426	4
11	350	4
12	456	4
13	161	3
14	470	5
15	432	4
16	227	3
17	422	4
18	456	4
In	3400	35
Gesamt	**6786**	**71**

▶ Fast 300 junge Männer sind mit der Zeit aus Carnoustie und Umgebung in die USA ausgewandert, um dort als Golf-Professional zu arbeiten. Zu den bekanntesten zählt Stewart Maiden, der Trainer von Bob Jones im East Lake Club von Atlanta.

▶ Die Smith-Brüder aus Carnoustie erlebten beneidenswerte Sportkarrieren. Alex wurde zweimal Sieger der US Open, Willie einmal, und Macdonald wurde 1930 bei den British Open und den US Open Zweiter hinter Bob Jones.

▶ Ben Hogan, einer der besten Spieler aller Zeiten, nahm nur einmal an den British Open teil, und zwar 1953 in Carnoustie. Er gewann mit vier Schlägen Vorsprung. Der Sieg war Teil einer einzigartigen Siegesserie, zu der auch die US Masters und die US Open gehörten.

„Ich liebe das Spiel hier, da es einem erlaubt, kreativ zu sein.“

TIGER WOODS

Gleneagles

Gleneagles

King's Course, Gleneagles Hotel, Auchterarder, Perthshire, Schottland

Im Jahr 2014 kommt der Ryder Cup nach Gleneagles. Er wird auf Jack Nicklaus' PGA Centenary Course ausgetragen, nachdem der Kurs sich bei der alljährlichen Johnnie Walker Championship auf der European Tour als würdig erwiesen hat. Das riesige Hotel im Stil eines französischen Châteaus, das 2005 den G8-Gipfel beherbergte, feiert dann seinen 90. Geburtstag.

OBEN *Das 7. Loch des King's Course ist ein schwieriges Dogleg. Je weiter man nach links zielt, um das Dogleg zu verkürzen, desto weiter muss man schlagen, um den Kamm zu überwinden.*

Noch älter sind James Braids zwei wundervolle Kurse, die 1919 bereits vor dem Hotel eröffneten. Der King's und der Queen's Course wurden so genannt, um gekrönte Häupter, Adlige und den Geldadel anzulocken, und das Hotel, der ganze Stolz der Caledonian Railway, wurde als „Palast in den Glens" und als „Riviera in den Highlands" gepriesen. Die ambitionierten Pläne der Eisenbahngesellschaft gingen auf, denn bis heute zählt das Hotel zu den schönsten der Welt, und Braids Golfkurse werden bewundert wie eh und je.

Sowohl der King's als auch der Queen's Course sind heiße Kandidaten für den begehrten Titel des besten Binnenlandkurses Schottlands. Beide sind aber nicht wirklich lang genug, um für Top-Spieler eine Herausforderung darzustellen, und darum wurde auch der PGA Centenary Course angelegt. Wer an einem Golfkurs aber Charme, Abwechslung, Feinheiten und Erfindergeist sowie eine schöne Umgebung liebt, der wird eine Runde auf einem dieser Kurse genießen. Selbstredend werden sie in makellosem Zustand gehalten.

Da die Kurse in Gleneagles auf den Sand- und Geröllfeldern angelegt wurden, die die Gletscher der Eiszeit nach ihrem Rückzug hinterließen, sind sie erstklassige Bahnen.

„Der schönste Flecken Erde, auf dem ich jemals arbeiten durfte." So beschrieb Jack Nicklaus Gleneagles nach dem Bau des PGA Centenary Course, auf dem 2014 der Ryder Cup ausgetragen wird.

SCOREKARTE DES KURSES

Loch	*Länge (in Meter)*	*Par*
1	331	4
2	399	4
3	342	4
4	426	4
5	163	3
6	439	5
7	406	4
8	163	3
9	374	4
Out	3043	35
10	456	5
11	210	3
12	404	4
13	424	4
14	282	4
15	419	4
16	145	3
17	345	4
18	480	5
In	3165	36
Gesamt	**6208**	**71**

Drum Sichty und Kittle Kink

Nach guter schottischer Tradition trägt jedes Loch auf beiden Kursen einen Namen. Man gab den neuen Löchern aber keine traditionellen Namen, sondern wollte die Besucher amüsieren. So heißt „Drum Sichty" nichts anderes als „Aussicht auf die Hügel", was die Bahn auch bietet, und „Kittle Kink" ist die „scharfe Biegung". Ein guter Caddie kann hier den geneigten Golfer nicht nur auf die vielen Schwierigkeiten des hügeligen Kurses aufmerksam machen, sondern auch in die Feinheiten von Braids genialer Kursarchitektur einführen.

Große Freude bereitet bei diesen Kursen die Art und Weise, wie ein Loch an das vorherige anschließt. Mit erfrischenden Rhythmuswechseln, ausgewogenen Hindernissen und einer ständigen Steigerung bilden sie ein harmonisches Ganzes. Mit knapp 5486 m mag der Queen's Course für erfahrene Spieler zu kurz erscheinen, man sollte sich aber nicht täuschen lassen! Sieben der Par-4-Löcher sind über 366 m lang, und es gibt mit dem 14. und dem 17. Loch zwei beachtliche Par 3. Für Lee Trevino war es einer seiner Lieblingskurse.

Im Vergleich mit dem Queen's Course gilt der King's Course als maskuliner. Sandy Lyle hat besonderen Respekt vor dem schweren, bergauf verlaufenden 4. Loch. Er bezeichnete es als „ein in jeder Hinsicht erstklassiges Loch". Braids eigenes Lieblingsloch auf dem Kurs war das 13. Es ist ein weiteres langes Two-Shot-Hole und trägt den passenden Namen „Braid's Brawest" (Braids Bestes). Bestechend ist hier das ständige Gefühl von Weite, und die sich dahinschlängelnden Kurse bieten immer neue Aussichten auf die wunderschöne Bergwelt.

„Wenn der himmlische Golfplatz so schön ist wie dieser, hoffe ich, dort abschlagen zu dürfen."

LEE TREVINO ÜBER DEN QUEEN'S COURSE

Kingsbarns

Kingsbarns

Kingsbarns Golf Links, St. Andrews, Fife, Schottland

„Es geht nicht um Schwierigkeit der Schwierigkeit halber, ein Kurs sollte vielmehr interessant und fesselnd sein." Dies sagte Mark Parsinen, einer der Architekten des neuen Kingsbarns-Kurses, der rund 10 km südlich von St. Andrews an der Küste von Fife liegt. Bei den alljährlichen Dunhill Links Championships, die in Carnoustie, Kingsbarns und St. Andrews ausgetragen werden, hat der noch junge Kurs Spieler wie Zuschauer beeindruckt. Es gibt sogar Stimmen, die ihn in den Spielplan der British Open aufnehmen möchten, was aber aufgrund der Nähe zu St. Andrews unwahrscheinlich erscheint.

Auch wenn der neue Kingsbarns Course erst 2000 eröffnet wurde, wird hier bereits seit 1793 Golf gespielt. Der Originalkurs wurde Mitte des 19. Jahrhunderts aufgegeben und zu Ackerland umgewandelt. Ein weiterer, 1922 angelegter Kurs wurde ebenfalls aufgegeben, als das Gelände im Zweiten Weltkrieg zum Schutz gegen eine Invasion vermint wurde. Nach dem Krieg wurde das Land wieder als Acker bestellt. Diese früheren Kurse waren eher schlicht und mit dem hochmodernen neuen Platz nicht zu vergleichen.

Nachbau eines Links

Der Architekt, der mit der Anlage des neuen Kurses betraut wurde, war der Amerikaner Kyle Phillips, ein Partner von Parsinen. Er musste eine schwierige Aufgabe bewältigen, denn ein Teil des verfügbaren Geländes bestand aus Ton- und Lehmboden. Riesige Mengen Erdboden mussten bewegt werden, und der tiefe Sand von der Ostseite musste gleichmäßig über das Gelände verteilt werden, um neue Dünen anlegen zu können und den Fairways eine gute Dränage zu

LINKS *Das 12. Loch schmiegt sich im weiten Bogen an den Strand, der Teil des Küstenwanderwegs von Fife ist.*

UNTEN *Golfer auf dem 15. Grün, einem schönen Par 3, das auf die Küste zuläuft.*

geben. Da die Aussicht landeinwärts über Äcker und Weiden wenig hergibt, beschloss Phillips, den Kurs so auszurichten, dass die meisten Bahnen mit Blick aufs Meer verlaufen. Die landeinwärts ausgerichteten Bahnen haben dagegen eine Kulisse aus Dünen und Bäumen. Dadurch entstand in Kingsbarns ein Kurs, dessen Aussichten genauso berauschend sind wie seine Bahnen anspruchsvoll.

In einer wettergepeitschten Lage wie dieser herrscht selten Windstille. Daher legte Phillips breite Fairways an, die Teil seiner geschickten Anlage sind und verschiedene Möglichkeiten bieten. Je nach Leistungsstärke und Geschick eines Spielers ermöglichen die meisten Bahnen verschiedene Strategien. Daher ist Kingsbarns eine löbliche Ausnahme unter all den eindimensionalen modernen Kursen, die Fehler sofort bestrafen und nur eine Spielweise erlauben, bei der jeder Schlag perfekt ausgeführt sein muss, und somit keinen Raum für Kreativität und individuelles Spiel lassen.

Schon beim ersten Drive kann man hier eine Wahl treffen: Nach schwierigem Abschlag bleibt eine einfachere Annäherung aufs Grün und umgekehrt. Das Grün thront förmlich auf einem Felsvorsprung über dem Meer. Aber eigentlich ist dies eine von Phillips optischen Täuschungen, denn unter dem Grün finden noch mehrere Bahnen Platz. Phillips nutzte die Chance, den Kurs der Küste folgen zu lassen. So verlaufen sechs Löcher nahe den sich brechenden Wellen. Eines von ihnen ist das 12. Loch. Mit seinem geschwungenen Fairway, das sich rund 549 m an Felsen und Strand schmiegt, ist es eines der beliebtesten Fotomotive des Golfsports.

SCOREKARTE DES KURSES

Loch	Länge (in Meter)	Par
1	379	4
2	183	3
3	472	5
4	373	4
5	364	4
6	308	4
7	430	4
8	154	3
9	510	5
Out	3173	36
10	354	4
11	416	4
12	554	5
13	135	3
14	335	4
15	194	3
16	517	5
17	433	4
18	406	4
In	3344	36
Gesamt	**3517**	**72**

6

Loch Lomond

Loch Lomond

Loch Lomond Golf Club, Luss bei Alexandria, Dunbartonshire, Schottland

Jedes Jahr richten sich eine Woche vor den British Open alle Augen auf Loch Lomond, seit 1996 Heimat der Scottish Open. Viele Top-Spieler nehmen an diesem Turnier teil, um ihrem Spiel den letzten Schliff für die British Open zu geben. Für andere Spieler ist es die letzte Möglichkeit, sich für das große Turnier zu qualifizieren. Für die Zuschauer ist es eine seltene Gelegenheit, die Schönheit dieses abgeschiedenen Golfplatzes zu genießen, der in die historische Parklandschaft an den Ufern des Loch Lomond eingebettet ist.

Eine schwere Geburt

Loch Lomond war kein schneller Erfolg. Es dauerte Jahre, bevor die Baugenehmigung erteilt wurde und die Arbeiten beginnen konnten. Und kaum hatten der frühere Open-Gewinner Tom Weiskopf und sein Partner Jay Morrish den Kurs vollendet, schlug die Rezession zu, und der Konkursverwalter wurde bestellt. Die Fairways lagen brach. Dann betrat der Geschäftsmann Lyle Anderson aus Arizona die Bühne. Weiskopf hatte ihn überredet, sich den verwaisten Kurs anzusehen. Anderson gefiel, was er sah, und er beschloss, das Projekt finanziell zu unterstützen. Heute ist er Vorsitzender eines internationalen Clubs mit luxuriösen Anlagen, zu denen mehrere Landgüter sowie zwei erstklassige Golfplätze gehören (der zweite ist Dundonald an der Küste von Ayrshire).

In Loch Lomond nutzten die Architekten die umliegenden Berge und den See als Kulisse, wie sie auch die vorhandenen Bäche, Teiche, das Moor und die Bäume als wichtige Bestandteile in ihre Baupläne integrierten. Am 13. Loch kann man den See nicht sehen. Hier leitet eine Baumallee den Blick vom erhöhten Abschlag über das stark bebunkerte Fairway des schönen Par 5 und dann die mit Heide bestandenen Hügel hinauf.

Dann folgt mit dem 14. Loch ein für die Zuschauer spektakuläres Par 4. Wer auf Nummer sicher gehen will, spielt mit einem Eisen präzise auf die linke Seite des Fairways und dann mit einem einfachen Pitch über Bachlauf und Bunker auf das Grün. Mutige schlagen über das heimtückische Moor. Entweder landen sie zu einem Eagle Putt auf dem Grün oder im Moor, in dem ein Bogey droht.

Dann folgt ein grandioses Finish aus dem elegant angelegten, kurzen 17. Loch und dem Abschlussloch mit seinem erstklassigen Dogleg.

RECHTS *Am 17. Loch von Loch Lomond gab es bei den Bell's Scottish Open drei Holes-in-One: Sie gelangen Jarmo Sandelin und Mathias Grönber im Jahr 2000 und Peter Lonard 2003.*

SCOREKARTE DES KURSES

Loch	Länge (in Meter)	Par	Loch	Länge (in Meter)	Par
1	389	4	10	416	4
2	416	4	11	215	3
3	466	5	12	380	4
4	357	4	13	512	5
5	174	3	14	316	4
6	571	5	15	380	4
7	402	4	16	453	4
8	146	3	17	188	3
9	316	4	18	398	4
Out	3237	36	In	3258	35
			Gesamt	6495	71

„AMERIKANISCHER KURS“

Es gibt keinen stereotypisch „amerikanischen Kurs“. (Was haben das TCP in Sawgrass, Merion und Pinehust außer ihrem Ruhm gemeinsam? Architektonisch weisen sie wenig Ähnlichkeit auf.) Dennoch gibt es in Europa viele Plätze im „amerikanischen Stil“. Wer die Golfplätze der Algarve oder Andalusiens kennt, weiß, was damit gemeint ist. Und so ist Loch Lomond ein amerikanischer Kurs, wahrscheinlich sogar der beste Europas, und dennoch ist er so ganz anders als die anderen.

„Jay und ich empfanden die Aufgabe, einen Golfkurs in Loch Lomond zu bauen, als einmalige Chance und als große Verantwortung.“

TOM WEISKOPF

Muirfield

Muirfield

The Honourable Company of Edinburgh Golfers, Muirfield, Gullane, East Lothian, Schottland

Muirfield ist die dritte Heimat der Honourable Company of Edinburgh Golfers, die seit 1874 abwechselnd mit Prestwick und St. Andrews die British Open beherbergt. 1891 zog sie von Musselburgh ins rund 32 km östlich von Edinburgh gelegene Muirfield und beauftragte Old Tom Morris mit dem Entwurf ihres neuen Kurses.

Nur ein Jahr nach Eröffnung wurden in Muirfied die ersten British Open ausgetragen (die siebten für den Club). Darauf folgten bis heute 14 weitere Open sowie Amateur Championship, Senior Open, Ryder Cup, Walker Cup und Curtis Cup. Einige der großen Namen des Golfs waren in Muirfield erfolgreich, darunter Vardon, Braid, Hagen, Cotton, Player, Nicklaus, Trevino, Watson, Faldo und Els.

Tom Morris' Entwurf mit zwei gegenläufigen und ineinanderliegenden Schleifen aus je neun Bahnen war für seine Zeit ungewöhnlich. So kommt der Wind praktisch bei jedem Loch aus einer anderen Richtung. Der heutige Kurs ist allerdings größtenteils eine Arbeit von Harry Colt und Tom Simpson aus den 1920er-Jahren.

DER ÄLTESTE GOLFCLUB

Welches ist der älteste Golfclub der Welt? Royal Blackheath im Südosten Londons existierte nachweislich bereits 1608. In Schottland wurde Golf, historisch verbürgt, bereits 1457 gespielt, denn König James II. von Schottland ließ es per Dekret verbieten. In Edinburghs Vorort Leith hielt die Honourable Company 1744 ihr erstes Turnier auf einem 5-Loch-Kurs ab. Da die Aufzeichnungen des Clubs ab diesem Turnier vollständig erhalten sind, gilt die Honourable Company, die dem Spiel auch das erste Regelwerk verlieh, heute als ältester Club mit durchgängiger Geschichte.

UNTEN *Muirfields 12. Grün liegt leicht erhöht und ist ringsum von Böschungen und Bunkern umgeben. Wie so oft auf diesem Kurs liegt die gesamte Bahn vor dem Spieler offen.*

Eine faire Prüfung

Weltklassespieler schätzen diesen Kurs wegen seiner Fairness. Hier lauern weder blinde Schläge noch unberechenbare Lagen. Der Drive wird jedoch von den habgierigen Roughs und den nur als grausam zu beschreibenden Bunkern auf die Probe gestellt! Muirfield ist vielleicht der einzige Open-Kurs, der kein herausragendes Loch besitzt. Die Schwierigkeiten sind hier gleichmäßig verteilt. Die meisten Spieler sind sich aber einig, dass das 6., 8. und 18. Loch mit zu den besten langen Two-Shot-Holes des Links-Golfs zählen. Das 13. ist zwar ein kurzes Loch, mit seinem langen, schmalen Grün oberhalb fünf gefürchteter Bunker aber ebenso nervenaufreibend. Sein erstklassiger Schlag aus einem dieser Bunker brachte Ernie Els 2002 den British-Open-Sieg.

Für Gäste ist erwähnenswert, dass der Club in der Nebensaison weder temporäre Abschläge noch Wintergrüns anlegt. Man kann also den regulären Kurs genießen und das auch noch zu reduzierten Greenfees.

SCOREKARTE DES KURSES

Loch	Länge (in Meter)	Par
1	410	4
2	321	4
3	346	4
4	195	3
5	512	5
6	428	4
7	169	3
8	405	4
9	465	5
Out	3251	36
10	434	4
11	356	4
12	348	4
13	175	3
14	410	4
15	379	4
16	170	3
17	499	5
18	411	4
In	3182	35
Gesamt	**6433**	**71**

▶ Nach seinem Sieg bei den British Open 1966 sagte Jack Nicklaus: „Im Wesentlichen ist dies ein fairer Kurs. Er ist stärker ausgestaltet als die anderen Links der Open.“ Später nannte er den ersten Kurs, den er selbst entwarf, Muirfield Village (in Dublin, Ohio, USA).

▶ 1892 wurden in Muirfield die British Open zum ersten Mal über 72 Löcher ausgetragen. Vorher wurden nur 36 Löcher gespielt. Eine weitere Neuerung dieses Jahres war das Erheben einer Teilnahmegebühr für die British Open.

▶ Ben Crenshaw, früherer US-Masters-Gewinner und berühmter Golfplatzarchitekt, lobte Muirfield als „wunderbar ehrliche Prüfung des Golfspiels“.

„Ich habe das Spiel vom ersten Tag an geliebt.“

JACK NICKLAUS NACH SEINEM SIEG DER BRITISH OPEN 1966

Royal Dornoch

Royal Dornoch

Royal Dornoch Golf Club, Dornoch, Sutherland, Schottland

„Golf hat mir noch nie so viel Spaß gemacht wie hier", sagte Tom Watson über Royal Dornoch, eine Meinung, die viele berühmte Golfer teilen, die sich so weit nach Norden verirrt haben. Royal Dornoch steht ganz weit oben auf der Liste der Golfkurse, die der an Golfplatzarchitektur Interessierte einmal gespielt haben sollte.

In Dornoch wird schon seit rund 500 Jahren Golf gespielt. Der Club wurde 1877 mit einem bescheidenen 9-Loch-Kurs gegründet. Ein wichtigeres Jahr in den Annalen Dornochs ist aber 1883, in dem John Sutherland zum Geschäftsführer ernannt wurde. Er engagierte 1886 Old Tom Morris, um den Kurs auf 18 Löcher zu erweitern. Doch Sutherland selbst verbesserte anschließend die Anlage, brachte den Kurs in einen beispielhaften Zustand, arbeitete hart dafür, dass Dornoch zum Royal Club wurde, und bewarb Dornoch in seinen Artikeln für Londoner Magazine. Sutherland beteiligte seine Golflehrer und Greenkeeper an der Entwicklung des Kurses. Unter ihnen war auch Donald Ross, der später in den USA die für Dornoch typischen erhöhten Grüns in die amerikanische Golfplatzarchitektur einführte.

Entlegenheit kann ein Segen sein

Da Dornoch abseits der großen Städte liegt, war es nie Austragungsort großer Turniere oder der British Open. Deshalb sind ihm die ständigen Bahnverlängerungen und Veränderungen erspart geblieben, die man heute angeblich für die Top-Spieler dringend benötigt. Die Bahnen hier sind so erhalten, wie sie vor 20, 30 oder auch 50 Jahren einmal gedacht waren. Daher muss man auch eine Vielzahl verschiedener Pitching-Schläge beherrschen, will man die exzellent angelegten Grüns erreichen. Aber nicht nur bei der Annäherung aufs Grün ist intelligentes Spiel gefragt, denn die Fairways nutzen die vorhandenen Gegebenheiten des Geländes geschickt aus, was präzises und bedachtes Spiel erfordert. Auch der Wind muss bedacht werden.

RECHTS *Das reizvolle 10. Loch von Dornoch ist ein recht angenehmes Par 3, wenn man das Grün vom Abschlag aus erreicht. Verfehlt man das Grün, ist es die Hölle.*

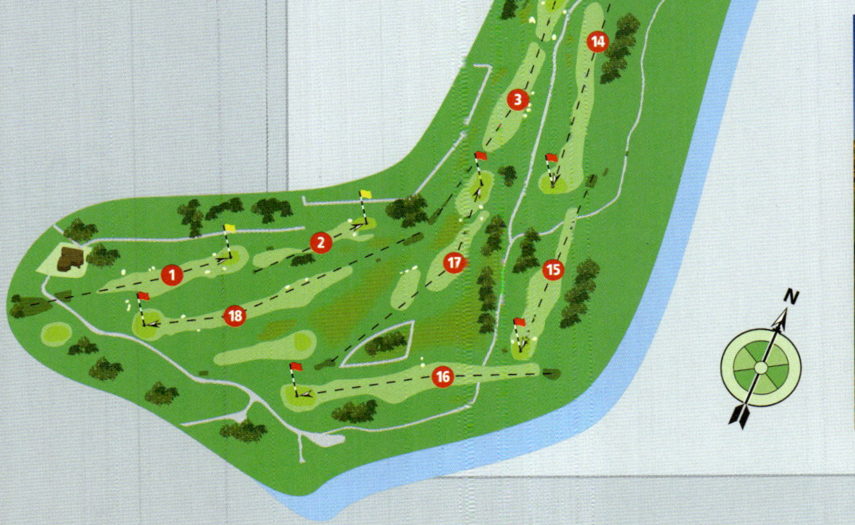

UNTEN *Seine Bahnen, die sich zwischen Hügeln mit Ginster hindurch, am Meer entlang und über buckelige Fairways ziehen, machen Dornoch so beliebt.*

SCOREKARTE DES KURSES

Loch	Länge (in Meter)	Par	Loch	Länge (in Meter)	Par
1	303	4	10	162	3
2	168	3	11	412	4
3	379	4	12	464	5
4	390	4	13	165	3
5	324	4	14	407	4
6	149	3	15	327	4
7	423	4	16	367	4
8	400	4	17	370	4
9	484	5	18	417	4
Out	3020	35	In	3091	35
			Gesamt	6111	70

Tom Watsons Lieblingsloch war das 5. Es stellt eindrucksvoll unter Beweis, dass eine großartige Bahn nicht unbedingt lang sein muss. Der Blick vom erhöhten Grün ist einladend. Das breite Fairway etwas unterhalb scheint den Abschlag zu erwarten. Aber das Grün ist sehr lang und stark von links nach rechts geneigt. Der ideale Abschlag führt also auf die linke Seite, doch dort lauert Gefahr in Form eines mit Ginster bestandenen Hügels, was leicht zum Ballverlust führt. Auf der rechten Seite fällt das Fairway ab und leitet den Ball unweigerlich zu einer Reihe von Bunkern. Aber selbst wenn man diesen entgeht, muss der Ball immer noch in die hintere Hälfte des schmalen, nierenförmigen Grüns gebracht werden, hinter dem weitere Bunker lauern, sollte dieser Schlag zu weit geraten.

Das 14. Loch, „Foxy“ genannt, ist eine weitere großartige Bahn. Es wird von einer Reihe von Dünen beherrscht, die von rechts in das Fairway schneiden, wodurch das Grün nur von der äußersten linken Seite des Fairways aus sichtbar ist. Es liegt versteckt rechts hinter der letzten Düne, ist breit und flach, aber hoch genug, dass die Annäherung aus jeglichem Winkel schwierig ist. Das 17. Loch ist ebenfalls vorzüglich. Vom Abschlag verläuft es zunächst bergab und steigt dann steil zu dem traumhaft platzierten Grün an.

DORNOCHS ANZIEHUNGSKRAFT

John Sutherland, der erste Geschäftsführer des Clubs, rührte gewaltig die Werbetrommel, indem er Artikel über Dornoch in *Daily News* und *Golf Illustrated* veröffentlichte. Aber im Gegensatz zu vielen anderen schottischen Links-Kursen wurde Dornoch erst 1902 an die Eisenbahn angeschlossen. Als die Strecke eröffnet wurde, verlor Sutherland keine Zeit und informierte die Golfer im ganzen Land, sie könnten mit dem Schlafwagen aus London anreisen und den Kurs am folgenden Morgen spielen. Unter den Besuchern jener Tage fand sich auch das berühmte Triumvirat: James Braid, Harry Vardon und J. H. Taylor. Taylor war von dem Kurs so begeistert, dass er auf dem Höhepunkt seiner Karriere jedes Jahr zwei Wochen Urlaub in Dornoch machte, um sein Spiel zu verfeinern. Viel später nutzte dann Ben Crenshaw 1980 die Vorzüge Dornochs als Teil seiner Vorbereitung auf die British Open, die damals in Muirfield abgehalten wurden. Als man ihn in Muirfield fragte, wie ihm Dornoch gefallen habe, antwortete er: „Lassen Sie es mich so sagen: Beinahe wäre ich nicht zurückgekommen."

RECHTS *Von hier wirkt das 2. Loch in Dornoch recht harmlos, doch einmal im vorderen rechten Bunker gelandet, gibt es meist nur ein Entrinnen zur Seite oder nach hinten.*

Iain Lowe Photography

Royal Troon

Royal Troon

Royal Troon Golf Club, Troon, Ayrshire, Schottland

Troon war bereits ein wichtiger Seehafen an der Firth of Clyde, als 1840 die Eisenbahnlinie nach Glasgow eröffnete. Schnell kamen Urlauber aus Glasgow wegen der Strände und der frischen Luft nach Troon, und die Reichen bauten sich hier große Sommerhäuser. Die nächste Station südlich von Troon war Prestwick, Geburtsort des Turniergolfs, und 1878 beschloss man, Troon solle einen eigenen Golfplatz haben.

Man pachtete Land vom Duke of Portland und errichtete einen 5-Loch-Kurs, an dem heute noch die Löcher 1, 2, 17 und 18 liegen. Der Kurs wurde schrittweise erweitert. 1888 bestand er dann aus 18 Löchern, war insgesamt 5121 m lang und hatte in etwa dieselbe Anordnung wie heute. Über die Jahre wurden weitere Änderungen vorgenommen, und 1923 war Troon dann so weit, die British Open ausrichten zu können.

Arnold Palmer war auf dem Höhepunkt seiner Karriere, als er 1962 die British Open in Troon gewann. Trotz seiner unglaublichen Rettungsschläge meinte selbst er, es sei geschickter, sich „mit diesem Kurs nicht auf einen Kampf um alles oder nichts einzulassen". Dem Besucher, der zum ersten Mal das 1. Fairway hinunterblickt, sei vergeben, wenn er dies infrage stellt, denn von hier wirkt alles ganz klar und einfach. Und zumindest am Anfang ist es das auch.

Immer teuflischer

„Mit Können und Stärke gleichermaßen" ist das Motto des Clubs, und die ersten drei Löcher schlängeln sich mit jeweils unter 366 m gemütlich am Strand entlang. Zwischen den folgenden, mit Birdie spielbaren zwei Par 5 liegt ein hübsches Par 3 auf den Dünen, und so weit scheint alles recht einfach. Der einladendste Abschlag folgt am 7. Loch, aber schon hier sollte man sich auf die Tücken des 8. Lochs einstellen, dem berüchtigten „Postage Stamp" und kürzesten Loch aller

SOZIALER STATUS

Nach Beendigung der British Open 1932 wurden der Sieger Arthur Havers und der Zweitplatzierte Walter Hagen zur Preisverleihung ins Clubhaus eingeladen. Hagen verzichtete aber, da während des gesamten Turniers keinem der Profispieler Zutritt zum Clubhaus gewährt worden war. Stattdessen ging er ins örtliche Pub, wohin ihm viele der Zuschauer folgten.

▶ 1973 nahm Gene Sarazan im Alter von 71 Jahren an den British Open in Troon teil und versenkte seinen Abschlag am berüchtigten „Postage Stamp" in der ersten Runde zum Ass. In der zweiten Runde fand sein Abschlag zwar einen Bunker, der Rettungsschlag landete aber direkt im Loch.

LINKS *Beim „Postage Stamp" wurde früher das jenseits der Düne liegende Grün blind angespielt. Die 1909–1910 angelegte Bahn wurde von Harry Vardon, James Braid, J. H. Taylor und Alex Herd eingeweiht.*

SCOREKARTE DES KURSES

Loch	*Länge (in Meter)*	*Par*
1	330	4
2	358	4
3	347	4
4	510	5
5	192	3
6	548	5
7	369	4
8	113	3
9	387	4
Out	3154	36
10	401	4
11	446	4
12	394	4
13	430	4
14	163	3
15	440	4
16	496	5
17	203	3
18	414	4
In	3387	35
Gesamt	**6541**	**71**

British-Open-Kurse. Entweder erreicht man das winzige Grün mit einem Schlag und kann zum Birdie einlochen, oder man landet auf einem Hügel im Rough, in einem von fünf tiefen Bunkern am Grün oder weit dahinter in einer Mulde mit Gras. Keiner dieser Fallen kann man leicht entrinnen, was dem deutschen Spieler Hermann Tissies bei den British Open 1950 zum Verhängnis wurde. Er kam schließlich auf 15 Schläge!

Auf den hinteren neun Löchern, die fast alle gegen den Wind gespielt werden, fletscht Troon dann die Zähne. Es beginnt mit einem beängstigenden blinden und abgewinkelten Abschlag auf das schwer auszumachende 10. Fairway. Die folgende Annäherung auf das hohe Grün ist nur schwer einzuschätzen. Das 11. Loch nannte Arnold Palmer „das gefährlichste Loch, das ich je gesehen habe". Bei seinen ersten Open in Troon fing sich der junge Jack Nicklaus hier eine 10 ein, und bei den British Open 1997 lag der Durchschnitt auf dieser Bahn bei 4,65 Schlägen, dem mit Abstand höchsten des Kurses. Am häufigsten ruinieren der Ginsterbestand und die Nähe zu den Schienen den Score.

Aufgrund ihrer Wellen ist es schwer, die Fairways des 13. und 15. Lochs zu treffen und dort auch liegen zu bleiben. Das 17. ist bei jedem Wind schwer zu spielen, und das 18. Grün darf man nicht überspielen, denn hinter ihm droht sofort das Aus.

„Das gefährlichste Loch, das ich je gesehen habe."

ARNOLD PALMER ÜBER DAS 11. LOCH

10

Turnberry

Turnberry

Ailsa Course, Westin Turnberry Hotel, Turnberry, Ayrshire, Schottland

Der Ailsa Course in Turnberry bietet unter allen Austragungsorten der British Open die bezauberndste Umgebung. Er wird häufig mit Pebble Beach in Kalifornien verglichen. 1977 wurden dort zum ersten Mal die Open ausgetragen, und der Platz wurde sofort zum Klassiker.

Die Bahn spielte bei der Verbreitung des Golfsports in Großbritannien eine wichtige Rolle. Zudem errichteten die Eisenbahngesellschaften einige der schönsten Hotels des Landes, wie etwa in Gleneagles, Cruden Bay und Turnberry. Zu Beginn des 20. Jahrhunderts handelte die Glasgow and South Western Railway einen Vertrag mit dem Marquis of Ailsa aus, um ein Hotel in Turnberry bauen zu können. Auf dem Gelände befand sich bereits ein privater 13-Loch-Kurs, dem ein zweiter 13-Loch-Kurs beigefügt wurde, sodass sich Turnberry bereits 1906 zu Recht als Golf-Resort bezeichnen konnte. Die Kurse waren gut genug, um 1912 die British Ladies' Championship auszutragen, was eine vielversprechende Zukunft verhieß.

Doch der Erste Weltkrieg beendete alle Bestrebungen, und der Kurs wurde zum Flugplatz. 1939 folgte mit der Errichtung eines großen Luftstützpunkts zur Verteidigung der transatlantischen Schifffahrtswege noch Schlimmeres. Das endgültige Aus schien gekommen.

NAMENSGEBUNG

Wie auf vielen schottischen Kursen tragen die Löcher von Turnberry auch Namen. Das 2. Loch heißt z. B. „Mak Siccar" (gehe sicher), das 3. „Blaw Wearie" (außer Atem), das 6. „Tappie Tourie" (schlag bis zum Gipfel), das 10. „Dinna Fouter" (verpfusch es nicht), das 13. „Tickly Tap" (schwieriger kleiner Schlag), das 15. „Ca Canny" (sei vorsichtig) und das 17. „Lang Whang" (gut Holz).

LINKS *Das kurze 11. Loch mit dem Leuchtturm und Ailsa Craig im Hintergrund ist Sinnbild für Golf in Turnberry. Hier erinnert nichts mehr an den Luftstützpunkt aus Kriegstagen.*

▶ Bei der Finalrunde der European Open 1979 in Turnberry ging Sandy Lyle nach sechs Birdies auf den ersten sieben Bahnen mit acht Schlägen in Führung und gewann das Turnier mit sicherem Vorsprung. Nur am vergleichsweise einfachen 2. Loch misslang ihm ein Birdie.

Bemerkenswerte Auferstehung

Aber Frank Hole, Turnberrys Manager, wollte sich nicht damit abfinden. Trotz größter Schwierigkeiten konnte er nach dem Zweiten Weltkrieg von der öffentlichen Hand große Ausgleichszahlungen erhalten. Und mit der Unterstützung von British Railways, der Hoteleignerin, gelang es ihm, drei komplette Flugfelder in einen Golfplatz zu verwandeln. Der schottische Architekt Philip Mackenzie Ross machte hieraus einen der optisch reizvollsten Golfplätze Schottlands.

Dann arbeitete sich Turnberry auf der Turnierleiter nach oben und wurde 1977 mit seinem ersten British Open belohnt. Dieses Turnier sollte eines der größten werden, das berühmte „Duel in the Sun" (Duell in der Sonne), bei dem Tom Watson und Jack Nicklaus sich eines der spektakulärsten Kopf-an-Kopf-Rennen der Golfgeschichte lieferten, das Watson ganz knapp gewann.

Die ersten drei Löcher des Ailsa Course werden von den Golfern nicht immer richtig geschätzt, da sie bereits die wunderbaren Küstenlöcher 4 bis 11 vor Augen haben. Sie sind für einen British-Open-Kurs wahrlich einzigartig und halten den Vergleich mit den berühmten Küstenbahnen von Pebble Beach jederzeit stand. Die Aussicht ist einzigartig. Einige der Bahnen gleiten in Täler zwischen den Dünen hinab, während andere (wie das 4. und das 6. Loch) oben auf den Dünen dem Wind voll ausgesetzt sind. Von diesen anspruchsvollen Par-4-Löchern ist das geschwungene 8. wohl das schönste. Die meisten Erinnerungsfotos entstehen aber am halbinselförmigen 9. Abschlag. Bei diesem Schlag auf das sich jenseits einer Bucht an die Felsen klammernde Fairway werden selbst so manchem erfahrenen Golfer die Knie weich.

Vielleicht führten die Entbehrungen der Nachkriegszeit dazu, dass Ross Bunker nur sparsam einsetzte. Dies wurde aber im Zuge der Vorbereitungen für die British Open in Turnberry im Jahr 2009 geändert. Auch der zweite Kurs, der in Kintyre umbenannt wurde, ist von Donald Steel fast vollständig umgestaltet worden.

SCOREKARTE DES KURSES

Loch	*Länge (in Meter)*	*Par*
1	320	4
2	393	4
3	423	4
4	151	3
5	404	4
6	211	3
7	484	5
8	394	4
9	415	4
Out	3195	35
10	413	4
11	159	3
12	408	4
13	377	4
14	411	4
15	191	3
16	374	4
17	454	5
18	397	4
In	3184	35
Gesamt	**6379**	**70**

The Belfry

The Belfry

Brabazon Course, The Belfry, Warwickshire, England

Der Brabazon Course ist der einzige Kurs dies- und jenseits des Atlantiks, der den Ryder Cup viermal beherbergte. 1985 und 2002 gewannen die Europäer, 1993 trugen die Amerikaner den Sieg davon, das Turnier 1989 ging unentschieden aus. Der Kurs scheint europäischen Teams Glück zu bringen.

Fährt man heute an den Kursen (es sind insgesamt drei) vorbei, sieht man nur ein unspektakuläres, flaches Gelände mit parallelen Baumreihen, die den Verlauf der Fairways andeuten. Bevor die Golfkurse errichtet wurden, waren hier lehmige Kartoffeläcker. Das Gelände hatte eigentlich keines der Merkmale, die man für einen Golfplatz sucht, zumal für einen erstklassigen Platz wie diesen.

Die Aufgabe, aus diesem Sturzacker ein Juwel zu schaffen, fiel Peter Alliss und Dave Thomas zu. Letzterer kehrte über die Jahre immer wieder zurück und nahm kleinere Veränderungen und Verbesserungen vor. So konnte der Kurs mit den erstaunlichen Fortschritten der letzten 20 Jahre im Bezug auf Spieltechnik, Schläger und Bälle Schritt halten. Auf einem sehr kleinen Gelände gelang Alliss und Thomas ein kunstgerechter Kurs guter Länge, der reichlich Herausforderungen bietet.

Für den durchschnittlichen Golfspieler lautet die Devise in Brabazon schlicht, die vielen Bäche und Teiche tunlichst zu meiden. Zudem ist der Kurs großzügig bebunkert, wie etwa am kurzen 7. Loch, das vom Abschlag aus an Pine Valley erinnert. Aber bereits mit dem 3. Loch beginnen die für die Wertung tödlichen Bahnen. Es ist ein spielbares Par 5, bei dem auf dem Weg zum Grün ein Teil des Sees überwunden werden muss. Und am kurzen 12. Loch kann man schon mal ganz ins Wasser fallen. Die Löcher aber, die jeden Golfer auf die Probe stellen, sind das 10. und das 18.

UNTEN *Das 18. Loch auf dem Brabazon Course ist ein schwieriges, 433 m langes Par 4 und eine der besten Schlussbahnen des Golfs.*

Zwei Bahnen der Weltklasse

Das 10. Loch ist ein sehr kurzes Par 4, das tatsächlich besser wird, je kürzer es gespielt wird. Für den Ryder Cup wurde es von seinen üblichen 284 m auf 247 m verkürzt. Der Grund hierfür ist einfach: Es soll die Spieler dazu verleiten, das Grün direkt anzuspielen. Mit einem Eisen 9 ist das machbar. Und was würde man nicht alles für einen Eagle geben? Misslingt der Abschlag allerdings, kann man seinen Ball entweder aus dem Wasser fischen, oder er ist von den Ästen der Bäume am Grün ins Nichts abgeprallt.

Der Abschlag am 18. ist einer der gefürchtetsten des Golfs. Wer hier auf Angriff spielt, muss so weit wie möglich über den See zur Linken spielen. Gelingt dies, führt der zweite Schlag bergauf und erneut über ein Stück des Sees auf ein extrem langes, dreistufiges Grün. Jeder Golfer sollte dieses Loch einmal in seinem Leben spielen, um zu verstehen, welchen Mut Ryder-Cup-Teilnehmer unter dem enormen Turnierdruck aufbringen, die hier zu Par oder sogar zum Birdie eingelocht haben.

RECHTS *Das attraktive 10. Loch verleitet viele Golfer dazu, das Grün direkt anzuspielen, und viele müssen mit einer Drei erneut vom Abschlag beginnen.*

SCOREKARTE DES KURSES

Loch	Länge (in Meter)	Par	Loch	Länge (in Meter)	Par
1	376	4	10	284	4
2	347	4	11	383	4
3	492	5	12	190	3
4	404	4	13	351	4
5	373	4	14	174	3
6	361	4	15	498	5
7	162	3	16	378	4
8	391	4	17	516	5
9	396	4	18	433	4
Out	3302	36	In	3207	36
			Gesamt	6509	72

Ganton

Ganton

Ganton Golf Club, Scarborough, North Yorkshire, England

Will man an einem einzigen Golfkurs zeigen, welche Qualitäten den englischen Golfsport auszeichnen, dann ist Ganton eine gute Wahl. Der 1891 angelegte Kurs ist alt, hat viele hochrangige Amateur- und Profiturniere ausgerichtet, ist eine Mischung aus Heideland- und Links-Kurs, sein Traditionsclub ist äußerst gastfreundlich, und er stellt alle Facetten des Golfspiels auf die Probe.

Auf der verkehrsreichen Straße von York nach Scarborough mag so mancher zweifeln, dass er auf dem richtigen Weg ist, denn was man rechts und links sieht, ist so gar kein Golfgelände. Doch sobald man auf die Zufahrtsstraße zum Club einbiegt, ist alles anders – sogar die Luft! Hier erhascht man verheißungsvolle Blicke auf die tadellosen Fairways und Grüns, auf hohe Kiefern, tiefe Bunker und garstigen Ginster. Spätestens dann ist klar, dass man hier sein Bestes geben muss.

Ganton ist ein kompakter Kurs, was für ein zügiges Spieltempo sorgt. Dennoch führt die raffinierte Anlage die Spieler an verschiedenen Punkten der Runde zusammen. Die Mitglieder von Ganton sind gesellig und nehmen gerne jede Gelegenheit wahr, Scorekarten und Notizen zu vergleichen.

EIN LINKS-KURS IM LANDESINNEREN

Seine Lage bzw. der Untergrund, auf dem er erbaut wurde, macht Ganton zu etwas ganz Besonderem. Denn vor vielen tausend Jahren, bevor sich das Meer zurückzog, befand sich hier ein Strand. Somit liegt heute unter der Oberfläche eine dicke Sandschicht, die eine erstklassige Dränage bietet und die Art von harten Bahnen ergibt, die man sonst nur auf Küstenkursen findet. Ganton spielt sich daher hart und schnell wie ein Links-Kurs. Besonders wenn starker Wind durch das Tal rauscht, ist Pitch-and-Run-Spiel hier viel eher erfolgreich als hohe Schläge mit dem Wedge.

RECHTS *Gantons 14. ist eines der besten Par-4-Löcher unter 275 m in Großbritannien. Durch seine idyllische Lage im Vale of Pickering ist Ganton ein wahrlich bezaubernder Golfplatz.*

Gary Player nannte Ganton den einzigen Inlandskurs, der würdig sei, die British Open auszurichten – seit der ersten Open in Prestwick wurden sie grundsätzlich auf Links-Kursen an den Küsten ausgetragen.

Als Ganton im Jahr 1949 den Ryder Cup beherbergte, waren Lebensmittel rationiert. Die Gastmannschaft der USA brachte 600 Steaks, 12 Grillrippen, 12 Schinken sowie 12 Kartons Bauchspeck mit – und gewann!

Auf dem Platz

Vom 1. Abschlag blickt man auf ein einladendes Fairway, das langsam ansteigt und dann an ein paar Bunkern vorbei nach rechts Richtung Grün schwenkt, das rechts und links von Bunkern bewacht wird. Es ist kein schwieriges Loch, doch Nachlässigkeit wird hier schnell bestraft. Auch am 2. Loch halten einen die Bunker auf Trab, und wer am 3. Loch sofort mit dem Drive aufs Grün will, für den sind sie eine echte Herausforderung. Ab hier verläuft der Kurs mehrere hübsche Bahnen lang im Zickzack, wodurch der Wind ständig wechselt, aber am 14. Loch zeigt der Platz dann seine Zähne. Es ist zwar ein kurzes Par 4, aber ein geniales Loch, das kühnes Spiel fordert und Unzulänglichkeit grausam bestraft.

Um das 15. zu bezwingen, benötigt man einen kräftigen Schlag. Der ist auch am 16. Abschlag hilfreich, von dem aus ein riesiger Fairway-Bunker überwunden werden muss. Am schwierigsten ist die genaue Platzierung des Abschlags, damit die Annäherung aufs Grün nicht verstellt ist, das oberhalb von Bunkern thront und hinter dem der gelbe Ginster lauert. Das 17. ist ein brutales, kurzes Loch (für Besucher ein Par 4). Die Runde endet mit einem herrlich strategischen Dogleg. Zu große Gier führt in die Katastrophe!

SCOREKARTE DES KURSES

Loch	Länge (in Meter)	Par	Loch	Länge (in Meter)	Par
1	341	4	10	154	3
2	407	4	11	381	4
3	305	4	12	332	4
4	371	4	13	479	5
5	144	3	14	258	4
6	430	4	15	422	4
7	398	4	16	410	4
8	379	4	17	228	3
9	461	5	18	397	4
Out	3236	36	In	3061	35
			Gesamt	6297	71

Royal Birkdale

Royal Birkdale

Royal Birkdale Golf Club, Southport, Merseyside, England

Für einen so traditionsreichen Club und Kurs gibt es in Royal Birkdale erfrischend wenig Pomp. Man ist in Royal Birkdale mit der Ehre, die 100. British Open ausrichten zu dürfen, und einem festen Platz unter den Top Ten Großbritanniens vollends zufrieden.

Besuchern bietet Royal Birkdale ein traumhaftes Bild. Das schneeweiße Art-déco-Clubhaus scheint wie ein Schiff auf einer Gischt aus Sanddünen zu reiten. Es wurde 1935 entworfen und ist den Aufbauten der großen Ozeandampfer nachempfunden, die damals von Liverpool in alle Ecken des zu jener Zeit noch intakten britischen Empire ausliefen. Im Innern bietet das Clubhaus aber alle Annehmlichkeiten des 21. Jahrhunderts.

Wahres Links-Golf bedeutet harmonische Partnerschaft mit der Natur, und auf Birkdales Kurs sind nur wenige der Herausforderungen durch Menschenhand verfeinert. Sie ergeben sich aus dem Gelände und den großen Distanzen. Dichtes Rough und Weidenbüsche verschlucken verirrte Bälle, bieten aber auch einer reichen Tierwelt Schutz. Die Anlage (über Jahre von der Architekten-Familie Hawtree weiterentwickelt) ist im Grunde schlicht. Die Bahnen verlaufen durch Täler zwischen sandigen Hügeln entlang. So entstehen flache Fairways (für einen Links!), wodurch ein guter Schlag weit rollen kann und man einen guten Stand für den nächsten Schlag findet. Das wellige Meer aus Sanddünen ist allgegenwärtig, die aber nur zum Problem werden, wenn man vom Kurs abkommt. Sie sind Fundament einiger sehr schöner erhöhter Abschläge und Grüns, wie etwa der Abschlag am 11. und das Grün am 12. Loch.

Eine lange und ehrwürdige Turniergeschichte

Royal Birkdale, das die British Open zwischen 1954 und 2008 schon neunmal beherbergte, ist immer etwas Außergewöhnliches. Sein äußerst fairer Kurs belohnt gutes Spiel, und die Sanddünen entlang der Fairways sind natürliche Tribünen. Nach jeder British Open hier lautete das allgemeine Urteil, der Kurs sei hart, aber fair. Daher ist er wohl auch einer der Lieblingsplätze der Profis.

In der Open-Woche kann das Rough brutal sein. 1971 scherzte Lee Trevino: „... am 15. haben wir meine Tasche abgestellt, um den Ball zu suchen. Ihn haben wir gefunden, die Tasche nicht!"

LINKS *Royal Birkdales einzigartiges Clubhaus liegt mit Blick auf das 18. Grün und erinnert an die Aufbauten von Ozeandampfern, die früher häufig nach dem Auslaufen in Liverpool an diesem Golfkurs vorbeiglitten.*

Das schwere 1. Loch, ein langes Dogleg nach links, zeigt sofort, dass hier Präzision gefragt ist, denn rechts droht das Aus, links liegt der berüchtigte „Jutland"-Bunker, und vor dem Grün versperren die charakteristischen Buckel die Annäherung aufs Grün. Obwohl Bäume normalerweise keine Rolle spielen, sind sie ein schöner Hintergrund, wie etwa die Baumgruppe hinter dem 2. Grün mit seinen gewagten Konturen, das von Potbunkern bewacht wird.

Wie bei allen guten Anlagen muss man sein Spiel vom Abschlag an genau planen, damit die Annäherung aufs Grün gelingt. So auch am 6. Loch, bei dem man sich dem großen Bunker auf der rechten Seite gefährlich nähern muss, um einen guten Winkel zum erhöhten Grün zu bekommen. Die Bahnen schlängeln sich durch die Dünen, sodass der Wind von allen Seiten angreift, bieten aber reichlich Abwechslung mit verschiedenen kurzen Par 4, wie dem abknickenden 5. und dem bergab verlaufenden 11. Loch. Die Grüns, die in den 1990er-Jahren von Martin Hawtree neu angelegt wurden, verlangen mit ihren Wellen und Senken sowie einer geschickten Bebunkerung nach kreativem kurzem Spiel. Ein Beispiel hierfür lieferte Seve Ballesteros 1976 mit seinem berühmten Chip-and-Run zwischen den Bunkern am 18. Loch.

EIN GROSSER MOMENT DES GOLFSPORTS

Jack Nicklaus, einer der großen Gentlemen des Golfsports, erließ Tony Jacklin während des Ryder Cup 1969 einen kurzen, aber durchaus nicht sicheren Putt auf dem 18. Grün, wodurch die Heimmannschaft mit den Amerikanern gleichziehen konnte. „Ich war sicher, du würdest ihn einlochen, hätte es aber nicht ertragen, wenn du vorbeigeschlagen hättest", bemerkte Nicklaus zu Jacklin.

SCOREKARTE DES KURSES

Loch	*Länge (in Meter)*	*Par*
1	411	4
2	385	4
3	372	4
4	186	3
5	315	4
6	439	4
7	162	3
8	418	4
9	376	4
Out	3064	34
10	368	4
11	373	4
12	167	3
13	455	4
14	181	3
15	497	5
16	380	4
17	500	5
18	432	4
In	3354	36
Gesamt	**6418**	**70**

Royal Liverpool

Royal Liverpool

Royal Liverpool Golf Club, Hoylake, Wirral, England

Mit Gründungsjahr 1869 ist Royal Liverpool (oder Hoylake, wie er allgemein genannt wird) einer der ältesten Golfclubs Englands. Anfangs wurde Golf hier neben Amateur-Pferde- und Ponyrennen gespielt, denn dies war der Standort des Liverpool Hunt Club. Die Pferde sollten natürlich nicht Dünen herauf- und herunterlaufen müssen, daher ist der Kurs größtenteils relativ flach. Aber manchmal kann hier der Schein trügen.

Schon nach kurzer Zeit (1872) hatte Hoylake ein erstes Profiturnier angelockt; es war sogar das erste wirklich wichtige außerhalb Schottlands. Das Preisgeld für den Sieger war etwa doppelt so hoch wie bei der British Open. Es zog ein kleines und erlesenes Spielerfeld an, aus dem Young Tom Morris als Sieger hervorging. Als Nächstes folgte die erste Amateur Championship (1885) und dann die British Open (1897). Bei diesem Turnier gewann mit Harold Hilton ein Spieler von Royal Liverpool. Er und sein Clubbruder John Ball blieben die einzigen siegreichen Amateure bei den British Open, bis Bob Jones 1930 in Hoylake gewann. Es sollte der zweite Sieg seiner erstaunlichen Siegesserie sein, der „Impregnable Quadrilateral", bei der er in einem Jahr in den USA und Großbritannien die Open und die Amateur Championships gewann.

Nach Roberto de Vincenzos Sieg 1967 folgte eine lange Pause für die Open in Hoylake. Erst 2006 zeigte Tiger Woods, wie man diesen Kurs spielt.

RECHTS *Das 12. Grün ist wegen seiner erhöhten Lage auf den Dünen schwer zu erreichen. Doch es bietet wundervolle Ausblicke über die Mündung des Dee bis zu den Flintshire Hills.*

Woods – der große Stratege

Wie bereits 2005 in St. Andrews analysierte Woods den Kurs im Bezug auf seine eigenen Stärken. Abschläge mit dem Driver hielt er für zu gefährlich. Er vermutete, dass sein langes Eisenspiel aufs Grün ihn nah ans Loch bringen würde, wenn er stärker auf Präzision als auf Weite spielte und seine Bälle für die Annährung aufs Grün ideal platzieren könnte. Seine Annäherungsschläge in dieser Woche waren schlicht göttlich.

Für die Open wurde die Bahnreihenfolge geändert, aber normalerweise beginnt Hoylake mit einem einzigartigen Loch. Bei dem bunkerlosen Par 4 kann man beim Abschlag auf beiden Seiten im Aus landen. Neben dem Grün liegt ein „Cop" (eine der für Hoylake typischen Grasböschungen), das ebenfalls Aus ist. Wie das 1. sind fast alle frühen Löcher eben, und dennoch stellen sie einen ständig auf die Probe. Und auch der Wind lässt nur selten nach.

Mit Fortschreiten des Kurses ändern sich die Bahnen langsam. Dann folgt am 8. Loch ein steiler Pitch bergauf auf das wellige Grün, das auf einer Düne thront. Es gibt plötzlich den Blick auf eine herrliche Folge von Küstenbahnen mit einzigartiger Aussicht frei. Deren Höhepunkt bildet das 12. Loch, ein majestätisches Par 4. Es beginnt mit einem Drive auf ein tiefer liegendes geschwungenes Fairway. Der zweite Schlag führt dann bergauf zu einem genial platzierten Grün, das nur mit erstklassigen Annäherungsschlägen erreicht werden kann. Woods löste das Problem am zweiten Tag der Open mit einem Pitch zum Eagle. Sein Schlag aufs Grün am letzten Tag, der wie angewurzelt liegen blieb, war atemberaubend. Großer Golfsport auf einem großen Kurs!

Für die Open 2006 wurden verschiedene Änderungen vorgenommen, darunter auch die völlige Neugestaltung des 17. Lochs (beim Turnier als 1. Loch gespielt). Das alte Grün lag so nah an der Straße, dass viele Spieler ins Aus putteten.

SCOREKARTE DES KURSES

Loch	Länge (in Meter)	Par
1	392	4
2	340	4
3	483	5
4	185	3
5	414	4
6	387	4
7	181	3
8	488	5
9	359	4
Out	3229	36
10	410	4
11	181	3
12	417	4
13	147	3
14	507	5
15	420	4
16	512	5
17	415	4
18	399	4
In	3408	36
Gesamt	**6637**	**72**

„Ich kenne keinen besseren Golfplatz auf der ganzen Welt."

BERNARD DARWIN

Das 6. Loch ist für einen Turnierkurs ungewöhnlich, da sein Abschlag zunächst über die Ecke eines Gartens führt.

Royal Lytham

Royal Lytham

Royal Lytham & St. Annes Golf Club, Lancashire, England

Das englische Golf steckt voller Überraschungen, und eine davon ist Royal Lytham. Es liegt in einer eher schmucklosen Ecke Englands, Fylde genannt, deren Hauptattraktion das leicht heruntergekommene Seebad Blackpool ist. Auch die direkte Umgebung des Clubs ist wenig ermunternd: keine Sanddüne weit und breit und auch keine sich brechenden Wellen. Der Club ist umgeben von Häusern und einer Bahnlinie. Und dennoch ist dies einer der großen Golfclubs Englands mit einem der besten Kurse, der zu Recht regelmäßig die British Open beherbergt.

Lythams Start in die British Open stand unter einem guten Stern. Man schrieb das Jahr 1926, und der Sieger war Bob Jones, der größte Golfamateur aller Zeiten. Bis nach dem Zweiten Weltkrieg wurden keine Open mehr in Lytham abgehalten, doch dann brachte es eine illustre Reihe von Siegern hervor: Bobby Locke, Peter Thomson, Bob Charles, Tony Jacklin, Gary Player und Seve Ballesteros (zweimal). Doch unter ihnen befand sich kein einziger Amerikaner. Erst 70 Jahre nach dem ersten amerikanischen Sieg wurde Tom Lehman 1996 zum Champion gekürt. Ihm gesellte sich 2001 David Duval mit einem Sieg hinzu, bei dem er sein ganzes Talent offenbarte.

Lytham verlangt viel Mut und Entschlossenheit. Es ist ein genial angelegter Kurs, der nichts verzeiht.

EUROPAS WIEDERAUFERSTEHUNG

Tony Jacklins Sieg bei den British Open in Lytham 1969 erwies sich als wichtiger Moment für den britischen und europäischen Golfsport, denn er signalisierte einen Neubeginn. Die Europäer mussten die Amerikaner, Australier und Südamerikaner, die lange den internationalen Golfsport beherrscht hatten, nicht länger fürchten. Dieser Sieg ebnete anderen, wie etwa Sandy Lyle, Ian Woosnam, Seve Ballesteros, Bernhard Langer, José María Olazábal, Nick Faldo, Paul Lawrie und Padraig Harrington, den Weg zu Siegen bei den großen Turnieren.

In Lytham ist nichts normal

Wer aber nun glaubt, Lytham sei exzentrisch, liegt völlig falsch! Zwar ist schon der Start mit einem Par-3-Loch ungewöhnlich, und seine drei weniger als 366 m langen Par-4-Löcher auf den hinteren Neun sind heute weit ab von der Norm. Dennoch sind die zweiten neun Bahnen gefürchtet. Entscheidende Punkte werden hier eher auf den vorderen Neun gewonnen.

Lytham ist unnachgiebig. Für den durchschnittlichen Spieler ist es wegen seiner vielen Bunker wahrscheinlich der härteste aller Open-Kurse. Im Laufe der Zeit kamen aufgrund des technischen Fortschritts und der besseren Spieltechnik immer mehr Bunker hinzu, um die Herausforderung zu steigern. Die alten sind aber geblieben und bedrohen Schläge jeglicher Weite. Es ist eine sehr lehrreiche Erfahrung, den Top-Spielern auf den letzten Bahnen zu folgen. Jack Nicklaus sagte einmal über das 15. Loch: „Gott! Ist das ein schweres Loch!" Das Fairway ist abgewinkelt, schmal und gut bebunkert. Nach einem zu zurückhaltenden Abschlag muss man das Grün blind und gegen den Wind anspielen. 1979 gelang Seve Ballesteros ein atemberaubender Rettungsschlag von einem Parkplatz direkt neben dem 16. Grün zum Birdie. Später gewann er das Turnier. Für uns Sterbliche verläuft die beste Annäherung über die linke Seite.

Bob Jones gelang 1926 eine erstaunliche Rettung am 17. Loch. Der Schlag war so bemerkenswert, dass links des Fairways eine Gedenkplakette zu seinen Ehren eingelassen wurde. Der letzte Abschlag gehört zu den Furcht einflößendsten des Golfs, da das Fairway von zwei diagonalen Bunkerreihen gekreuzt wird. Vielen Top-Spielern ging hier der bereits sicher gewähnte Sieg verloren.

LINKS *Das Clubhaus wurde von Woolfall und Eccles aus Liverpool errichtet, die kurz zuvor das Clubhaus von Royal Liverpool gebaut hatten. Es wurde als „idyllisches Gebäude mit Fachwerkelementen" geplant.*

SCOREKARTE DES KURSES

Loch	*Länge (in Meter)*	*Par*
1	188	3
2	401	4
3	419	4
4	359	4
5	194	3
6	452	5
7	509	5
8	383	4
9	150	3
Out	3055	35
10	306	4
11	496	5
12	181	3
13	313	4
14	407	4
15	425	4
16	328	4
17	427	4
18	377	4
In	3260	36
Gesamt	**6315**	**71**

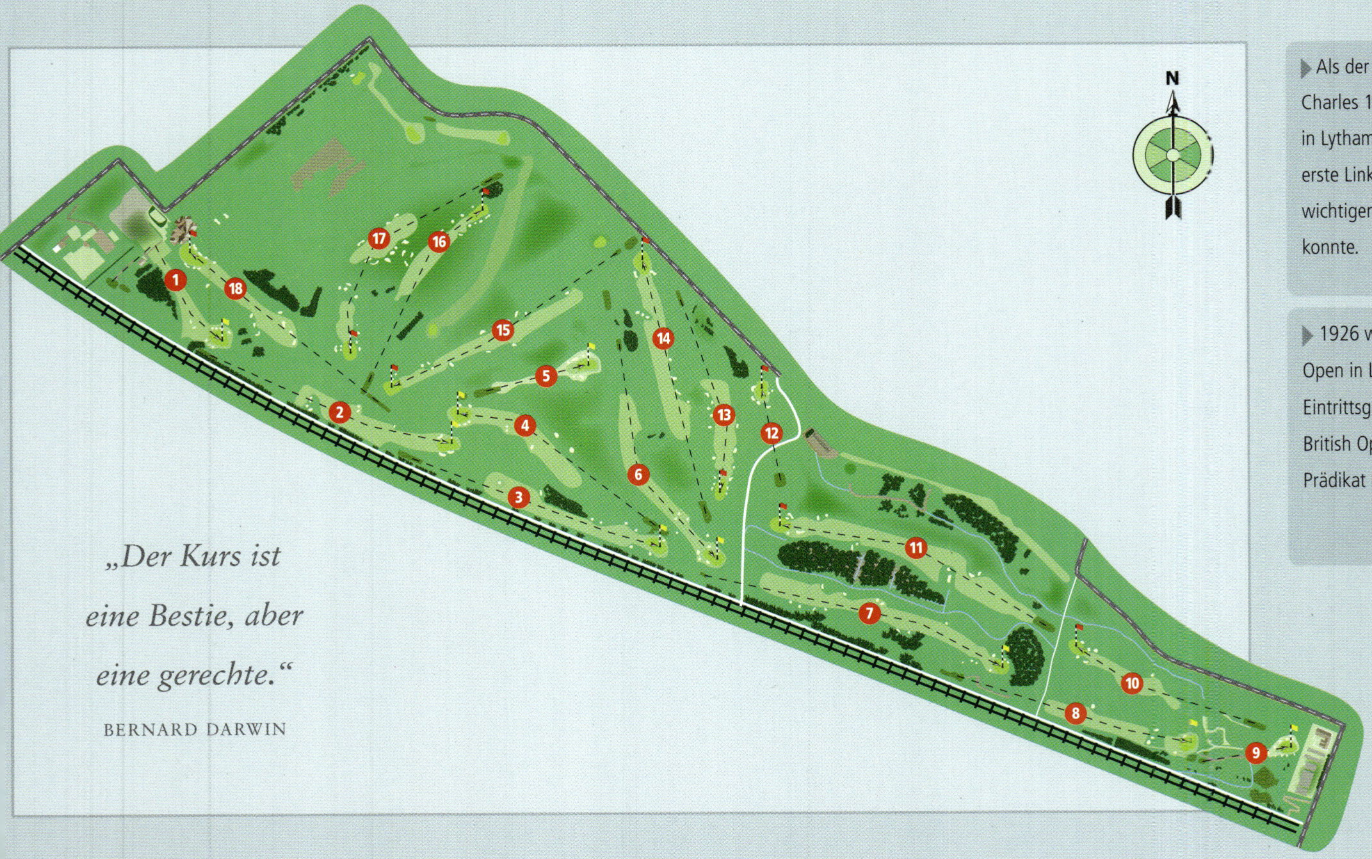

„Der Kurs ist eine Bestie, aber eine gerechte."

BERNARD DARWIN

▶ Als der Neuseeländer Bob Charles 1963 die British Open in Lytham gewann, war er der erste Linkshänder, der eines der wichtigen Turniere gewinnen konnte.

▶ 1926 wurde bei den British Open in Lytham zum ersten Mal Eintrittsgeld verlangt. Zu diesen British Open war Lytham das Prädikat Royal verliehen worden.

Royal St. George's

Royal St. George's Golf Club, Sandwich, Kent, England

Die ersten 33 Jahre ihres Bestehens waren die British Open ein schottisches Monopol. Erst ab 1894 durften sie südlich des Hadrianswalls ausgetragen werden. Und viel weiter südlich hätte man bei diesem Schritt nicht gehen können, denn der Austragungsort lag an der Küste von Kent bei Sandwich, wo 1887 der Royal St. George's Golf Club gegründet worden war (natürlich von zwei Schotten).

Die beiden Schotten (Dr. Laidlaw Purves and Henry Lamb) waren fast die gesamte Kanalküste Englands abgefahren, um ein Stück Land zu finden, das an die großen Links-Kurse ihrer Heimat erinnerte. Sie hatten die Hoffnung auf ein geeignetes Grundstück bereits fast aufgegeben, als sie bei Sandwich auf ein wildes Stück Küste trafen, das sich in einen aufregenden und immer fordernder werdenden Kurs verwandeln ließ.

Ein natürlicher Kurs

Auf solchem Grund und Boden mussten Purves und Lamb nicht viel Erde bewegen. Es ging hier mehr darum, den idealen Weg durch, über und entlang der Dünen zu finden. Sie leisteten solch hervorragende Arbeit, dass der Kurs heute praktisch noch der Originalroute folgt. Bei Veränderungen wurden vor allem blinde Schläge abgeschafft, darunter ein besonders schwieriges Par-3-Loch namens „The Maiden".

RECHTS *Das 6. Grün liegt inmitten einer der schönsten Dünenlandschaften der Erde. Nur einen Steinwurf die Küste entlang liegt der Prince's Golf Club, Ausrichter der British Open von 1932.*

„Dies ist eines der besten Beispiele für einen Links-Kurs, der so belassen wurde, wie Gott ihn geschaffen hat.“

JACK NICKLAUS

Am 16. Loch wurde während des Dunlop Masters 1967 ein kleines Stück Golfgeschichte geschrieben, als Tony Jacklin seinen Abschlag sofort einlochte: Es war das erste Mal, dass ein Ass im Golf live im britischen Fernsehen übertragen wurde.

SCOREKARTE DES KURSES

Loch	*Länge (in Meter)*	*Par*	*Loch*	*Länge (in Meter)*	*Par*
1	403	4	10	378	4
2	378	4	11	219	3
3	192	3	12	347	4
4	452	4	13	420	4
5	385	4	14	504	5
6	157	3	15	437	4
7	485	5	16	149	3
8	416	4	17	389	4
9	356	4	18	428	4
Out	3223	35	In	3271	35
			Gesamt	**6494**	**70**

Von allen British-Open-Kursen ist man in Sandwich am stärksten dem Alltag entrückt. Das Clubhaus liegt am Ende eines Wegs zwischen Feldern. Und diese Abgeschiedenheit empfindet man auch auf der 1. Bahn, die sich in die offene Landschaft erstreckt. Beim ersten Besuch mag der eine oder andere beim Ausblick vom 4. Abschlag etwas verblüfft sein, denn eine riesige Sanddüne versperrt den Weg zum entfernten Fairway, und in ihrer Flanke drohen zwei der gefährlichsten Bunker, die man sich vorstellen kann. Dann folgt eine wunderbare Reihe von Bahnen, die einen direkt an die Küste führt.

Am Wendepunkt kann man kurz durchatmen, aber die Schlussstrecke ab dem 14. Loch lässt so manchen verzweifeln. Das 14. mit seiner Mauer entlang fast des gesamten Fairways, hinter der das Aus lauert, machte in der Tat bereits viele Hoffnungen auf einen Sieg zunichte. (Der Prince's Golf Club liegt direkt hinter dieser Mauer.) Um die Schwierigkeiten der drei noch folgenden langen Par-4-Löcher zu meistern, sind robuste Schläge gefragt, da sie stark dem Wind ausgesetzt sind. Aber auch das elegante 16. Loch ist nicht einfach zu meistern, auch wenn es die kürzeste Bahn des Platzes ist.

17

Sunningdale

Sunningdale

Old Course, Sunningdale Golf Club, Berkshire, England

Die Mitgliedschaft im Sunningdale Golf Club ist eine der begehrtesten in ganz England. Erstens ist Sunningdale ein echter Mitgliederclub, dessen Clubhaus und Kurs eine wunderbare Atmosphäre ausstrahlen. Zudem ist Sunningdale einer der wenigen Clubs, die gleich zwei einzigartige Kurse, den Old und den New Course, ihr Eigen nennen können. Und außerdem ist es ein geschichtsträchtiger und traditionsreicher Club, der seit über einem Jahrhundert zur Spitze im englischen Golf zählt.

Als im Jahr 1608 Golf in England eingeführt wurde, spielte man den Sport auf dem kurzen, an Links-Kurse erinnernden Gras von Blackheath. Nachdem der schottische König James VI. zum König von England gekrönt worden war, gelangte das Spiel mit seinem Gefolge nach England. Die Angehörigen des Hofes suchten nach einem Gelände, dessen Bedingungen denen eines Links-Kurses am nächsten kamen, und fanden ganz in der Nähe Blackheath. Warum hätten sie also auch noch das stark bewaldete und nur spärlich besiedelte Surrey absuchen sollen? So entging ihnen jedoch nur 32 km von London entfernt eine Landschaft mit enormem Potenzial für Golf.

Tatsächlich wurde der Golfsport in dieser Region Englands erst in den letzten beiden Jahrzehnten des 19. Jahrhunderts heimisch. Eine wichtige Rolle für seine Ansiedlung spielten die Eisenbahn sowie das Aufkommen der Berufspendler. Viele der erfolgreichen Anwälte, Bankiers, Börsenmakler und Ärzte zogen aufs Land und gründeten dort neue Golfclubs. Zu ihrer Freude stellten sie fest, dass der Boden hier zu einem Sandgürtel gehört, der sich von Berkshire bis West Sussex erstreckt. Er bietet einen idealen festen Untergrund für schnelles Golf und ist um Klassen besser als der nasse, schwere Lehmboden von London.

EINE PERFEKTE RUNDE

Bei den 1926 in Sunningdale abgehaltenen Qualifikationsrunden für die British Open stellte Bob Jones mit 66 und 68 zwei Rekorde auf, die Bernard Darwin als „unglaublich und fast unanständig" beschrieb. Seine 66er-Runde (33 Out, 33 In) setzte sich aus 33 Putts und 33 anderen Schlägen zusammen. Die Runde wurde damals als die beste Golfrunde gefeiert, die je in Großbritannien gespielt wurde.

LINKS *Das 10. Loch ist ein Par 5 und eine der schönsten Bahnen des Kurses. Park und Colt haben die Topografie Sunningdales erstklassig genutzt.*

Sunningdale als Vorreiter

Obwohl es bereits mehrere etablierte Golfclubs in der Region gab, setzte Sunningdale bei seiner Eröffnung 1901 neue Standards, und der Club wurde von Anfang an stark in der Öffentlichkeit beworben. Der frühere British Open Champion Willie Park jr. hatte den Kurs angelegt und versucht, ihm all jene Charakteristika des Links-Golfs zu verleihen, die dem Spiel auf den englischen Inlandskursen bisher fehlten. An diesen Kurs mussten Golfer anders herangehen. Die Prüfungen waren hier subtil und wollten genau vorausgeplant sein.

SCOREKARTE DES KURSES

Loch	Länge (in Meter)	Par	Loch	Länge (in Meter)	Par
1	452	5	10	437	5
2	447	5	11	297	4
3	292	4	12	412	4
4	147	3	13	169	3
5	383	4	14	465	5
6	379	4	15	207	3
7	368	4	16	401	4
8	166	3	17	385	4
9	250	4	18	395	4
Out	2884	36	In	3168	36
			Gesamt	6052	72

RECHTS UNTEN *Das 17. und das 18. Loch mit dem schönen Clubhaus von Sunningdale im Hintergrund. Diese starken Par-4-Löcher bilden den fulminanten Höhepunkt.*

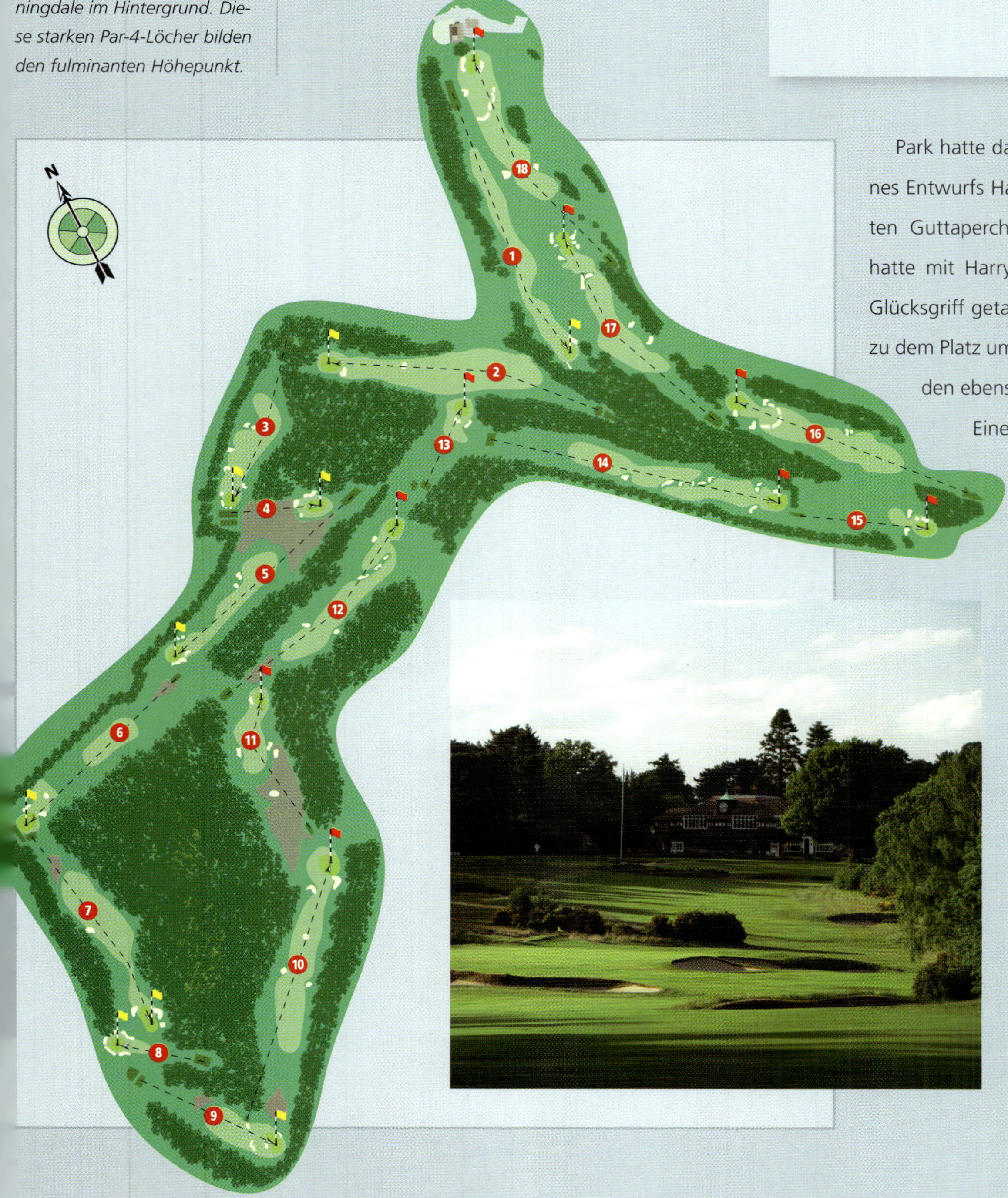

Park hatte das Pech, dass kurz nach Fertigstellung seines Entwurfs Haskells neuer, verbesserter Golfball die alten Guttapercha-Bälle verdrängte. Der Club hingegen hatte mit Harry Colt als erstem Geschäftsführer einen Glücksgriff getan. Er ließ den Kurs in den 1920er-Jahren zu dem Platz umbauen, den wir heute kennen, und fügte den ebenso brillanten New Course hinzu.

Eine Runde in Sunningdale ist eine vollkommene Erfahrung. Die erstklassige Routenführung nutzt die natürlichen Stärken des Geländes ideal aus und gibt dem Golfer Zeit, zu überlegen. Diese Grüns lassen sich nicht mit hohen Lobs im Sturm erobern. Man muss den Ball förmlich auf das Grün streicheln. Der Kurs bietet Löcher jeglicher Länge und Größe, was schöne Tempowechsel ergibt und an jedem Abschlag genaue Planung erfordert. Ein falscher Drive, und es gibt wenig Hoffnung, mit dem zweiten Schlag erfolgreich auf dem Grün zu landen. Wie bei einem solchen Club nicht anders zu erwarten, sind beide Kurse in Sunningdale immer in erstklassigem Zustand.

Wentworth

Wentworth

West Course, Wentworth Club, Virginia Water, Surrey, England

Eine Fahrt über das riesige Wentworth Estate ist wie eine Endeckungsreise. Die Wege und Straßen sind gesäumt von den Anwesen der Reichen und Berühmten. Ihre Gärten grenzen häufig an die Fairways, die mehrfach die Straße kreuzen. So muss man des Öfteren anhalten, wenn gerade eine Vierball-Runde am Abschlag steht.

OBEN *Der West Course von Wentworth ist so ansprechend wie anspruchsvoll. Es ist einer jener Kurse, die einem gute Schläge abverlangen. Dies ist das 2. Loch, ein Par 3.*

Wentworth Estate entstand in den 1920er-Jahren aufgrund der Vision, der unternehmerischen Fähigkeiten und der enormen Selbstsicherheit des Bauunternehmers George Tarrant. Bei der Entscheidung, wer den Golfkurs entwerfen sollte, gab es für Tarrant nur eine einzige Wahl: Harry Colt. Colt und Tarrant hatten bereits einige Jahre zuvor bei einem ähnlichen Projekt in St. George's Hill zusammengearbeitet. Ihre Kooperation war so erfolgreich, dass beide Anlagen heute innerhalb der beliebtesten Wohngegenden in der Umgebung Londons liegen.

Colt erbaute den East Course 1924. Der heute nur etwas über 5486 m lange Kurs ist aber höchst unterhaltsam. 1926 wurde er für würdig befunden, ein Turnier zwischen den Profispielern Amerikas, Großbritanniens und Irlands auszurichten, und ebnete damit den Weg für den Ryder Cup. Der East Course war auch Austragungsort des ersten Curtis Cup 1932 zwischen Amateurgolferinnen aus den USA, Großbritannien und Irland. Als zweiter Kurs, ebenfalls aus der Feder Colts, entstand 1926 der West Course. Erst 60 Jahre später sollte dann der dritte Kurs, der Edinburgh Course, folgen,

der 1990 eröffnet wurde. Der Entwurf zu diesem Platz entstammt einer Zusammenarbeit zwischen John Jacobs, Gary Player und Bernard Gallagher.

Die Straße nach Burma

Als der West Course eröffnete, befand man ihn für so lang und hart, dass man ihn „Burma Road" (Straße nach Burma) taufte. Heute sind die Distanzen nicht mehr so furchterregend, doch der Name blieb. Erst kürzlich nahm Ernie Els kleinere Anpassungen vor und verlängerte den Kurs von rund 6400 m auf mehr als 6675 m Länge.

Aber Distanz ist nicht alles, und einige der besten Löcher dieses Kurses wirken auf dem Papier recht harmlos. Das hübsche 141 m lange 2. Loch führt beispielsweise von einem hohen Abschlag aus über eine Straße auf ein schwer einschätzbares Grün. Das 6., 7. und 8. Loch gehören zu den kürzeren Par-4-Bahnen, ihre Grüns sind aber extrem schwer auszumachen. Das kurze 14. führt bergauf zu einem mehrstufigen Grün. Auch das 16. stellt die Profis bei Turnieren regelmäßig vor Probleme.

Für das 17. Loch wurde ein neuer Abschlag gefunden, der es auf ungeheure und tückische 558 m verlängert. Hier gerät man links nur allzu schnell ins Aus. Man wird also magisch nach rechts gezogen, wodurch man meist in prekärer Lage endet. Auch ist das erhöht liegende Grün vom sich windenden Fairway nicht einfach zu finden. Das von Els überarbeitete 18. Loch stellt nun ein besonders starkes Finish dar.

▶ Neben PGA Championship und World Matchplay war der West Course auch Austragungsort für den Ryder Cup (1953) und den Canada Cup (1956), bei dem Ben Hogan Großbritannien einen seiner seltenen Besuche abstattete und das Turnier mit Partner Sam Snead gewann.

SCOREKARTE DES KURSES

Loch	*Länge (in Meter)*	*Par*
1	433	5
2	141	3
3	425	4
4	505	5
5	194	3
6	382	4
7	362	4
8	367	4
9	413	4
Out	3221	36
10	168	3
11	380	4
12	486	5
13	430	4
14	164	3
15	448	4
16	350	4
17	558	5
18	402	5
In	3476	37
Gesamt	6697	73

19

Woodhall Spa

Woodhall Spa

Hotchkin Course, Woodhall Spa, Lincolnshire, England

Von all den großen Golfkursen Großbritanniens ist der Hotchkin Course von Woodhall Spa der unbekannteste. Diese geringe Beachtung liegt wohl daran, dass er in einer entlegenen Region des Landes liegt, denn trotz seines klangvollen Namens ist Woodhall Spa kaum mehr als ein hübsches Dorf, das seit 1890 einen Golfplatz besitzt.

Der Club hat eine sehr bewegte Vergangenheit, in deren Verlauf der örtliche Landbesitzer Stafford Vere Hotchkin ihm mehrfach zu Hilfe kam. Erst erließ er dem Club seine Mietrückstände, und dann erwarb er ihn 1919. Nach mehreren Umzügen und verschiedenen Kursentwürfen erhielt der Club damals schließlich einen von Harry Colt angelegten Kurs auf einem der wenigen Stücke sandigen Heidelands. Hotchkin war aber nicht nur Wohltäter auf finanziellem Gebiet, sondern selbst ein äußerst fähiger Golfspieler und Golfplatzarchitekt. Zwischen 1919 und seinem Tod 1953 verwandelte er den Kurs zu einem der anspruchsvollsten Englands. Nach seinem Tod übernahm Hotchkins Sohn Neil die Leitung des Clubs, der dafür sorgte, dass das Lebenswerk Hotchkins erhalten blieb. 1995 verkaufte er den Kurs an die English Golf Union, die hier ihr Hauptquartier aufschlug. Sie holten Donald Steel, der einen zweiten, vom Wesen her ganz anderen Kurs (The Bracken) erbaute, und erhielten Hotchkins Kurs ganz in dessen Sinne.

RECHTS *Die Bunker von Woodland Spa gehören zu den gefürchtetsten Großbritanniens. Sie sind tief, steil eingefasst und zahlreich. Hier das von Sand umgebene 5. Grün.*

Eine von Hotchkins Maximen des Golfplatzdesigns lautete: „Die besten Resultate erzielt man, wenn man den Kurs mit den natürlichen Gegebenheiten der Umgebung formt. So wirkt er nicht künstlich und fügt sich harmonisch in die Landschaft ein." Woodland Spa ist ein leuchtendes Beispiel dieses Prinzips.

Wegen seiner abgeschiedenen Lage hat Woodland Spa wenige Profiturniere ausgerichtet, spielt aber eine große Rolle auf dem Amateurkalender. Hier finden wichtige Turniere wie die English Amateur, Brabazon Trophy, St. Andrews Trophy und Ladies' British Open Amateur statt.

Während eines Clubmatchs 1982 lochte ein Mitglied am 12. Loch mit dem Abschlag ein – was sein Gegner sofort ebenfalls tat.

SCOREKARTE DES KURSES

Loch	*Länge (in Meter)*	*Par*	*Loch*	*Länge (in Meter)*	*Par*
1	361	4	10	309	4
1	330	4	11	400	4
2	404	4	12	157	3
3	379	4	13	412	4
4	379	4	14	476	5
5	135	3	15	294	4
6	481	5	16	361	4
7	430	4	17	307	4
8	191	3	18	494	5
9	534	5	In	3210	37
Out	3263	36	Gesamt	6474	73

Die gefürchtetsten Bunker Englands?

Bevor man Woodland Spa nicht gespielt hat, kann man sich nicht vorstellen, wie grausam seine Bunker sind. Es ist müßig, sich zu streiten, ob Ganton oder Woodland Spa die gemeinste Bebunkerung Englands besitzt. Gantons Bunker springen deutlicher ins Auge und sind daher vielleicht Furcht einflößender. Die Bunker von Woodland Spa sind tiefer. Viele sind bösartige Gräben mit buschigen Heidekraut-Augenbrauen, die teils versteckt liegen. Der Rand eines Bunkers kann hier mannshoch sein. Manche von ihnen schmiegen sich eng an ein erhöhtes Grün, sodass ein Rettungsschlag schon mal 3 m senkrecht nach oben aufs Grün geschlagen werden muss. Doch die Kurse in Ganton und Woodland Spa sind so reizvoll, dass man das Spiel genießt, egal wie sehr sie einen peinigen.

Woodland Spa ist von Anfang an betörend. Es beginnt mit einer eleganten kurzen Two-Shot-Bahn. Diese könnte einen in falscher Sicherheit wiegen, doch direkt am 2. Loch zeigt der Kurs seine Gefährlichkeit. Denn hier bedrohen tiefste Bunker Abschläge jeglicher Länge, und der Zugang zum Grün ist sehr schmal. Und selbst wer den Bunkern entgeht, landet mit Sicherheit im Heidekraut. Ein unbesonnener Schlag aus ihm heraus kann einem das Handgelenk brechen.

Der besondere Reiz an Woodland Spa liegt im unterschiedlichen Charakter seiner Bahnen begründet. Der Kurs bietet herrliche Two-Shots, aber in Erinnerung bleiben wohl die drei Par-3-Löcher.

IM EINKLANG MIT DER NATUR

Der Hotchkin Course liegt auf einem wertvollen Stück Heideland, einem Lebensraum, der heute immer seltener wird. Daher wurde es zur „Site of Special Scientific Interest" erklärt. Das National Golf Centre arbeitet eng mit der Organisation Natural England zusammen, um die reiche Tier- und Pflanzenwelt des Areals zu erhalten. Man hat ein gemeinsames Projekt auf den Weg gebracht, in dessen Verlauf ein Teil des ursprünglichen Heidelands durch die Entfernung nichtheimischer Pflanzen wieder hergestellt werden soll. Im Zuge dieser Arbeiten sind lange verschüttete Bunker und andere Elemente früherer Golfkurse wiederentdeckt und neu belebt worden.

RECHTS *Golf in Woodland Spa verfügt über eine zeitlose Qualität, die einem mit Ausblicken wie auf diesen alten Turm das Gefühl verleiht, Zeit und Raum entrückt zu sein.*

Celtic Manor

Twenty Ten Course, Celtic Manor Resort, Newport, Wales

Die Kurse von Celtic Manor, auf denen 2010 der Ryder Cup stattfinden wird, sind in jeder Hinsicht modern, doch sie liegen auf sehr geschichtsträchtigem Boden. Von hier blickt man auf die Überreste der römischen Siedlung Caerleon, die über die wichtige Verbindungsstraße Via Julia mit römischen Niederlassungen in England verbunden war. Überreste der Straße führen noch heute über das Anwesen von Celtic Manor.

Im 5. Jahrhundert gingen die Ländereien in den Besitz des Bischofs von Llandaff über, und im 17. Jahrhundert errichtete man den Landsitz des örtlichen High Sheriff darauf. Das heutige Anwesen entstand in den 1860er-Jahren, als der reiche Industrielle Thomas Powell Coldra House für seinen Sohn errichten ließ. Später wurde das Anwesen als Entbindungsheim genutzt. Als das Heim 1975 schloss, drohte das Anwesen zu verfallen, bis der Geschäftsmann Sir Terry Matthews es 1981 erwarb und zu einem kleinen Luxushotel umwandelte. Heute kann das Hotel 2000 Konferenzteilnehmer beherbergen, und 1995 wurde der Roman Road Course angelegt. Wie der Name andeutet, folgt der Kurs dem Verlauf der Via Julia.

Der Roman Road Course wurde von Robert Trent Jones gestaltet, einer Legende der Golfplatzarchitektur. In seiner 70-jährigen Karriere entwarf er mehr als 300 Kurse, wie etwa den Ryder-Cup-Austragungsort Valderrama in Spanien, und nahm an weiteren 150 Kursen Umbauten vor. Jones gestaltete in Celtic Manor dann auch den kurzen Kurs Coldra Woods. Später errichtete er gemeinsam mit seinem Sohn Robert jr. noch den enorm langen Wentwood Hills Course. Er ist eine erstaunliche Mischung aus alpinen Bahnen und einem Flachlandbereich, dessen Bahnen mit den obligatorischen Seen im Vordergrund direkt aus Florida importiert zu sein scheinen.

Thomas Powell, Begründer der Powell-Duffryn Company und der erste Millionär der Welt, beschäftigte 13 500 Arbeiter in seinem Kohleunternehmen, von denen 11 600 unter Tage arbeiteten.

LINKS *Die Stille des Usk Valley wird sich in einen Hexenkessel verwandeln, wenn die Partien des Ryder Cup in Celtic Manor ausgetragen werden. Hier das 14. Loch.*

Kühne Entscheidungen

Matthews hatte große Pläne für sein Anwesen. Er wollte die Großen des Golfsports hier spielen sehen und setzte alles daran, den Ryder Cup das erste Mal nach Wales zu holen. Aber auf keinem der bestehenden Kurse konnte ein solches Turnier ausgetragen werden. Der Roman Road Course war nicht anspruchsvoll genug und Wentwood Hills mit seinem steilen Anstieg auf den hinteren Neun ungünstig für die Zuschauer. Einschneidende Veränderungen waren notwendig, doch Matthews scheute keine Entscheidung.

Die kühnste Entscheidung war, den Wentwood Hills Course aufzugeben, der als Juwel des Anwesens galt. Allerdings wurde der Kurs nicht einfach zerstört, sondern die höher gelegenen Bahnen wurden in den von Colin Montgomerie entworfenen neuen Kurs übernommen, und die im Usk Valley gelegenen Flachlandbahnen wurden als Teil jenes Kurses erhalten, der speziell für den Ryder Cup angelegt wurde. Matthews kühner Schachzug war ein voller Erfolg, und so wird der Ryder Cup 2010 zum ersten Mal in Wales ausgetragen werden, und zwar auf einem Kurs, der nun Twenty Ten heißt.

Der Kurs ist dramatisch und misst, vom hinteren Abschlag gespielt, insgesamt 6858 m. Führt ein Zweikampf bis zum 18. Loch (einer von insgesamt drei Par-5-Bahnen mit über 549 m Länge), muss man sich entscheiden, ob man versucht, das hinter einem See liegende Grün in zwei Schlägen zu erreichen. Die Zuschauer des Ryder Cup werden den Wettstreit genießen.

SCOREKARTE DES KURSES

Loch	Länge (in Meter)	Par
1	425	4
2	558	5
3	173	3
4	422	4
5	418	4
6	413	4
7	195	3
8	401	4
9	609	5
Out	3614	36
10	192	3
11	514	5
12	419	4
13	173	3
14	378	4
15	345	4
16	465	4
17	193	3
18	561	5
In	3238	35
Gesamt	6852	71

„Es gibt Wasser, Par-4-Löcher, deren Grün mit dem Drive erreichbar ist, und das Finish ist schlicht fantastisch.“

IAN WOOSNAM, KAPITÄN DES EUROPÄISCHEN TEAMS, BEIM RYDER CUP 2006

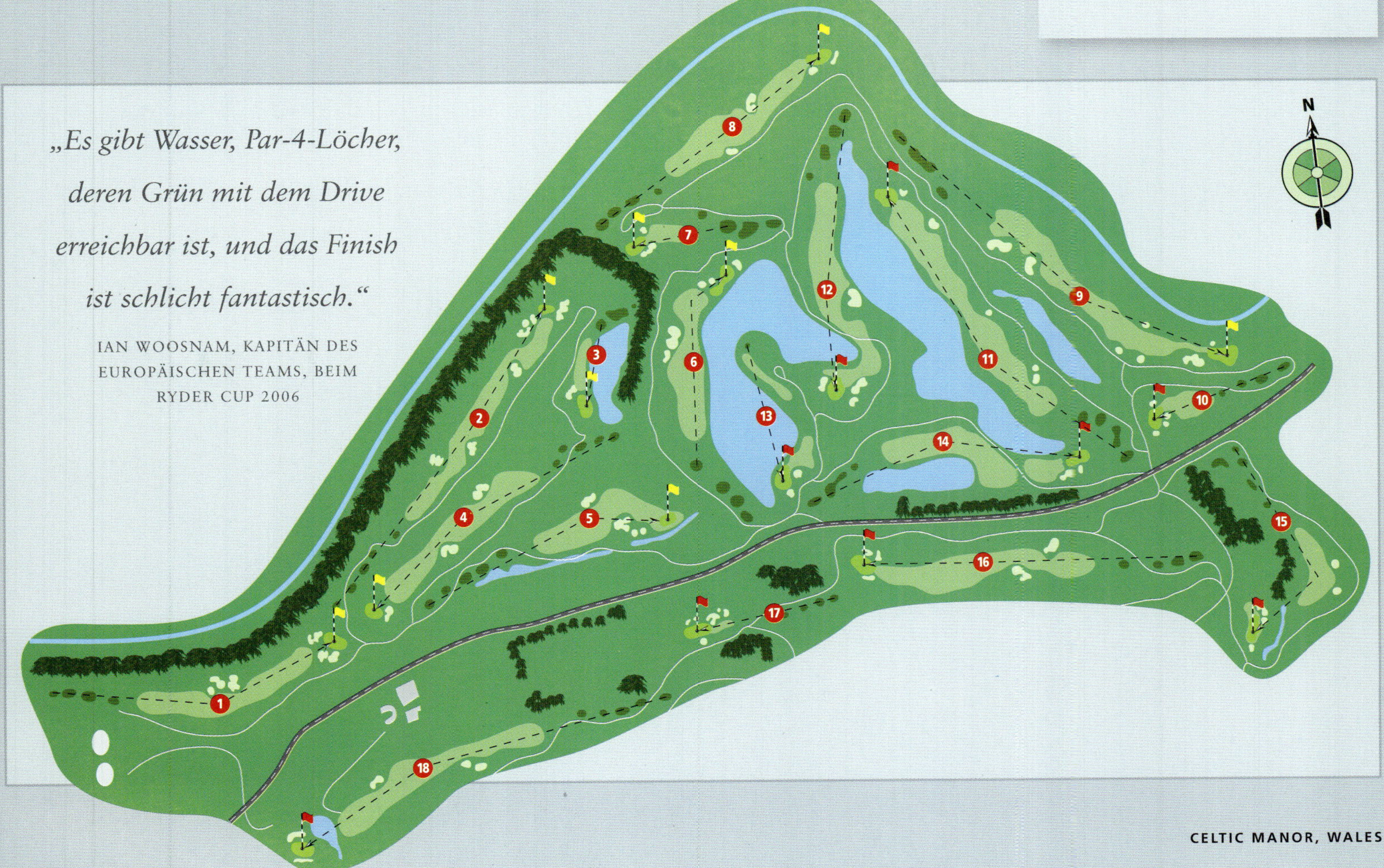

21

Pennard

Pennard

Pennard Golf Club, Southgate, Swansea, West Glamorgan, Wales

Pennard mag zwischen den vielen längeren Turnierkursen als seltsame Wahl erscheinen, verdient die Erwähnung aber allein schon aufgrund seiner Qualitäten. Der traumhaft gelegene Kurs ist charaktervoll, verschroben und macht einfach Spaß. Zudem ist er ein außergewöhnlicher Links-Kurs, der nicht auf Strandebene, sondern hoch auf den Klippen der Gower-Halbinsel mit Blick über die Oxwich Bucht liegt.

Der Club existiert seit 1896, aber erst 1908 legte James Braid hier den ersten 18-Loch-Kurs an. 1911, 1920 und 1931 nahm er verschiedene Änderungen und Verbesserungen vor. Seitdem haben C. K. Cotton und Donald Steel signifikante Veränderungen durchgeführt, aber das Fundament des Kurses bleibt Braids Arbeit. Es spricht für Braids einmaliges Talent, dass er auf diesem buckeligen Gelände so viele gut spielbare Löcher anlegte. Zudem scheute er nie vor unorthodoxen Lösungen zurück.

Dieser Kurs wird an keiner Stelle langweilig, weil das Gelände in ständiger Bewegung ist. Selbst das vom Meer landeinwärts verlaufende 1. Loch ist mit seinem welligen Fairway eine erhabene Erfahrung. Hier ist ein langer Drive notwendig, um die Fahne sehen zu können. Aber auch das 2. Loch, die kürzeste Bahn, ist nicht einfach.

Zwischen Kirche und Staat

Einer der schönsten Abschnitte von Pennard beginnt mit dem 6. Loch, von dem aus man auf die Ruine von Pennard Castle aus dem 12. Jahrhundert blickt. Das 7. Loch ist die Lieblingsbahn vieler Spieler und verläuft zwischen der Burgruine und einer Kirchenruine aus dem 13. Jahrhundert. Danach folgen zwei weitere tolle Two-Shotter, von denen das 9. Loch mit seinem nach links verlaufenden, aber nach rechts geneigten Fairway recht anspruchsvoll ist.

Vom 10. Loch, einem Par 5, führt der Abschlag bergab, doch die Annäherung aufs Grün führt bergauf und wird durch sichtbar platzierte Bunker erschwert. Das kurze 11. Loch stammt nicht von Braid, sondern wurde 1965 von C. K. Cotton angelegt. Zu kurze Schläge werden hier bestraft. Mit dem 13. Loch folgt ein weiteres erstklassiges kurzes

▶ Der ehemalige Pennard-Pro Gus Faulkner, Vater des späteren British-Open-Siegers Max Faulkner, erhielt offiziell die Genehmigung, ab 10 Uhr morgens Kaninchen auf dem Kurs zu jagen.

▶ In der Januarausgabe der *Golf Illustrated* von 1928 bezeichnete Sir Ernest Holderness das 13. Loch („Castle") als eine der besten Bahnen Großbritanniens.

▶ Die berühmte Golferin Vicky Thomas war Mitglied in Pennard. Sie war Spielerin in insgesamt sechs britischen Curtis-Cup-Teams.

Loch, das durch ein Tal zu einem Grün auf einer Kuppe führt. Von dort aus genießt man einen idyllischen Blick auf die Burg.

Braids Lieblingsloch war das 14. mit seinem Drive über das sehr wellige Fairway und einer steil bergan gespielten Annäherung, die anmutet wie ein Pitch direkt in den Himmel. Zu Braids Zeiten gab es wesentlich weniger Rough als heute. Damals dominierten offene Sandflächen. Das Rough wird heute aber von Kühen und Schafen in Schach gehalten. Das spektakulärste Loch folgt aber noch. Das 16. hat ein traumhaft platziertes Grün direkt an einer Klippe mit Blick aufs offene Meer. Einfach unvergleichlich!

SCOREKARTE DES KURSES

Loch	*Länge (in Meter)*	*Par*	*Loch*	*Länge (in Meter)*	*Par*
1	411	4	10	450	5
2	133	3	11	165	3
3	334	4	12	272	4
4	473	5	13	170	3
5	151	3	14	336	4
6	366	4	15	151	3
7	321	4	16	451	5
8	326	4	17	446	5
9	400	4	18	365	4
Out	2913	35	In	2815	36
			Gesamt	**5729**	**71**

„Pennard gehört zu meinen absoluten Lieblingsplätzen. Seine Lage gehört zu den wunderbarsten, die ich kenne."

TOM DOAK

LINKS *Für viele ist das 7. Loch in Pennard die Lieblingsbahn. Was Pennard so schön zu spielen macht, ist sein besonderer Charakter, der keine Langeweile aufkommen lässt.*

Royal County Down

Royal County Down

Royal County Down Golf Club, Newcastle, County Down, Nordirland

An der Küste der Dundrum Bay und vor der Kulisse der Mourne Mountains schlängeln sich 18 Bahnen durch Dünen und Ginster und bilden, was Tom Watson „einen reinen Links" nannte. Seit über 100 Jahren ist Old Tom Morris' Anlage fast unverändert und verleiht einem das Gefühl, sie wäre schon immer hier gewesen, eingebettet in dieses bescheidene Fleckchen Erde.

Man darf nicht dem Irrglauben erliegen, der Platz sei aufgrund seines Alters und seiner Tradition überholt. Hier könnten jederzeit große Turniere stattfinden, doch Royal County Down hat sich bewusst gegen Großveranstaltungen entschieden, da man fürchtet, die Flora und Fauna würde zu stark leiden. Die Senior British Open und der Walker Cup waren die größten Ereignisse der letzten Jahre. Umso erstaunlicher ist es, wie viele große Spieler ihren Weg hierher gefunden haben, nur um diesen Kurs einmal zu spielen. Prominentestes Beispiel ist Tiger Woods, der sich hier einmal für die British Open vorbereitete.

Die perfekten Neun?

Die ersten Neun gelten als die besten der Welt (was nicht bedeutet, die hinteren Neun seien minderwertig). Das 1. Loch, ein Par 5, ist eine tolle Eröffnung und mit zwei Schlägen machbar. Dazu muss aber ein langer Abschlag auf der linke Seite des abschüssigen Fairways landen, was den Ball dann Richtung Grün leitet. Mit Dünen zu beiden Seiten und dem Strand zur Rechten bestraft dieses Loch jeden schwachen Abschlag und macht sofort klar, dass auf diesem Platz kontrollierte Schläge das A und O sind. Zudem müssen viele Abschläge blind oder halb blind über Dünen geschlagen werden.

LINKS *Der höchste der Mourne Mountains, der Slieve Donard, bewacht die Dundrum Bay und den historischen Links-Kurs von Royal County Down. Dieser Blick zeigt das erstklassige 3. Loch mit seinem Grün von hinten.*

▶ 1933 gelang Eric Fiddian bei der Irish Open Amateur Championship mit zwei Holes-in-One ein neuer Rekord – dennoch verlor er.

Nach den ersten paar Drives, die alle über einschüchternde Hügel in dieselbe Richtung führen, lassen Mitglieder ihre Gäste am 4. Abschlag sich gerne in Stellung bringen, bevor sie ihnen verraten, dass dieses Par 3 in die entgegengesetzte Richtung gespielt wird! In die richtige Richtung hat man von diesem erhöhten Abschlag einen schönen Blick über die Berge und das Meer. Nach einem langen Schlag über Ginsterbüsche umstellen neun gemeine Bunker ein Grün mit steilen Böschungen rechts und links sowie auf der Rückseite.

Das wahrscheinlich beste Loch auf den hinteren Neun ist das 13. Bunker drohen rechts im Knick des Dogleg, und ein anständiger Schlag entlang der linken Seite wird mit einem langen Run über buckeliges Gelände bis zum festen Fairway belohnt. Ist der Drive zu kurz, versperrt eine mit Ginster bestandene Düne am Dogleg den Blick aufs Grün. Das breite, abschüssige Grün schmiegt sich wie die Bühne eines Amphitheaters zwischen die Dünen. Aufgrund der Qualität seiner Bahnen mit ihrer einzigartigen Kulisse und der Gastfreundlichkeit des Clubs gehört Royal County Down zu den Top Ten der Welt.

SCOREKARTE DES KURSES

Loch	*Länge (in Meter)*	*Par*
1	493	5
2	406	4
3	436	4
4	195	3
5	402	4
6	364	4
7	133	3
8	393	4
9	444	4
Out	3266	35
10	180	3
11	402	4
12	482	5
13	406	4
14	194	3
15	427	4
16	308	4
17	398	4
18	503	5
In	3300	36
Gesamt	**6566**	**71**

„Für ein einmaliges Golferlebnis in berauschender Umgebung gibt es keinen besseren Ort."

DONALD STEEL, *CLASSIC GOLF LINKS OF GREAT BRITAIN AND IRELAND*

UNTEN *Die Bunker in Royal County Down sind bedrohlich groß und tief. Oftmals sind ihre Ränder von dichtem Heidekraut oder klebrigem Rough gekrönt. Diese Bunker drohen am 8. Loch.*

Royal Portrush

Royal Portrush

Dunluce Links, Royal Portrush Golf Club, County Antrim, Nordirland

Der Dunluce Course in Portrush ist der einzige außerhalb Großbritanniens, der je die British Open beherbergte. Das war im Jahr 1951, als der elegante Max Faulkner gewann. Auch heute noch würde der Kurs die Besten der Welt auf die Probe stellen, doch die Infrastruktur in dieser schönen Ecke Nordirlands ist für die riesige Zahl an Golfspielern, Zuschauern und Medienleuten, die die modernen British Open anziehen, schlicht nicht ausgelegt.

Royal Portrush ist ein alter Club, der 1888 als Country Club gegründet wurde. Seine beiden Kurse (der zweite ist der Valley Course) verdanken ihr Niveau der Arbeit von Harry Colt, der den ursprünglich von Old Tom Morris entworfenen Kurs 1932 überarbeitete. Colts Gestaltung ist schlichteste Golfplatzarchitektur. Er sah die parallel verlaufenden Sanddünen und legte die Bahnen zwischen ihnen an. Sein Genie zeigte sich in der geschickten Platzierung von Abschlägen und Grüns. Bis heute sind diese Grüns mit die größten Herausforderungen im Links-Golf, obwohl sie nur von rund einer Handvoll von Bunkern bewacht werden. Durch Colts geschickte Nutzung der Dünen verläuft keine der Par-4- und Par-5-Bahnen vom 2. bis zum 16. Loch gerade. Sie alle knicken irgendwo ab. Ohne einen gut platzierten Abschlag wird es dem Spieler in Dunluce also sehr schwer gemacht.

Gespannte Erwartung

Noch bevor man den Kurs erreicht, ist die Spannung groß: Die Straße schlängelt sich an der felsigen Küste des County Antrim entlang, vorbei am Giant's Causeway und den Ruinen

RECHTS *Colt hat die Vorzüge des Geländes in Portrush exzellent genutzt und, wie hier am 13., seine Grüns erstklassig platziert (und bewacht). Daher kommt Dunluce mit wesentlich weniger Bunkern aus als viele vergleichbare Kurse.*

von Dunluce Castle. Plötzlich erhascht man hinter einer Biegung einen atemberaubenden Blick auf den Golfkurs.

Auch die Attraktivität des Kurses steigert sich über die ersten Bahnen, bis man vom Abschlag des 5. Lochs einen schönen Blick auf das nach rechts abknickende Fairway bis hinüber zu einem Grün direkt an der Atlantikküste genießt. Optisch ist die Bahn berauschend, aber schon zieht der Platz seine Daumenschrauben an. Genau wie zwei der besten kurzen Bahnen, das 6. und 14. Loch, benötigt auch dieses Loch keine Bunker. Am 6. Loch ist ein weiter Abschlag über unwirtliches flaches Gelände erforderlich, um das erhöhte Grün zu erreichen.

„Calamity" (Unheil) heißt das 14., das wahrscheinlich berühmteste Loch von Portrush. Ein passender Name, wenn der Schlag zu kurz gerät oder rechts in den Abgrund driftet. Dieses Loch kommt einem Dogleg Par 3 wahrscheinlich am nächsten. Man muss nach links zielen und dann den Ball vom abschüssigen Boden vor dem Grün nach rechts leiten lassen. Dafür braucht man ein gutes, konservatives Bodenspiel und für die Distanz von 183 m eine saubere Technik. Schludrigkeit wird in Royal Portrush nicht gestattet!

▶ 1995 wurden die Senior British Open Championship in Royal Portrush ausgetragen. Sieger wurde Brian Barnes, Schwiegersohn von Max Faulkner, der 1951 auf demselben Kurs die British Open gewann.

▶ Von seinem neuen Putter beflügelt, führte Max Faulkner nach der zweiten Runde das Feld an und unterschrieb Autogramme bereits selbstsicher mit „Open Champion 1951". Obwohl er das Glück so herausforderte, gewann er.

SCOREKARTE DES KURSES

Loch	Länge (in Meter)	Par	Loch	Länge (in Meter)	Par
1	358	4	10	437	5
2	462	5	11	155	3
3	142	3	12	358	4
4	418	4	13	353	4
5	351	4	14	192	3
6	173	3	15	334	4
7	394	4	16	391	4
8	351	4	17	501	5
9	434	5	18	429	4
Out	3083	36	In	3151	36
			Gesamt	6234	72

„Portrush ist Golf wie im Flug – und man möchte mit dem Golfball abheben."

PATRIC DICKINSON, *A ROUND OF GOLF COURSES*

Ballybunion

Ballybunion

The Old Course, Ballybunion, County Kerry, Republik Irland

Eine Runde auf dem Old Course von Ballybunion ist ein einmaliges Erlebnis. Dem wird auch Tom Watson zustimmen, denn er war maßgeblich daran beteiligt, dass die Welt auf diesen außergewöhnlichen Golfplatz aufmerksam wurde. Als er ihn 1981 zum ersten Mal besuchte, war Ballybunion außerhalb Irlands praktisch unbekannt. Heute genießt er Weltruhm und wird von vielen berühmten Spielern besucht.

Ballybunion ist ein traditionsreicher Club, der bereits 1893 im äußersten Westen Irlands auf einem einzigartigen Dünenstreifen oberhalb des Atlantiks angelegt wurde. Im Westen Irlands liegen viele Golfplätze mit Blick auf den Atlantik, aber was Ballybunion auszeichnet, ist seine einzigartige Bahnführung über, durch, quer zu und entlang der Dünen. Wer hier spielt, muss also eine Vielzahl unterschiedlicher Schläge beherrschen, um dem sich ständig ändernden Terrain gerecht zu werden.

KÜSTENEROSION

Es ist fürchterlich, wenn man mit ansehen muss, wie der eigene Kurs unaufhaltsam vom Meer weggespült wird. Vor einigen Jahren verlor der ehrwürdige Olympic Club in San Francisco auf diese Weise einige Löcher an den Atlantik. Und auch in Ballybunion waren in den 1970er-Jahren einige der schönsten Bahnen durch den Atlantik bedroht. Man startete einen Appell und erhielt großzügige Hilfe von Freunden aus aller Welt. Durch die aufgrund der globalen Erwärmung steigenden Meeresspiegel ist in vielen Clubs weltweit Erosion zu einer Bedrohung geworden.

UNTEN *Dieser einmalige Blick vom herrlich gelegenen 10. Grün hinüber zum schönen Fairway des 11. Lochs zeigt die gesamte majestätische Pracht des Kurses von Ballybunion.*

▶ Ballybunion wurde 1926 zu einem 18-Loch-Kurs erweitert. Der „Architekt" war ein gewisser Mr Smyth. Sein Entwurf war so gut, dass Tom Simpson nur drei kleinere Änderungen vorschlug, als man ihn 1937 zur Begutachtung des Kurses engagierte.

▶ Ballybunion liegt so weit abseits der Ballungszentren, dass es die Irish Open nur einmal im Jahr 2000 ausgerichtet hat. Nach Eröffnungsrunden von 64 und 65 siegte damals der Schwede Patrik Sjöland.

Natürliche Hindernisse

Der Old Course begeistert Spieler aller Spielstärken. Schon direkt am 1. Loch droht der leichteste Slice auf einem Friedhof zu landen. Dann nimmt der Kurs bis zum Dogleg am 6. Loch gemächlich wie das irische Morgengrauen ganz langsam Fahrt auf. Doch spätestens hier kommt beim Pitch auf das erhöhte Grün auf den Dünen der Adrenalinstoß. Es ist das erste von mehreren Grüns, die alle Annäherungsschläge auf eine harte Probe stellen. Dieses Loch benötigt keine Bunker. Überhaupt finden sich abseits der anfänglichen Inlandsbahnen auf diesem Kurs nur wenige Bunker. Die Grüns sind so brillant platziert, dass sie von Grassenken und steilen Abgründen besser geschützt werden, als Sand es könnte.

Die beste Bahn des Kurses, eine der größten Bahnen der Welt, kommt sogar ganz ohne Bunker aus. Das unvergessliche 11. Loch plätschert zwischen den Dünen an der Atlantikküste dahin, und auch sein Grün wird geschickt von Dünen eingefasst und bewacht. Es folgen weitere erstklassige Bahnen. Doch Watson gefiel bei seinem Besuch vor allem das 8. Loch. Hier muss man alles auf eine Karte setzen, wenn man das kleine Grün treffen will. Bleibt der Schlag dort nicht liegen, ist harte Arbeit angesagt.

Ballybunion besitzt auf den hinteren Neun mit dem 14. und 15. Loch zwei schöne gegenläufige Par-3-Bahnen. Wie alle Bahnen des Kurses fügen sie sich harmonisch in die Landschaft ein. Das 15. ist mit dem Grün direkt am Atlantik ein großartiges kurzes Loch. Aber auch das 16. und 17. Loch führen einen bis an die Küste heran. Ballybunion ist ein Muss für jeden begeisterten Golfer.

SCOREKARTE DES KURSES

Loch	*Länge (in Meter)*	*Par*
1	358	4
2	407	4
3	201	3
4	455	5
5	465	5
6	333	4
7	387	4
8	140	3
9	415	4
Out	3161	36
10	328	4
11	411	4
12	176	3
13	443	5
14	120	3
15	198	3
16	448	5
17	352	4
18	347	4
In	2821	35
Gesamt	**5982**	**71**

EIN MEISTERSTÜCK

Ende der 1960er-Jahre beschloss man, weiteres Dünenland südlich des bestehenden Links-Kurses zu erwerben. 1980 hatte man dann genügend Land, um einen zweiten Kurs anzulegen, und sprach Robert Trent Jones an. Der schrieb dazu: „Dies war für mich eine einmalige Gelegenheit, aber gleichzeitig auch eine beängstigende Herausforderung … Das Gründstück, mit dem ich arbeiten sollte, war eine der schönsten Dünenlandschaften der Welt." 1984 wurde der Cashen Course fertiggestellt. Er ist aber für Spieler mit höherem Handicap zu schwierig. Davon einmal abgesehen, besitzt der Cashen wunderbar platzierte Grüns, wodurch Ballybunion insgesamt eine einzigartige Prüfung für Annäherungsschläge ist.

RECHTS *Tom Watson beschrieb das 11. Loch als „eines der schwersten Löcher der Welt … ein kleines Ziel mit ganz wenig Platz rechts und links".*

Nordamerika

Gibt es eine golfverrücktere Nation als die USA? Wahrscheinlich nicht. Sie haben mehr Weltklasse-Golfer hervorgebracht und besitzen mehr Golfclubs und -plätze als jede andere Nation, und die Anzahl der Golf-Resorts ist erstaunlich. Die USA hätten den Golfsport stark verändern können, entschieden sich aber für die Tradition: Merion, Shinnecock Hills und Augusta National haben große Kurse und vor allem großartige Clubs. In Kanada ist es ähnlich, nur leider ist die Golfsaison durch den strengen Winter stark eingeschränkt. Dennoch kann sich Kanada rühmen, noch vor den USA einen ordentlich gegründeten Golfclub besessen zu haben, nämlich den 1873 gegründeten Montreal Golf Club (später Royal).

Doch ein Wort der Warnung: Im Gegensatz zum Rest der Welt, wo man nach Entrichtung der Greenfee fast überall spielen kann, sind die meisten Clubs in den USA reine Privatclubs, die Besucher nur als Gäste eines Mitglieds zulassen. Glücklicherweise gibt es genügend öffentliche Plätze, und den Resorts gehören teils die besten Plätze der Welt.

Augusta

Augusta National Golf Club, Georgia, USA

Tennis in Wimbledon oder Flushing Meadow, Motorsport in Le Mans oder Indianapolis, Pferderennen in Longchamp oder Churchill Downs und Golf in St. Andrews oder ...? Selbst Menschen mit wenig Ahnung von Golf ergänzen hier „Augusta National". Augusta ist so bekannt, weil es Austragungsort des Masters ist, des ersten großen Turniers im Jahr auf dem Profikalender und das einzige wichtige Turnier, das immer am selben Ort stattfindet. Aber seinen Ruhm verdankt es Robert Tyre Jones – bzw. Bobby oder Bob, je nachdem, von welcher Seite des Atlantiks man stammt.

Jones war der größte Golfamateur aller Zeiten. Er gewann fünf US-Amateur- und einen British-Amateur-Titel. Aber auch mit den besten Profis seiner Zeit (den 1920er-Jahren) konnte er sich messen. Viermal siegte er bei den US Open und dreimal bei den British Open. Nachdem er 1930 in einem Jahr alle vier großen Titel, die Amateur und Open Championships in Amerika und Großbritannien gewonnen hatte, zog er sich aus dem aktiven Golfsport zurück.

UNTEN *Mit einem perfekten Drive kann man das abschüssige Fairway ideal nutzen und die Schlagdistanz des 10. Lochs stark verkürzen. Das erhöhte Grün sollte man lieber nicht verfehlen.*

Unerwartete Design-Partnerschaft

Als Jones für sich und seine wohlhabenden Freunde einen idealen Kurs anlegen sollte, wollte er neue Ideen verwirklichen. Der Kurs sollte das Können der besten Spieler auf die Probe stellen, Spielern mit hohem Handicap aber gleichzeitig Runden von etwa 100 ermöglichen, ohne sie gleich zu entmutigen. Durch reinen Zufall fand er den idealen Architekten, mit dem er seine Ideen umsetzen konnte. 1929 schied Jones unerwartet früh bei der US Amateur Championship aus, die im kalifornischen Pebble Beach ausgetragen wurde. Er ergriff die Gelegenheit, die nahe gelegenen Plätze in

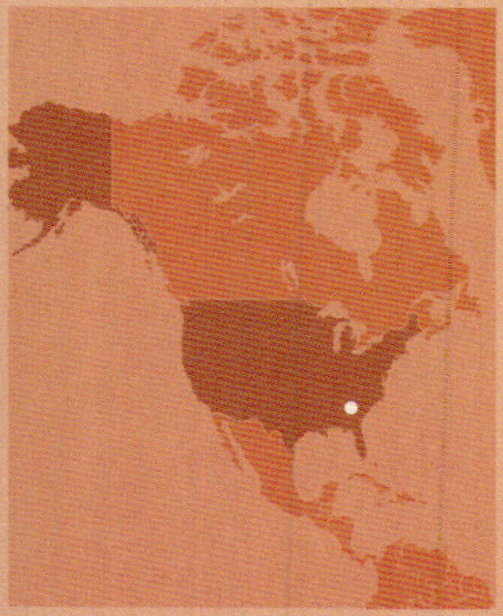

SCOREKARTE DES KURSES

Loch	*Länge (in Meter)*	*Par*
1	398	4
2	526	5
3	320	4
4	187	3
5	416	4
6	165	3
7	375	4
8	521	5
9	421	4
Out	3328	36
10	453	4
11	448	4
12	142	3
13	466	5
14	402	4
15	457	5
16	155	3
17	389	4
18	425	4
In	3338	36
Gesamt	**6666**	**72**

Cypress Point und Pasatiempo auszuprobieren, beide von Alister MacKenzie angelegt. Der ehemalige Arzt aus Leeds hatte den Beruf gewechselt, sich auf Golfplatzarchitektur spezialisiert und war einer der besten Architekten geworden. Jones war sofort klar, dass er den richtigen Mann gefunden hatte.

Der heutige Kurs weicht zwar kaum vom Original ab (das 16. Loch ist neu und die Bebunkerung verändert), wird aber für das Masters so präpariert, wie Jones und MacKenzie es kaum hätten vorhersehen können. Die Grüns sind furchterregend schnell, und die Abschläge und Roughs liegen an Stellen, an denen es sie nie zuvor gab. Das ergibt ein einzigartiges Fernsehspektakel und verhindert, dass die Endwertungen lächerlich niedrig werden. Aber ein Spieler mit hohem Handicap würde hier kein einziges Loch überleben, geschweige denn 18!

Dennoch bleibt es ein sagenhafter (und sagenhaft schöner) Kurs. Immer wieder sind wir Zuschauer gespannt, wenn die Führenden die „Amen Corner" (11., 12. und 13. Loch) passieren, wo Rae's Creek auf jeden kleinsten Fehler wartet. Werden sie alles riskieren, um das 13. und das 15. Grün mit je zwei zu erreichen? Und dann sind da die – für uns – unmöglichen Putts am 16. und 17. Grün. Und was ist mit dem aalglatten 2,5-m-Schlag das letzte Grün hinunter, der klappen muss, oder man ist im Play-Off? Das Masters ist immer dramatisch.

▶ Augusta ist während des Masters von blühenden Azaleen übersät. Vor dem Golfkurs lag auf dem Gelände die Großgärtnerei Fruitlands des belgischen Gartenbauers Baron Berckmans, der die Azalee in Amerika einführte.

▶ Als Tiger Woods 2001 das Masters gewann, war er der erste Spieler, der alle vier Majors-Titel gleichzeitig innehatte (da er US Open, British Open und US-PGA im Vorjahr gewonnen hatte). Bei allen vier Turnieren blieb er jeweils 65 unter Par.

EINE BEGEHRTE EINLADUNG

Das Masters ist einzigartig unter den Majors, da hier weniger als 100 geladene Spieler antreten, zu denen auch immer Amateure gehören. Und auch die Zuschauer sind auserlesen. Wer Karten besitzt, hütet sie wie seinen Augapfel, denn sie werden nicht frei verkauft. Zuschauer, die sich ungebührlich oder unsportlich verhalten, bekommen ihre Karten auf Lebenszeit entzogen. So trifft sich hier praktisch alljährlich dieselbe Zuschauerschar. Dieses Gemeinschaftsgefühl spiegelt sich in der begeisterten Anfeuerung der Spieler. Das Publikum des Masters gilt aber auch als besonders sachverständig und engagiert und lebt somit das Ideal der Sportlichkeit, das Bob Jones einst verkörperte.

Das 13. (unten), das 16. (großes Bild) und das 12. Loch (rechts oben) sind die Lieblingslöcher der Masters-Zuschauer, denn sie sind mit unerwarteten Birdies oder Eagles, ungewollten Ausflügen ins Wasser und schnellen Abstürzen aus einer Führungsposition stets hochdramatisch.

28

29

Bethpage

Bethpage

Black Course, Bethpage State Park, New York, USA

Als erster echter öffentlicher Golfplatz empfing Bethpage Black 2002 die US Open. Pebble Beach und Pinehurst sind zwar auch öffentlich, aber beides sind sehr teure Kurse in abgeschlossenen Ferienanlagen. Die Teilnehmer der US Open 2002 können bestätigen, dass Bethpage ein langer, anspruchsvoller und harter Kurs ist, der nichts verzeiht. Daher überrascht es kaum, dass Tiger Woods die besten Antworten auf diese Anforderungen fand. Die Veranstaltung 2002 war so erfolgreich, dass die US Open bereits 2009 zurückkehren werden.

Der Golfsport hat Robert Moses viel zu verdanken. Während der großen Wirtschaftskrise der 1930er war er verantwortlich für die Grünflächen des Staates New York. Er hatte nicht nur eine Vision, sondern auch das nötige politische (und persönliche) Durchsetzungsvermögen, um drei brandneue und erstklassige Golfplätze im Bethpage State Park errichten zu lassen. Zusätzlich ließ er den bereits existierenden Kurs überarbeiten. In den 1950er-Jahren kam noch ein fünfter Platz hinzu. All diese Plätze wurden für jene Großstädter erbaut, denen Geld und Beziehungen fehlten, um Mitglied in einem der privaten Clubs zu werden. Diese Kurse waren so ausgezeichnet, dass bald auch die Mitglieder der reichen Clubs (deren Plätze weniger gelungen waren) hier gegen eine bescheidene Greenfee spielen kamen.

Moses war so weise, den hervorragenden Architekten Albert Warren Tillinghast für diese Arbeit zu engagieren, und Tillinghast verzichtete nicht auf seine hohen Designansprüche, nur weil es sich um öffentliche Plätze handelte.

Riesige Sandflächen

Man stellte Tillinghast ein großes sandiges Waldgebiet zur Verfügung, dessen natürliche Höhenunterschiede viel Raum für Grüns boten. Er legte seinen Kurs zwischen die Bäume, fällte nicht mehr als nötig und bestückte das Gelände großzügig mit Bunkern von enormen Ausmaßen. Es entstand ein schmaler Kurs, der pfeilgerade Schläge und geschossartige Flugbahnen verlangt, damit man zwischen den Bäumen hindurch die wenigen günstigen Fairwayabschnitte findet und nicht in den riesigen Sandflächen landet.

Ein Blick auf die Karte zeigt, dass die Stärke des Kurses in seinen langen Two-Shot-Löchern liegt, vor allem denen auf den hinteren Neun, wobei das 15. das schwerste Loch des gesamten Kurses ist. Tillinghasts kurze Bahnen sind immer anspruchsvoll, so auch in Bethpage Black. Ein Beispiel hierfür

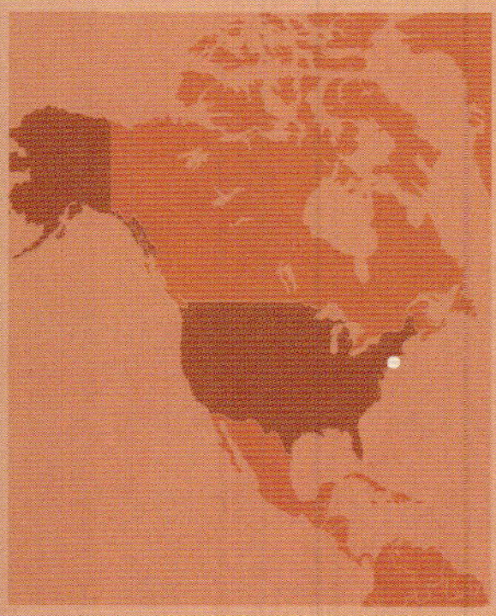

ist das üppig mit Bunkern versehene 17. Loch, das einem auch in der Schlussphase keine Atempause gönnt. Seltsamerweise ist das letzte Loch das schwächste, selbst nachdem Rees Jones es für die US Open 2002 verlängert hatte.

Das beste Loch in Bethpage ist allerdings das 4. Das Par 5 mit nur 473 m wäre für die heutigen starken Spieler bestimmt mit zwei Schlägen spielbar. Doch dabei übersieht man den schwierigen Drive, der von einem Bunker links vom Fairway bedroht wird. Will man das Grün mit zwei Schlägen erreichen, muss dieser Bunker auf absoluter Ideallinie überquert werden. Als Gegengewicht hat Tillinghast am nächsten Loch einen ähnlich schweren Abschlag angelegt, nur diesmal liegt der Bunker auf der rechten Seite. Dieser Kurs fordert dauerhaft höchste Konzentration, weshalb es nicht erstaunt, dass Tiger Woods mit eben dieser Fähigkeit hier siegreich war.

LINKS *Diese Luftaufnahme des 4. Lochs zeigt wunderbar die Größenverhältnisse in Bethpage Black. Bunker dieser Art sind Tillinghasts unverkennbares Markenzeichen.*

SCOREKARTE DES KURSES

Loch	Länge (in Meter)	Par	Loch	Länge (in Meter)	Par
1	393	4	10	450	4
2	356	4	11	398	4
3	187	3	12	456	4
4	473	5	13	507	4
5	412	4	14	147	3
6	373	4	15	437	4
7	506	5	16	438	4
8	192	3	17	189	3
9	382	4	18	376	4
Out	3274	36	In	3398	35
			Gesamt	**6672**	**71**

▸ Der Red Course ist berühmt für sein schweres 1. Loch. Dieser Par 70 Championship Course ist 6735 m lang. Gemeinsam mit dem Blue Course war er Austragungsort der USGA Public Links Championship 1936 und empfängt alljährlich die Long Island Open.

▸ Der Name „Bethpage" (dt. Betfage) ist biblischen Ursprungs: „Als sich Jesus mit seinen Begleitern Jerusalem näherte und nach Betfage am Ölberg kam, schickte er zwei Jünger voraus …"

Matthäus 21,1

Betfage (engl. Bethphage/Bethpage) bedeutet Ort der Feigen.

„Der Bunker am 4. Loch ist der Inbegriff eines Querbunkers."

REES JONES, DER DEN KURS FÜR DIE US OPEN 2002 UMGESTALTETE

Kapalua

Kapalua

Plantation Course, Kapalua Resort, Maui, Hawaii, USA

Man könnte den Plantation Course in Kapalua für ein Ungetüm halten, ist doch das 18. Loch mit seinen überwältigenden 606 m das längste Loch der US PGA Tour. Dennoch ist es für die Top-Spieler von heute mit zwei Schlägen spielbar. Aber darüber sollten wir nicht nachdenken! In Wahrheit ist dieser Kurs kein Monster, sondern eine wahre Schönheit.

Das Kapalua Resort besaß mit dem Village und dem Bay Course bereits zwei Kurse von Arnold Palmer, als die jungen Designer Ben Crenshaw und Bill Coore verpflichtet wurden, einen dritten Kurs zu bauen. Die beiden Perfektionisten waren von dem erhöht liegenden Gelände mit ausdrucksstarker Topografie und herrlicher Aussicht begeistert, denn beide stampfen einen Kurs nicht mit viel Dynamit und riesigen Erdbewegungen aus dem Boden. Ihre Kurse sind wahre Handarbeit. Ihre späteren Arbeiten in Sand Hills (Nebraska), Friars Head (New York), Cuscowilla (Georgia) und Bandon Trails (Oregon) sind von Spitzengolfern und der Golfpresse als erstklassig gelobt worden. Der Plantation Course war erst ihr zweiter 18-Loch-Kurs. Seit seiner Eröffnung 1999 stellt er seine Qualität alljährlich bei der Mercedes-Benz Championship unter Beweis, jenem Turnier, das jedes Jahr im Januar die Tour eröffnet und alle Vorjahressieger zusammenbringt.

Der Faktor Wind

Beim Blick auf die Scorekarte könnte man meinen, dass es sich um einen Fehldruck handelt. Das 1. Loch mit seinen 475 m scheint beispielsweise ein unspielbares Par 4 zu sein. Die Architekten haben es aber so angelegt, dass es mit dem Wind gespielt wird und dadurch wunderbar zu spielen ist. Das 13. Loch hingegen scheint als Par 4 mit lächerlichen 372 m sehr kurz, erweist sich aber als schwerstes Loch des Kurses, weil es hart gegen den Wind gespielt werden muss.

RECHTS *Das 18. Loch auf dem Plantation Course in Kapalua ist das längste der US Tour. Es steht in völligem Einklang mit seiner so einzigartigen Landschaftskulisse.*

LINKS *Diese Luftaufnahme des 4. Lochs zeigt wunderbar die Größenverhältnisse in Bethpage Black. Bunker dieser Art sind Tillinghasts unverkennbares Markenzeichen.*

ist das üppig mit Bunkern versehene 17. Loch, das einem auch in der Schlussphase keine Atempause gönnt. Seltsamerweise ist das letzte Loch das schwächste, selbst nachdem Rees Jones es für die US Open 2002 verlängert hatte.

Das beste Loch in Bethpage ist allerdings das 4. Das Par 5 mit nur 473 m wäre für die heutigen starken Spieler bestimmt mit zwei Schlägen spielbar. Doch dabei übersieht man den schwierigen Drive, der von einem Bunker links vom Fairway bedroht wird. Will man das Grün mit zwei Schlägen erreichen, muss dieser Bunker auf absoluter Ideallinie überquert werden. Als Gegengewicht hat Tillinghast am nächsten Loch einen ähnlich schweren Abschlag angelegt, nur diesmal liegt der Bunker auf der rechten Seite. Dieser Kurs fordert dauerhaft höchste Konzentration, weshalb es nicht erstaunt, dass Tiger Woods mit eben dieser Fähigkeit hier siegreich war.

SCOREKARTE DES KURSES

Loch	Länge (in Meter)	Par	Loch	Länge (in Meter)	Par
1	393	4	10	450	4
2	356	4	11	398	4
3	187	3	12	456	4
4	473	5	13	507	4
5	412	4	14	147	3
6	373	4	15	437	4
7	506	5	16	438	4
8	192	3	17	189	3
9	382	4	18	376	4
Out	3274	36	In	3398	35
			Gesamt	**6672**	**71**

▶ Der Red Course ist berühmt für sein schweres 1. Loch. Dieser Par 70 Championship Course ist 6735 m lang. Gemeinsam mit dem Blue Course war er Austragungsort der USGA Public Links Championship 1936 und empfängt alljährlich die Long Island Open.

▶ Der Name „Bethpage" (dt. Betfage) ist biblischen Ursprungs: „Als sich Jesus mit seinen Begleitern Jerusalem näherte und nach Betfage am Ölberg kam, schickte er zwei Jünger voraus …"
Matthäus 21,1
Betfage (engl. Bethphage/Bethpage) bedeutet Ort der Feigen.

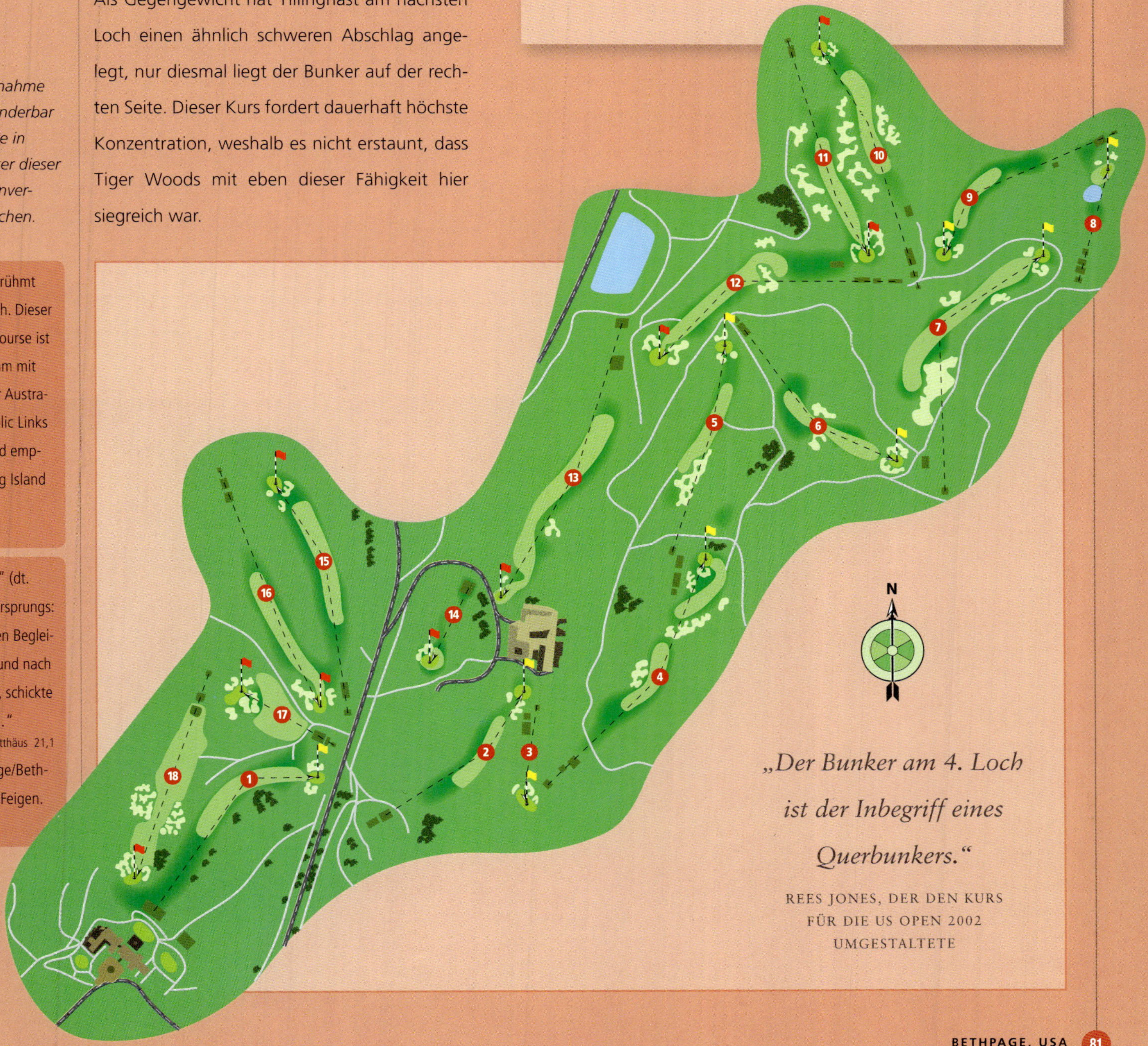

„Der Bunker am 4. Loch ist der Inbegriff eines Querbunkers."

REES JONES, DER DEN KURS FÜR DIE US OPEN 2002 UMGESTALTETE

Kapalua

Plantation Course, Kapalua Resort, Maui, Hawaii, USA

Man könnte den Plantation Course in Kapalua für ein Ungetüm halten, ist doch das 18. Loch mit seinen überwältigenden 606 m das längste Loch der US PGA Tour. Dennoch ist es für die Top-Spieler von heute mit zwei Schlägen spielbar. Aber darüber sollten wir nicht nachdenken! In Wahrheit ist dieser Kurs kein Monster, sondern eine wahre Schönheit.

Das Kapalua Resort besaß mit dem Village und dem Bay Course bereits zwei Kurse von Arnold Palmer, als die jungen Designer Ben Crenshaw und Bill Coore verpflichtet wurden, einen dritten Kurs zu bauen. Die beiden Perfektionisten waren von dem erhöht liegenden Gelände mit ausdrucksstarker Topografie und herrlicher Aussicht begeistert, denn beide stampfen einen Kurs nicht mit viel Dynamit und riesigen Erdbewegungen aus dem Boden. Ihre Kurse sind wahre Handarbeit. Ihre späteren Arbeiten in Sand Hills (Nebraska), Friars Head (New York), Cuscowilla (Georgia) und Bandon Trails (Oregon) sind von Spitzengolfern und der Golfpresse als erstklassig gelobt worden. Der Plantation Course war erst ihr zweiter 18-Loch-Kurs. Seit seiner Eröffnung 1999 stellt er seine Qualität alljährlich bei der Mercedes-Benz Championship unter Beweis, jenem Turnier, das jedes Jahr im Januar die Tour eröffnet und alle Vorjahressieger zusammenbringt.

Der Faktor Wind

Beim Blick auf die Scorekarte könnte man meinen, dass es sich um einen Fehldruck handelt. Das 1. Loch mit seinen 475 m scheint beispielsweise ein unspielbares Par 4 zu sein. Die Architekten haben es aber so angelegt, dass es mit dem Wind gespielt wird und dadurch wunderbar zu spielen ist. Das 13. Loch hingegen scheint als Par 4 mit lächerlichen 372 m sehr kurz, erweist sich aber als schwerstes Loch des Kurses, weil es hart gegen den Wind gespielt werden muss.

RECHTS *Das 18. Loch auf dem Plantation Course in Kapalua ist das längste der US Tour. Es steht in völligem Einklang mit seiner so einzigartigen Landschaftskulisse.*

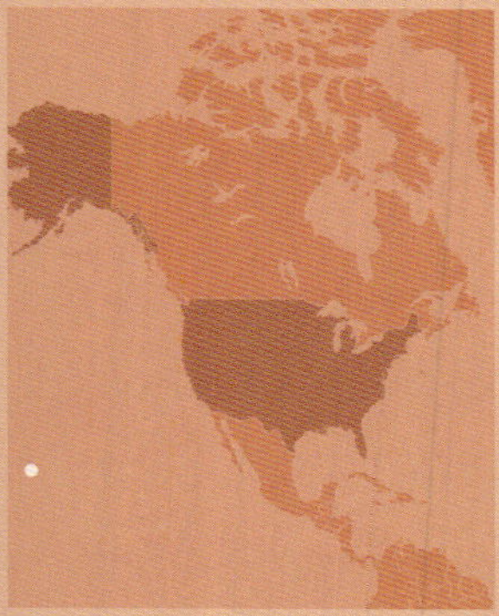

Wer sich den großen Distanzen des Plantation Course nicht gewachsen fühlt, für den ist der Bay Course von Arnold Palmer eine schöne Alternative. Obwohl er von den hinteren Abschlägen 6035 m misst, verfügt er über nur zwei Par 4, die über 366 m lang sind.

Ungewöhnlicherweise hat der Plantation Course nur drei kurze Löcher, doch sie zählen zu den schwersten des Kurses. Die Fahne direkt anzupeilen, führt hier nur ins Verderben. Durch den ständigen Wind muss man den Ball driften lassen oder im Bogen aufs Grün zirkeln.

SCOREKARTE DES KURSES

Loch	Länge (in Meter)	Par	Loch	Länge (in Meter)	Par
1	475	4	10	324	4
2	199	3	11	150	3
3	347	4	12	384	4
4	349	4	13	372	4
5	486	5	14	279	4
6	364	4	15	507	5
7	475	4	16	334	4
8	186	3	17	465	4
9	476	5	18	606	5
Out	3356	36	In	3421	37
			Gesamt	6777	73

Selbst die Weltspitze kommt an diesem Loch nur auf eine durchschnittliche Abschlagweite von 212 m. Im Vergleich dazu erreichen sie am bergab und mit dem Wind gespielten 18. Loch durchschnittlich 326 m.

Statistiken lenken aber nur von der eigentlichen Qualität des Kurses ab. Seine Bahnen sind durchdachte, wunderschön gestaltete Kleinode, die mit Bedacht erspielt werden wollen, wie das 6. Loch beweist. Das einladende Fairway ist herrlich breit. Die ideale Annäherung aufs Grün erreicht man aber nur, indem man ganz nach rechts abschlägt und den von rechts kommenden Wind nutzt, um auf dem Fairway zu landen, sonst geht der Ball über die Klippen.

Dem 6. folgt ein weiteres einfaches, aber Strategie erforderndes Loch mit weitem, aber nach rechts abschüssigem Fairway, auf dem man den Ball halten muss. Und als wahre Traditionalisten haben Coore und Crenshaw den Zugang zum Grün so angelegt, dass er zu altmodischen Bump-and-Run-Schlägen auffordert. Hier sind die Bahnen genauso erbaulich wie die Aussicht.

Kiawah Island

Kiawah Island

Ocean Course, Kiawah Island Golf Resort, South Carolina, USA

Der Name „The Ocean Course" hätte nicht treffender gewählt werden können, denn von jedem Loch blickt man auf den Atlantik. Mit zehn Bahnen direkt an der Küste hat der Kurs die meisten Küstenbahnen der nördlichen Hemisphäre. Die restlichen acht liegen parallel dazu. Das sorgt aber nicht nur für eine einzigartige Aussicht, sondern auch für ständigen und sehr starken Wind. Genau wie beim 17. Loch in Sawgrass war dieses Charakteristikum zunächst von Architekt Pete Dye nicht beabsichtigt. Er wollte den Kurs geschützt hinter die Dünen legen. Seine Frau Alice brachte ihn auf die Idee, ihn nach oben zu verlegen, damit man die Aussicht übers Meer genießen könne.

Die Schönheit des Kurses täuscht zunächst über seine absolute Härte hinweg. Dye nutzte die vorhandenen Dünen und das hohe Gras, das jeden Fehlschlag verschluckt. Das auffälligste Merkmal des Kurses ist, dass er immer Alternativen lässt. Viele Bahnen belohnen kühne weite Schläge, sie sind aber nicht erforderlich. Jeder Spieler muss den seinen Fähigkeiten und den Bedingungen entsprechenden besten Schlag wählen. Dies sorgt für ein sehr innovatives Golfspiel, das auf diesem windgepeitschten Kurs aber auch zwingend erforderlich ist. Man schätzt, dass durch den Wind die Wahl des Schlägers um bis zu acht Schläger abweichen kann. Also muss es eine Route für jede Spielstärke und jede Windrichtung geben.

Weite Seen und große Sandflächen lauern auf ungenaue Schläge. Dadurch ist der Kurs ideal fürs Lochspiel geeignet, aber die Hölle für ein anständiges Zählspiel.

LINKS *Wie beim 17. in Sawgrass zweifelte Dye auch hier, ob das 17. spektakulär genug sei, und fügte den großen See in das Par 3 ein!*

RECHTS *Die Sandzonen gelten nicht als Hindernisse, man darf seinen Schläger also aufsetzen. Dies ist das 9. Loch, ein Par 4.*

„Das größte Teufelswerk auf dem gesamten Golfkurs."

PETE DYES BESCHREIBUNG DES 2. LOCHS

Kreativität ist gefragt

Das 2. Loch ist exemplarisch für den Kurs. Am Abschlag des Par 5 springt der fantastische Meerblick ins Auge, aber auch das Problem, dass man den richtigen Winkel erwischen muss, um nicht mit einem zu kurzen Schlag im heimtückischen Marschland zu landen. Ein sicherer Schlag führt nach rechts. War der erste Schlag zu vorsichtig, muss der zweite bis direkt an ein Stück Marsch etwa 101 m vor dem Grün gespielt werden. Gute Spieler können das Grün mit zwei Schlägen erreichen, aber das erhöhte, schwierige Grün fällt gefährlich zu einem tiefen Bunker hin ab. Nach dem freundlichen 1. Loch kann am 2. das böse Erwachen kommen, und selbst Profis enden hier oft mit hohen Schlagzahlen. Beim Ryder Cup 1991 gewann Seve Ballesteros das 2. mit einem Double Bogey, Wayne Levis brauchte acht Schläge!

Wie bei einem echten Links sind die Schlagalternativen unendlich, und an den längeren Löcher bietet sich meist sowohl eine hohe als auch eine niedrige Flugbahn an. Ständig muss man planen und den richtigen Schlag wählen. Mit so vielen kreativen Möglichkeiten ist es kaum verwunderlich, dass der Ryder Cup ein voller Erfolg wurde, und die PGA Championship 2012 verspricht, ebenfalls ein Fest zu werden.

SCOREKARTE DES KURSES

Loch	Länge (in Meter)	Par	Loch	Länge (in Meter)	Par
1	361	4	10	401	4
2	497	5	11	514	5
3	357	4	12	426	4
4	414	4	13	369	4
5	189	3	14	177	3
6	416	4	15	385	4
7	482	5	16	529	5
8	180	3	17	202	3
9	424	4	18	401	4
Out	3320	36	In	3406	36
			Gesamt	**6726**	**72**

Merion

Merion

East Course, Merion Golf Club, Ardmore, Pennsylvania, USA

„Ich liebe Merion. Er ist einer dieser alten Kurse, die bei weitem nicht die Länge wie die modernen Kurse, aber dennoch Bestand haben. Das zeichnet meiner Meinung nach einen großen Kurs aus." Das sagte Jack Nicklaus über Merion East, einen der beiden markanten Kurse des großartigen Clubs am Rande von Philadelphia. Er ist der kürzeste Kurs, auf dem die modernen US Open je abgehalten wurden. Zuletzt geschah dies 1981, daher ist es schön zu wissen, dass dieses großartige Turnier 2013 hierher zurückkehren wird.

Ungewöhnlicherweise hat der Golfsport seine Existenz in Merion den Mitgliedern des Merion Cricket Club zu verdanken. Sie gründeten eine Golfsektion und legten einen 9-Loch-Kurs in Haverford an, der sich bald für ihre Ansprüche als zu kurz und restriktiv erwies. Eines der jungen Mitglieder, Hugh Wilson, war in Princeton Kapitän des Golfteams gewesen, und so schickte man ihn 1910 nach Großbritannien, um dort die Architektur der besten Golfplätze zu studieren. Daher verwundert es nicht, dass Merion sowohl an englische Heidelandkurse als auch an schottische Links erinnert und die Bebunkerung so erstklassig ist wie auf jedem Links-Kurs der British Open.

UNTEN *Ein Grat kreuzt das 9. Grün, sodass man auf dem Grün von vorne und von hinten bergauf spielen muss, in der Mitte aber bergab. Laut Ben Crenshaw ist es daher „sehr schwer zu lesen".*

Eine Aura der Perfektion

Der bedeutende Golfplatzarchitekt Tom Doak hält Merions East Course für den wahrscheinlich einzigen Kurs, den die großen Golfplatzarchitekten nur schwerlich, wenn überhaupt, verbessern könnten. Dies ist eine große Ehre für Wilson, der zuvor noch nie einen anderen Platz entworfen hatte.

Wer Merion überstehen will, muss die Bunker meiden. Es gibt insgesamt 128 von ihnen, und rund einem Drittel begegnet man an den ersten drei Löchern. Um zu siegen, muss man die feinen Gemeinheiten der Grüns bewältigen, die Herbert Warren Wind, Altmeister des Golfjournalismus,

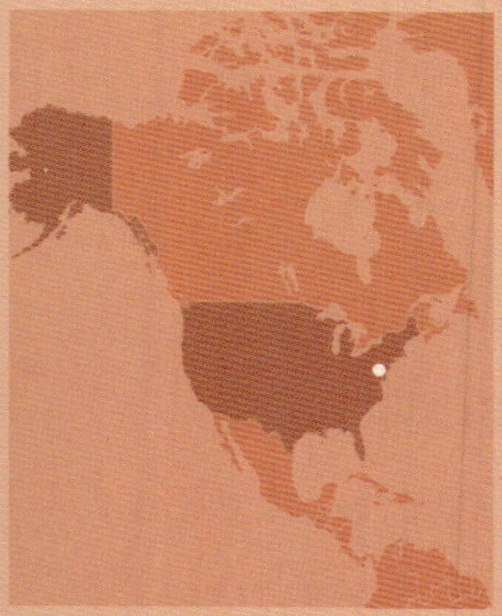

einmal als herrlich abwechslungsreiche „Plateau-Grüns, Terrassen-Grüns, Kuppen-Grüns, versenkte Grüns, große Grüns, kleine Grüns, zweistufige Grüns, dreistufige Grüns und Grüns, die in 100 verschiedene Richtungen abfallen" bezeichnete.

Der Abschlag am 1. Loch ist sehr gefürchtet, aber nicht, weil die Bahn schwieriger wäre als die folgenden 17, sondern weil das Tee direkt neben der Terrasse liegt, auf der die Mitglieder mit ihren Gästen im Schatten sitzen und ihren Kaffee oder Tee trinken. Undenkbar, was ein Snap Hook hier anrichten würde! Tatsächlich ist das 1. ein schönes Loch, das nach einem präzise platzierten Abschlag verlangt, um das geschickt hinter dem Knick platzierte Grün zu erreichen.

Am 11. Loch gelingt es wohl den meisten, vom Abschlag aus die ausgewiesene Landezone zu treffen. Aber der Pitch auf das Grün des Par 4 führt über hohes Rough, ein Wasserlauf führt rechts und auf der Rückseite direkt an ihm vorbei, und seine Oberfläche ist klein und hart. Genau auf diesem Grün holte sich Bob Jones 1930 den Sieg der US Amateur Championship und damit sein „Impregnable Quardrilateral".

Das Finish ab dem 14. Loch ist legendär. Das 16. und 17. Loch führen über einen alten Steinbruch, und der einzigartige Abschlag am 18. muss steil nach oben über eine Felswand.

TAPFERER BEN HOGAN

Ben Hogan spielte die US Open 1950 in Merion unter großen Schmerzen, denn er hatte sich im Jahr zuvor bei einem Autounfall schwer verletzt. In der Finalrunde teilte er seinem Caddie am 13. Loch mit, er könne nicht mehr. „Ich arbeite nicht für jemanden, der aufgibt. Ich sehe Sie am 14. Abschlag, Sir", war dessen Antwort. Hogan schleppte sich trotz heftigster Schmerzen weiter und kämpfte sich bis in ein Stechen (über weitere 18 Löcher) – und gewann!

SCOREKARTE DES KURSES

Loch	*Länge (in Meter)*	*Par*
1	320	4
2	508	5
3	200	3
4	546	5
5	461	4
6	445	4
7	315	4
8	328	4
9	188	3
Out	3313	36
10	297	4
11	336	4
12	369	4
13	110	3
14	401	4
15	376	4
16	393	4
17	225	3
18	462	4
In	2967	34
Gesamt	**6280**	**70**

„Merion besitzt eine Aura der Perfektion, wie kein anderer Kurs sie besitzt."

TOM DOAK

▶ Bei seinem Sieg der US Amateur Championship in Merion 1930 kam Bob Jones nie über das 14. Loch hinaus. Im 36-Loch-Finale besiegte er E. V. Homans mit acht und sieben.

▶ In Merion tragen die Fahnenstangen keine Wimpel, sondern Weidenkörbe, damit der Spieler Windstärke und -richtung nicht daran ablesen kann.

Oakmont

Oakmont

Oakmont Country Club, Pennsylvania, USA

Oakmont ist ein Familienkurs, der sein Konzept und sein Bestehen Henry Fownes und seinem Sohn William verdankt. Henry Fownes war ein wohlhabender Stahlmagnat, der 1903 ein großes Grundstück nahe Pittsburgh erwarb, um dort einen Weltklasse-Golfkurs zu errichten. William Fownes wurde einer der besten Golfamateure Amerikas. Er gewann 1910 die Amateur Championship, nahm zweimal am Walker Cup teil und war zudem ein einflussreicher Funktionär. Gemeinsam kreierten sie einen kolossalen Golfkurs, und sie besaßen auch den notwendigen Einfluss, um sicherzustellen, dass er die prestigeträchtigsten Turniere anzog.

Der erste Entwurf des Kurses war lang, aber nicht besonders schwierig. Als William ihn in den 1920ern überarbeitete, machte er ihn so unerbittlich, dass manche ihn als schwersten Kurs Amerikas bezeichnen. Zunächst bestückte er den Kurs mit 220 neuen Bunkern, von denen heute rund 175 übrig sind. Für diese erfand er eine gemeine Harke, die golfballgroße Furchen zog, die quer zur Spielrichtung verliefen und ein Entrinnen praktisch unmöglich machten! Er legte Grüns an, die die unterschiedlichsten Größen, Formen und vor allem Neigungen aufweisen. Um die Grüns absolut schreckenerregend zu machen, ließ er sie mit großen sandgefüllten Fässern platt walzen und bestand darauf, dass sie nicht gewässert wurden.

Das Gras der Grüns wurde extrem kurz geschoren, und in Kombination mit dem klebrigen Rough, das die Fairways bei großen Turnieren einengte, wurde der Kurs seinem furchterregenden Ruf gerecht. Heute sind die Profis an gemeine Kurse mit blitzschnellen Grüns gewöhnt, aber mit Ausnahme von Augusta spielen sie wohl selten auf Grüns mit solch außergewöhnlichen Konturen.

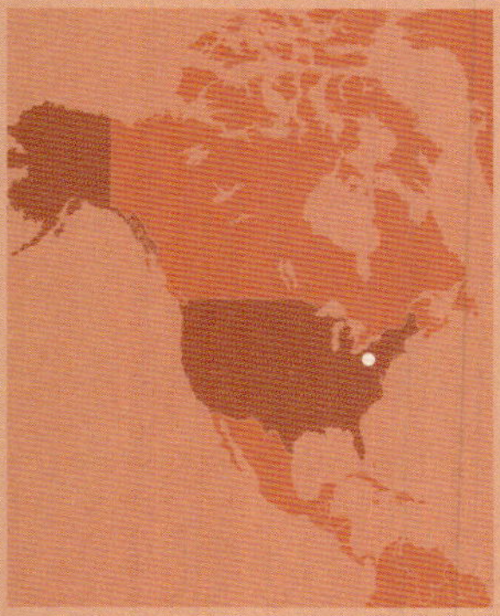

Großartige Architektur

Erstaunlicherweise wirkt Oakmont dennoch nicht grotesk. Es ist ein schöner und strategisch anspruchsvoller Kurs (zumindest seitdem viele der Bäume entfernt wurden, die den Kurs zu ersticken drohten). Das 3. Loch ist beispielsweise für seine „Church Pew"-Bunker berühmt, tiefe Sandgräben, die durch an Kirchenbänke (engl. church pews) erinnernde Grasgrate voneinander getrennt sind. Viel raffinierter ist aber das Grün, das aufgrund seiner erhöhten Lage schwer anzuspielen ist und nur die perfektesten Annäherungen akzeptiert. Wer das Grün verfehlt, muss hart arbeiten.

Auf dem Papier wirkt das 17. Loch recht harmlos, aber das täuscht! Das Grün ist mit dem Drive erreichbar, aber der muss links ein Minenfeld von Bunkern überwinden und dann genau auf dem Grün landen, das sich zwischen einen Bunker und trügerisch flaches Gelände quetscht. Natürlich kann man das Loch konservativ angehen, aber der direkte Weg ist so verführerisch wie schwer. Und so lässt sich auch das eigentliche Wesen Oakmonts beschreiben.

SCOREKARTE DES KURSES

Loch	*Länge (in Meter)*	*Par*	*Loch*	*Länge (in Meter)*	*Par*
1	441	4	10	398	4
2	312	4	11	347	4
3	391	4	12	610	5
4	557	5	13	167	3
5	349	4	14	327	4
6	177	3	15	457	4
7	438	4	16	211	3
8	263	3	17	286	4
9	436	4	18	443	4
Out	3365	35	In	3246	35
			Gesamt	**6611**	**70**

LINKS *Die „Church Pew"-Bunker trennen das 3. und das 4. Fairway voneinander. Wie deutlich zu sehen ist, sind die Bunker rechts des Fairways aber kaum weniger bedrohlich.*

▶ Über die früher in Oakmont verwendeten Harken sagte Jimmy Demaret einmal: „Hätte man Nordafrika damit geharkt, wäre Rommel niemals über Casablanca hinaus gekommen."

▶ 1973 punktete Johnny Miller unglaubliche 63 auf der letzten Runde und gewann damit die US Open. Viele halten das für die größte Golfrunde aller Zeiten.

Pebble Beach

Pebble Beach

Pebble Beach Golf Links, Pebble Beach, Kalifornien, USA

Pebble Beach gilt als einer der weltbesten öffentlichen Kurse. Er wurde als Austragungsort für die 100. US Open im Jahr 2000 ausgewählt, die er damit zum vierten Mal empfing. Dennoch kann jeder hier auf diesem historischen Boden spielen. Aber es gibt zwei Haken: Erstens ist es sehr teuer, und zweitens muss man sehr weit im Voraus buchen.

Pebble Beach wurde 1919 eröffnet und war nur zehn Jahre später der erste Kurs westlich des Mississippi, der die US Amateur Championship austragen durfte. Der junge Jack Nicklaus krönte hier 1961 seine beeindruckende Amateurkarriere mit dem US-Amateur-Titel. Der „Golden Bear" war erneut siegreich, als Pebble Beach 1972 zum ersten Mal die US Open austrug. Obwohl Nicklaus 1982 hinter Tom Watson Zweiter wurde, tat dies seiner Liebe zu Pebble Beach keinen Abbruch, und so verabschiedete er sich hier 2000 von den US Open.

Das 18. Loch erfordert Nerven aus Stahl, da das gesamte Par 5 direkt am Pazifik entlangführt. Häufig braucht man ein Holz 3 für den Abschlag und sollte es als Three-Shot-Hole spielen. Selbst der sonst unfehlbare Tiger Woods schlug hier bei den US Open 2000, die er mit sagenhaften 15 Schlägen Vorsprung gewann, seinen Abschlag ins Meer.

Bei den US Open 1982 zeigte Tom Watson, wie man die letzten Löcher von Pebble Beach perfekt spielt. Mit einem der berühmtesten Chip Shots aus dem Rough am 17. direkt ins Loch schaffte er einen Birdie und ging vor Nicklaus in Führung. Dann brachte er seinen Abschlag am 18. mit einem Holz 3 in sichere Position, schlug einen kurzen Lay-Up mit dem Eisen 7 und erzielte so eine weitere, kurze Annährung mit dem Eisen. Dann spielte er mit einem Schlag mitten aufs Grün wieder auf Sicherheit, denn die Fahne war direkt hinter dem frontalen Bunker platziert. Schließlich schloss er stilvoll mit einem 6-m-Putt genau ins Loch und zum Birdie ab.

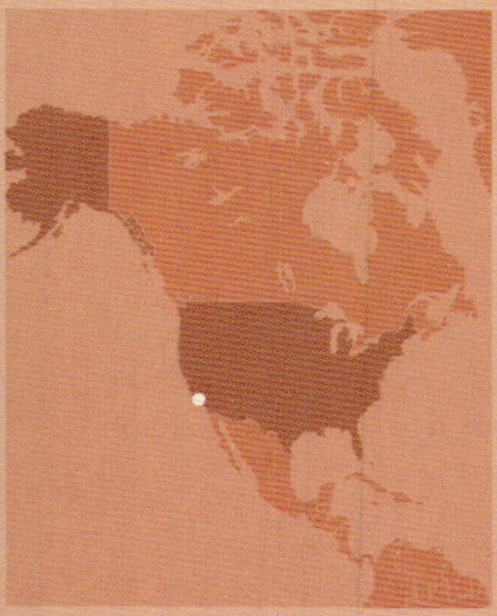

Prächtige Küstenkurse

Pebble Beach strotzt nur so vor atemberaubenden Bahnen, und ab der 4. folgt eine Serie von sieben Küstenlöchern. Dazu zählt auch das fantastische 7. Loch, dessen Abschlag einem die Nerven raubt, denn der Wind bläst einem ins Gesicht, und das Meer wartet auf jeden verschlagenen Ball. Die Löcher 8 bis 10 bilden eines der schönsten Trios von Par-4-Bahnen. Nach dem aufregenden Abschlag am 8. Loch folgt eine einschüchternde Annäherung über eine Bucht auf das hier übliche kleine und sehr wenig aufnahmebereite Grün.

Die Drives auf die welligen Fairways sind schon erschreckend genug, aber für die Schläge aufs Grün ist dann wirklich Genialität gefragt. An einem Loch landet bei Rückenwind vielleicht nur ein hoher Fade auf dem winzigen Grün, beim nächsten kann schon ein tiefer Punch in den Gegenwind nötig sein. Daher werden viele Golfer Jack Nicklaus zustimmen, der ihn als den wahrscheinlich besten Kurs der Welt bezeichnete. Oder wie Billy Andrade es ausdrückte: „Für uns ist er der Heilige Gral."

▸ 2001 erhielt Pebble Beach als erster öffentlicher Kurs die begehrte Wertung Nr.-1-Kurs Amerikas des Magazins *Golf Digest*. Hier möchte jeder einmal spielen, und das Vergnügen kostet einen rund 500 Dollar.

▸ Die mautpflichtige private Panoramastraße 17-Mile-Drive führt durch Pebble Beach. Die Pebble Beach Company besitzt das Copyright für alle sehenswerten Ausblicke entlang dieser Strecke.

LINKS *Eine der bekanntesten und am häufigsten fotografierten Schlussbahnen, das 18. Loch von Pebble Beach, schmiegt sich 497 m lang an die felsige Pazifikküste.*

SCOREKARTE DES KURSES

Loch	*Länge (in Meter)*	*Par*
1	348	4
2	459	5
3	357	4
4	303	4
5	172	3
6	469	5
7	97	3
8	382	4
9	426	4
Out	3013	36
10	408	4
11	347	4
12	185	3
13	365	4
14	524	5
15	363	4
16	369	4
17	163	3
18	497	5
In	3220	36
Gesamt	**6233**	**72**

„Ich habe diesen Kurs vom ersten Moment an geliebt. Er ist wahrscheinlich der beste der Welt."

JACK NICKLAUS

34

Pebble Beach

EIN BEEINDRUCKENDES QUARTETT

Der berühmte Pebble Beach Links ist nur einer von vier fantastischen Kursen des Luxus-Resorts. Spyglass Hill (von Robert Trent Jones entworfen), einer der schwierigsten Kurse der Professional Tour, beginnt Links-ähnlich am Meer und verläuft dann zwischen Bäumen landeinwärts. Der Links von Spanish Bay ist einer der wenigen Kurse, an deren Entwurf Tom Watson beteiligt war (mit Robert Trent Jones jr. und Sandy Tatum). Er ist eine Hommage an die großen schottischen Links. Weniger bekannt ist der bezaubernde Del Monte Golf Course, der älteste (eröffnet 1897), kontinuierlich genutzte Kurs westlich des Mississippi.

OBEN *Auf der Suche nach Ideen für seine „Schatzinsel“ soll Robert Louis Stevenson hier spazieren gegangen sein. Dies ist das Tee des 9. Lochs.*

RECHTS *Entgegen dem Trend, dass schwierige Löcher extrem lang sein müssen, ist das sehr kurze 7. Loch gerade einmal 97 m lang. Seine Schwierigkeiten sind offensichtlich.*

Pine Valley

Pine Valley

Pine Valley Golf Club, Clementon, New Jersey, USA

Pine Valley gilt als schwierigster Kurs der Welt. Wahrscheinlich ist der Ocean Course in Kiawah während eines Sturms von den hinteren Abschlägen schwieriger. Viele moderne Kurse mit Wasserhindernissen auf allen Bahnen können bestimmt härter präpariert werden. Aber im Alltagsbetrieb ist Pine Valley einfach der anspruchvollste Kurs, da der Spieler hier bei jedem einzelnen Schlag 100 Prozent geben muss und jeder Fehler bestraft wird. Außergewöhnlich ist, dass niemand, der hier gespielt hat, dem Kurs auch nur einen Drop übel nehmen würde. Er ist schlicht ein Meisterwerk.

George Crump, Hotelier aus Pittsburgh und selbst ein guter Golfamateur, hatte die Idee zu diesem Kurs. Er wusste genau, was er wollte, und lebte etwa fünf Jahre lang auf der Baustelle, um die Arbeiten zu überwachen. Er war aber klug genug, andere um Rat zu bitten, wie etwa Walter Travis und Jerome Travers, zwei der führenden Golfamateure des frühen 20. Jahrhunderts, sowie den englischen Architekten Harry Colt. Was genau sie zu diesem Platz beitrugen, wird man wohl nie wissen. Crump selbst starb 1918, noch bevor der Kurs fertiggestellt wurde. Hugh Wilson, der geniale Architekt von Merion, vollendete das heutige 12. und das 15. Loch. Rat erhielt er hierbei wahrscheinlich von Colts Design-Partner Hugh Alison.

Der heutige Kurs von Pine Valley unterscheidet sich stark von dem 1919 vollendeten Kurs, denn mehrere Hunderttausend Bäume sind inzwischen ausgewachsen und dienen als Hindernisse. Der Platz besteht vor allem aus Bäumen, schmalen Grasstreifen, die man Fairways nennen könnte, breiten Sandflächen, dichtem Wald – und teuflischen Grüns

UNTEN *Das 10. Loch von Pine Valley ist zwar das kürzeste, dafür aber ein hinterhältiges Loch. Verpasst man das winzige Ziel, kann einem fast nur noch ein Wunder helfen.*

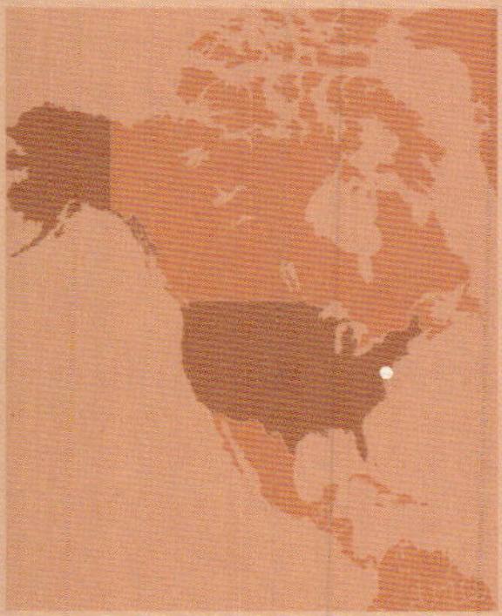

Früher hieß es, dass niemand bei seinem ersten Besuch in Pine Valley unter 80 kommen könne, doch dem jungen Arnold Palmer gelang es. Sein Erlös aus Wetten mit den Mitgliedern war groß genug, dass er heiraten konnte!

Die härteste Schule des Golfs

Pine Valley hat keine schwachen Bahnen, aber drei Löcher gelten als besonders hart: das 5., das 7. und das 13. Das 5. ist ein brutales „kurzes" Loch mit einem 210 m langen Carry über einen See und dann bergauf zu einem erhöhten Grün, das isoliert im Wald liegt. Schon halb so lang wäre es erschreckend.

Das berühmteste aller Löcher ist das 17. Das Par 5 ist berüchtigt für seinen riesigen Bunker „Hell's Half Acre" (halber Morgen Hölle), der das Fairway 261 m hinter dem Abschlag unterbricht und erst 352 m vom Tee entfernt aufhört. Gerät der Abschlag hier hinein, kommt man mit einem Schlag nicht heraus. Auch bei gutem Abschlag führt ein schlechter zweiter Schlag ins Verderben. Und nach gutem ersten und zweiten Schlag folgt ein teuflischer Pitch auf ein von Sand eingeschlossenes Grün.

Am 13. Loch ist es ähnlich. Der Drive führt über ein Stück Wildnis auf ein entferntes Insel-Fairway. Dann folgt ein furchterregender 183 m langer Schlag über Gestrüpp und Sand zu einem nach links versetzten Grün. Aber trotz der schwierigen Bahnen bietet der Kurs mit Tempowechseln an den Two-Shot-Löchern reichlich Abwechslung. Und so kommen alle trotz seiner Härte immer wieder hierher.

UNTEN *Selbst mit modernsten Schlägern und Bällen bleibt das 5. Loch eine enorme Herausforderung. Man mag sich kaum vorstellen, wie es sich 1919 angefühlt hat.*

SCOREKARTE DES KURSES

Loch	Länge (in Meter)	Par
1	385	4
2	336	4
3	181	3
4	412	4
5	215	3
6	354	4
7	582	5
8	298	4
9	420	4
Out	3183	35
10	147	3
11	363	4
12	308	4
13	444	4
14	201	3
15	562	5
16	434	4
17	315	4
18	442	4
In	3218	35
Gesamt	**6401**	**70**

Pinehurst

Pinehurst No. 2, Pinehurst Resort, North Carolina, USA

Pinehurst No. 2 gilt als Höhepunkt klassischen Golfdesigns in den USA. Da alle Änderungen früh vorgenommen und von dem legendären Architekten Donald Ross persönlich überwacht wurden, blieb der Kurs eine harmonische Einheit.

Ross erlernte sein Handwerk bei den Besten ihres Fachs. Er begann als Lehrling in St. Andrews bei Old Tom Morris und verbrachte seine Jugend in Dornoch an Schottlands Sutherland-Küste. Seine Arbeit brachte ihn in die USA, wo er bald in Pinehurst engagiert wurde. 1907 wurde sein Glanzstück fertig, und er liebte diesen Kurs so sehr, dass er sein Haus neben dem 3. Grün errichtete. Unter seinem wachsamen Blick entwickelte sich der Kurs weiter. 1934 ersetzte man die Grüns aus verdichtetem Sand (damals üblich in den Südstaaten) durch Gras, und 1935 erhielt der Kurs durch letzte Änderungen praktisch seine heutige Form.

Ein reines Vergnügen

Keines der Löcher lässt sich als „Wahrzeichen" für den Kurs herausstellen, alle 18 zusammen machen ihn so außergewöhnlich. Weite Fairways und große Grüns zeigen Ross' Links-Erfahrung, nur hier schlängeln sie sich zwischen Kiefern hindurch. Durch die Breite der Fairways müssen Spieler, abhängig von der Platzierung der Fahne, eine bestimmte Seite anspielen. Ein Markenzeichen des Kurses sind „Turtle Back"-Grüns (gewölbt wie ein Schildkrötenpanzer). Die US Open 1999 offenbarten die Schwierigkeit des Platzes: Die Profis erreichten am ersten Tag nur 52 Prozent der Grüns in Regelschlagzahl.

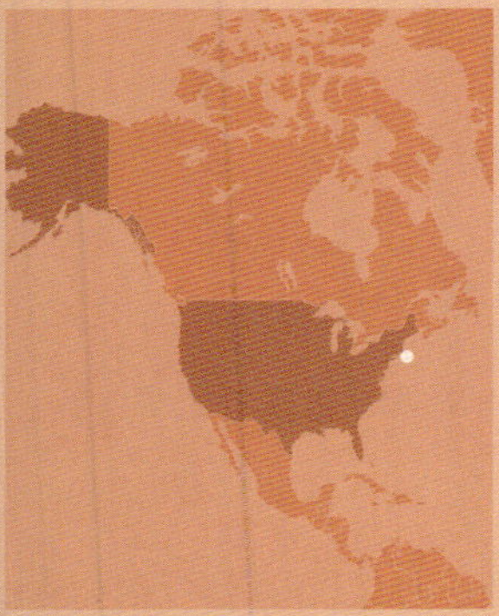

▶ Das 1892 vom angesagten Architekten Stanford White (der 1906 wegen seiner Frauengeschichten ermordet wurde) gebaute Clubhaus war das erste eigens als solches gebaute Clubhaus in Amerika und wird bis heute genutzt.

Ein echter Links-Kurs?

Es heißt oft, dass Shinnecock Hills unter den amerikanischen Plätzen einem Links-Kurs im Sinne der britischen Originale am nächsten kommt. Stimmt das? Die Antwort lautet aus zwei Gründen „Nein". Zum einen gibt es weit vom Meer entfernte „Inland-Links", wie Sand Hills in Nebraska, die sich mehr wie der Old Course spielen, als das Shinnecock Hills je möglich wäre. Zum anderen beeinflusst das Meer nicht wirklich die Spielweise oder die Ausführung der Schläge, wie das (wenn auch oft indirekt) auf einem echten Links der Fall ist. Und doch erinnert Shinnecock Hills in vielerlei Hinsicht an einen Links-Kurs. Seine weiten Flächen sind windgepeitscht, und die sich täglich, oft sogar stündlich, ändernde Windrichtung spielt bei der Spieltechnik auf den einzelnen Löchern eine große Rolle. Zudem ist Shinnecock Hills wesentlich hügeliger als Dornoch, Royal Aberdeen und St. Andrews zusammengenommen.

Es wäre unfair, ein einzelnes Loch herauszustellen, denn es ist die gemeinsame Stärke aller 18 Löcher, die Shinnecock Hills zu einem so herausragenden Platz macht. Er mag der mit Abstand kürzeste US-Open-Kurs der jüngeren Geschichte sein, aber sein Vorzug liegt in der Art und Weise, wie seine Bahnen angelegt sind, nämlich hart und schnell. Dies gepaart mit Furcht einflößendem Rough erfordert erstklassige Annäherungsschläge. In etwa so hatte der R&A Carnoustie für die berüchtigten British Open 1999 präpariert. In Shinnecock ist das aber normal!

SCOREKARTE DES KURSES

Loch	Länge (in Meter)	Par
1	359	4
2	207	3
3	437	4
4	398	4
5	491	5
6	433	4
7	173	3
8	364	4
9	405	4
Out	3267	35
10	412	4
11	144	3
12	428	4
13	338	4
14	405	4
15	369	4
16	494	5
17	164	3
18	411	4
In	3130	35
Gesamt	6397	70

Torrey Pines

Torrey Pines

South Course, Torrey Pines, San Diego, Kalifornien, USA

Die beiden Kurse von Torrey Pines sind nach den einheimischen Bäumen benannt, die die Fairways säumen. Ihre hohe Qualität ist verbunden mit einer spektakulären Lage auf den hohen Klippen, von denen der Spieler einen außergewöhnlichen Blick über den Pazifik genießt. Die Runden beim jährlichen Buick Invitational werden an den ersten beiden Tagen abwechselnd auf North und South Course gespielt. Am Wochenende finden dann allerdings alle Runden auf dem South Course statt.

Im Jahr 2001 überarbeitete Rees Jones den South Course für 3,5 Millionen Dollar und verlängerte die Bahnen auf insgesamt 6956 m. Mit 442 m ist das 4. Loch ein langes, erbarmungsloses Par 4 mit zwei Bunkern am rechten Fairwayrand. Aber das Auge wird unweigerlich zu den Kiefern auf der linken Seite gezogen, die die Grenze zwischen Land und Pazifik markieren. Wie bei den meisten Abschlägen spielt man auch hier das Fairway in einem leichten Winkel an, wobei es nicht einfach ist, das kurze Gras zu treffen. Das herzförmige Grün liegt von einem großen Bunker bewacht zwischen Bäumen und wirkt bei der Annäherung mit einem langen Eisen oder Holz recht klein.

Wie viele großartige Kurse endet auch der South Course mit einem spielentscheidenden Par 5. Bunker engen beiderseits die Landezone ein, aber ein gerader Schlag erlaubt es, das Grün mit zwei Schlägen zu erreichen. Angesichts eines großen Wasserhindernisses links vor dem Grün schlagen viele Spieler lieber kurz. Das 18. war zweifellos ein dramatisches Abschlussloch für die US Open 2008, das erste Major, das hier ausgetragen wurde.

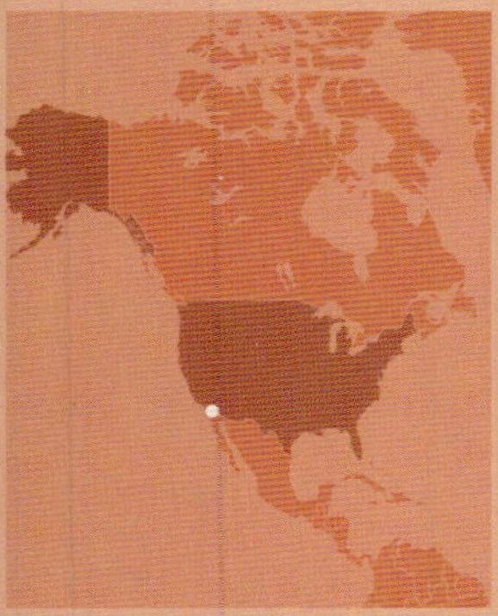

▸ Die öffentlichen Kurse gehören der Stadt San Diego, und so kann sich jeder in die Reihe der Wartenden für eine Abschlagszeit stellen. Das einzige Problem ist, dass die Wartezeit schon um 18 Uhr am Vorabend beginnt!

LINKS *Das 12. ist das schwerste Loch des South Course: ein langes Par 4 mit einem gut bewachten, erhöhten Grün und einem unvergleichlichen Blick auf den Pazifik.*

Tigers Gewinnserie

Während der längste Kurs der regulären PGA-Turnierserie wohl die meisten Spieler einschüchtert, gelang es Tiger Woods relativ mühelos, ihn beim Buick Invitational 2007 mit einer 66er-Finalrunde zu bezwingen. Im atemberaubenden Finale schüttelte Woods seinen Rückstand von zwei Schlägen aus den beiden ersten Löchern ab und bewies die in Torrey Pines notwendige Kraft und Finesse, um mit einem 242 m langen Schlag mit dem Holz 3 das Grün des 9. Lochs, einem Par 5, zu erreichen und mit einem 8-m-Eagle-Putt einzulochen. Dieser Sieg trug ihm 2007 seinen fünften Buick-Titel und seinen siebten PGA-Sieg in Folge ein. Im Jahr darauf legte er mit einem verblüffenden sechsten Buick-Sieg nach.

Trotz der großen Turniergeschichte des South Course bevorzugen viele Spieler den etwas einfacheren North Course, der nicht nur noch schöner liegt, sondern mit 6286 m etwas kürzer ist und mehr taktisches Geschick und weniger brutale Kraft erfordert als sein südlicher Nachbar. Die Kombination aus beiden Kursen macht Torrey Pines zu einem der schönsten und spektakulärsten öffentlichen Plätze der Welt.

SCOREKARTE DES KURSES

Loch	*Länge (in Meter)*	*Par*	*Loch*	*Länge (in Meter)*	*Par*
1	413	4	10	370	4
2	354	4	11	202	3
3	181	3	12	461	4
4	442	4	13	495	5
5	414	4	14	398	4
6	512	5	15	436	4
7	422	4	16	208	3
8	161	3	17	404	4
9	561	5	18	522	5
Out	3460	36	In	4410	36
			Gesamt	**6956**	**72**

▸ Torrey Pines ist (nach Bethpage Black) erst der zweite öffentliche Kurs auf der US Open Tour. Die USGA ist eindeutig bemüht, ihren Ruhm noch weiter zu verbreiten.

„Ich liebe Torrey Pines South, es ist einer der schwersten Kurse, die ich je gespielt habe."

PHIL MICKELSON

TPC Sawgrass

TPC Sawgrass

Stadium Course, TPC Sawgrass, Ponte Vedra Beach, Florida, USA

Als der gerade zwei Jahre alte Kurs 1982 mit der Players Championship sein erstes Turnier beherbergte, waren die Pros sich in einer Sache einig: Sie hassten ihn! Er war zwar als schwerer Kurs angelegt, aber es war eindeutig zu viel des Guten, und so überarbeitete der renommierte Platzarchitekt Pete Dye den Platz, um die Grüns und vor allem die brutalen Bunker etwas zu entschärfen. Dank der erfolgreichen Modifizierung ist die Players Championship heute das inoffizielle fünfte Major.

Die Meinung der Pros wog hier besonders schwer, da die TPC-Kurse (Tournament Players Club) von der PGA (Professional Golfers' Association) als Turnierplätze unterhalten werden. Die Pros respektieren den Kurs, weil er keinen Spielertypus bevorzugt. Longhitter, wie Davis Love und Tiger Woods, haben hier ebenso die Players Championship gewonnen wie auf Präzision setzende Spieler, wie Hal Sutton, Justin Leonard und Tom Kite. Adam Scott siegte hier 23 Jahre alt, ein Jahr später siegte Fred Funk im Alter von 48.

Das Inselgrün

Die Eignerschaft der PGA zeigt sich auch in der ganz auf Turniere ausgelegten Anlage des Kurses. Es wurden riesige Mengen Erde bewegt, um spektakuläre Hügel neben Fairways und Grüns aufzuschütten, und die tiefen Gruben wurden mit Wasser aufgefüllt, um eine Seenlandschaft zu bilden. Das Inselgrün des 17. Lochs ist eines der am meisten gefürchteten Grüns im Golf und so berühmt, dass ein amerikanischer Sportsender während der Players Championship ausschließlich das Geschehen auf dieser Bahn überträgt. Interessanterweise hatte Dye hier nie einen See vorgesehen. Er wollte eigentlich einen riesigen Bunker anlegen, aber seine Frau überzeugte ihn von der Idee eines Inselgrüns.

Wasser spielt an den meisten Löchern eine Rolle, vor allem aber am brutalen 18. Der See an der linken Seite des Dogleg zwingt die Spieler dazu, an ihre Grenzen zu gehen. Gelingt der Drive nicht hundertprozentig, muss man bei der Annäherung kurz spielen, da ein aggressiver zweiter Schlag gerne im Wasser landet, vor allem aus dem klebrigen Rough heraus.

„Wir haben hier 17 recht gute Löcher und ein schlimmes – das 17."

TOM KITE

Das Gewicht der Dachpfannen auf dem im mediterranen Stil gehaltenen Clubhaus entspricht dem von zwei Jumbojets.

Am 17. Loch werden jedes Jahr schätzungsweise 100 000 Golfbälle aus dem Wasser geborgen.

LINKS *Das oft kopierte 18. Loch von TPC Sawgrass, das vor den aufmerksamen Augen von 40 000 Zuschauern zu Höchstleistungen anspornt.*

SCOREKARTE DES KURSES

Loch	*Länge (in Meter)*	*Par*	*Loch*	*Länge (in Meter)*	*Par*
1	358	4	10	388	4
2	486	5	11	489	5
3	162	3	12	327	4
4	351	4	13	166	3
5	426	4	14	427	4
6	359	4	15	411	4
7	404	4	16	464	5
8	200	3	17	125	3
9	533	5	18	409	4
Out	3281	36	In	3205	36
			Gesamt	6486	72

Am 17. Loch entfaltet der Kurs seine volle Pracht. Eine der schönsten Bahnen ist das gut spielbare 2. Die Palmen beiderseits des Fairways erfordern am Abschlag dieses Par 5 einen präzisen Draw. Es ist bewusst so angelegt, dass es mit zwei Schlägen zu spielen ist, aber der zweite Schlag führt auf eines der für Dye so typischen kleinen Grüns mit einem gefährlichen Rough und Potbunkern.

In jüngerer Zeit wurde der harte und schnelle Charakter des Kurses durch einige Änderungen noch betont. Dadurch ist es jetzt noch wahrscheinlicher, durch einen Fehlschlag in ernsthafte Schwierigkeiten zu geraten, nicht zuletzt durch die Neuanpflanzung von 200 Bäumen. Der Kurs ist seit seiner Anlage vor nunmehr fast 30 Jahren nur um 183 m länger geworden. Die Betonung liegt hier nach wie vor eher auf aufregendem Golf durch spielbare Längen, was eine willkommene Abwechslung von den zu vielen Kursen ist, die zu Turnierzwecken völlig überzüchtet wirken! Die größte Neuerung ist hier das Clubhaus im „Residenz-Stil".

39

TPC Sawgrass

OBEN UND RECHTS *Das 17. Loch ist berühmt-berüchtigt. Am Eröffnungstag der Players Championship 1984 gingen bei windigem Wetter nicht weniger als 64 Bälle ins Wasser. Die durchschnittliche Schlagzahl lag bei 3,79, was das 17. zum bis dato härtesten Par 3 in der Tourgeschichte machte.*

TPC Scottsdale

TPC Scottsdale

Stadium Course, TPC Scottsdale, Arizona, USA

Wenn die FBR Open (die früheren Phoenix Open) nach Scottsdale kommen, ist aufregendes Golf garantiert. Dazu trägt nicht nur die Qualität des Kurses bei, sondern auch die 500 000 Besucher, die das Turnier zum größten Zuschauerereignis im Golf machen. Die um die Grüns aufgeschütteten Zuschauergalerien erinnern einen daran, dass dies ein TPC-Kurs ist, der wie Sawgrass gezielt für PGA-Turniere angelegt wurde.

Scottsdale hat schon viele bemerkenswerte Momente erlebt, einschließlich des im Kasten rechts beschriebenen Double Eagle, Tiger Woods' Hole-in-One am 16. Loch, einem Par 3, und Mark Calcavecchias Rekord-Turnierscore von 28 unter Par bei den Phoenix Open 2001. Offensichtlich animiert die Anlage von Weiskopf und Morrish die Spieler zu Höchstleistungen; es sollte ja auch eine Herausforderung für die Besten des Sports sein, ohne die Amateure allzu sehr zu frustrieren. Angesichts der stimmigen Anlage mag man kaum glauben, dass Scottsdale eines der ersten Gemeinschaftswerke des ehemaligen Open-Champions Tom Weiskopf und des Architekten Jay Morrish ist, aber schließlich waren die beiden auch das beste Architektenteam ihrer Zeit.

DOUBLE EAGLE

In Scottsdale wurde einer der berühmtesten Schläge im Turniergolf gespielt. Auf dem 17. Loch, einem Par 4, wollte Andrew Magee das Wasser und die Bunker mit einem Drive aufs Grün umgehen. Ohne darauf zu achten, ob die Spieler vor ihm das Grün schon verlassen hatten, schlug er einen erfolgreichen Drive, woraufhin sein Ball den Putter des überraschten Tom Byrum traf, der sich gerade für seinen Putt aufstellte. Byrum war sogar noch verblüffter, als Magees Ball zielsicher ins Loch abprallte. Es ist der einzige Double Eagle auf einem Par 4 in der Geschichte der PGA Tour.

RECHTS *Mit seinem grünen Gras und den vielen Wasserflächen erinnert TPC Scottsdale an eine Oase. Bei den Pros ist er wegen seiner Fairness beliebt.*

▶ Mark Calcavecchias Score von 256 bei den Phoenix Open 2001 lag um einen Schlag unter dem PGA-Turnierrekord von 1955. Calcavecchia sagte über seinen Rekord-Putt, er habe ihn „einfach ins Loch geschnippt. Ich hatte nur den einen Gedanken: Versau das jetzt bloß nicht, du Blödmann."

Fairway und Sand

Wie alle großen Wüstenkurse macht sich Scottsdale die natürlichen Hindernisse zunutze, die die Wüstenvegetation bietet, während die kontrastierenden Farben von Fairways und Sand einen pittoresken Hintergrund bilden. Allerdings ist der Kurs nicht so naturbelassen, wie es scheinen mag. Die öde Landschaft war viel zu flach für einen Golfplatz, deshalb musste viel Erde bewegt werden. Dazu kamen sechs Wasserhindernisse, die das üppig grüne Gras am Leben erhalten.

Die vorderen Neun sind etwas schwieriger zu spielen als die wasserreicheren hinteren Neun und setzen bei der Verteidigung ganz auf die Wüste und die dichte Bebunkerung. Der Kurs hat 72 Bunker, und vom Abschlag des kurzen 4. Lochs sieht es ganz so aus, als bewachten sie alle das dreistufige Grün. Hier und auf dem gesamten Platz kommt es auf höchste Präzision an – obwohl die Grüns meist groß sind, verzeihen die Stufen und Schrägen keine mittelmäßigen Annäherungsschläge.

Trotz seiner Länge von 6598 m von den hinteren Tees spielt sich der Kurs scheinbar kürzer, weil es hier keine wirklichen Carries über die Wüste gibt. Schlagstarke Spieler werden sich sicher gerne am 15. versuchen. Dank des Wassers zur Linken erfordert das Par 5 einen guten Drive und bietet eine enorme Versuchung, das Inselgrün mit zwei Schlägen zu erreichen. Es ist ein schönes Loch für die Zuschauer, die aber noch mehr die 16. Bahn lieben. Schaut man hier von den hohen Galerien herab, erinnern die Spieler an Gladiatoren in einer Arena. Scottsdale ist sicher einer der besten Kurse der Welt für Freunde des „Stadium-Golfs".

SCOREKARTE DES KURSES

Loch	*Länge (in Meter)*	*Par*
1	375	4
2	380	4
3	507	5
4	160	3
5	414	4
6	399	4
7	197	3
8	430	4
9	424	4
Out	3285	35
10	369	4
11	429	4
12	178	3
13	544	5
14	436	4
15	505	5
16	148	3
17	304	4
18	401	4
In	3313	36
Gesamt	**6598**	**71**

Valhalla

Valhalla

Valhalla Golf Club, Louisville, Kentucky, USA

Als Tiger Woods bei der PGA Championship 2000 entschlossen ans erste Tee von Valhalla trat, hielt er kurz inne, zwinkerte einem würdig aussehenden alten Mann in der Menge zu und scherzte: „Sie sind ausgesprochen gut angezogen für diesen Platz." Der Mann war Dwight Gahm, der Gründer von Valhalla. Gahm ging es bei seinem Traum von einem Meisterschaftskurs nicht darum, Geld zu verdienen, sondern den Golfsport zu bereichern. Er kaufte ein 197 Hektar großes, hügeliges Gelände und beauftragte Jack Nicklaus mit dem Platzdesign. Nicklaus beschrieb das Land als den „Traum eines Architekten, weil es Gelände, Vegetation und Wasser in vielfältiger Form bietet". Nach Sichtung von 40 möglichen Anlagen wurde der Platz schließlich 1986 fertiggestellt.

Die Qualität des Kurses wurde sofort erkannt, und so wählte man Valhalla für die PGA Championships 1996 und 2000 aus. Der Platz ist erfrischend originell und besitzt zwei sehr unterschiedliche Hälften. Die vorderen Neun erinnern an einen Heidelandkurs mit breiten, geneigten Fairways, die von dichtem Wiesen-Rispengras gesäumt sind. Die hinteren Neun liegen auf einem höher gelegenen, baumbestandenen Gelände und wirken eher wie ein traditioneller Parklandkurs. Einzig der Schwierigkeitsgrad ist bei beiden Hälften gleich hoch.

Heide trifft Parklandschaft

Eines der ungewöhnlichen Löcher des Platzes ist das 7. mit seinem doppelten Fairway. Der sicherere Weg führt über rechts, aber dann ist das Grün nicht in zwei Schlägen erreichbar. Das ist auf dem linken Fairway möglich, allerdings ist der Drive angesichts des lauernden Rough riskant.

Am 10. Loch, einem Par 5, findet man alle Herausforderungen zusammen. Der Abschlag muss leicht rechts von der Mitte landen, da alles, was zu weit nach rechts abdriftet, in einem neuen Fairway-Bunker landet, während links Bäume den Weg versperren. Selbst nach einem gelungenen Drive werden die meisten Spieler angesichts einer Länge von 539 m vom hinteren Tee kurz spielen. Zu den Gefahren am Grün zählen eine große Schräge hinter dem Loch, an der lange Schläge abrollen, ein schwieriger Bunker und das dichte Rough, das sich an jedem Loch findet. Das Grün selbst hat

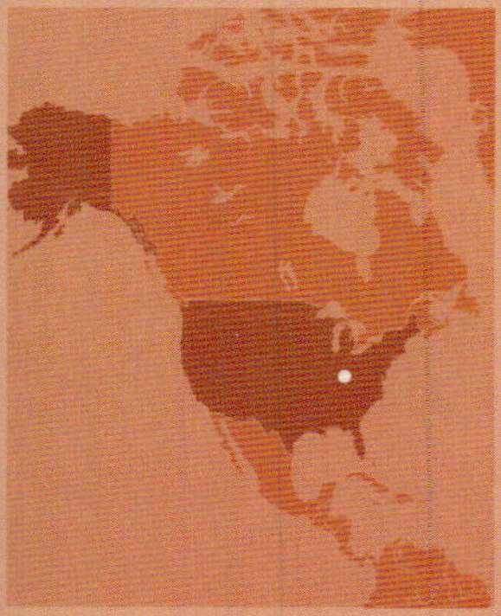

▶ In der nordischen Mythologie ist Walhalla die große Halle, in der die Seelen gefallener Krieger mit den Göttern trinken und feiern.

LINKS *Nicklaus war zwar einer der stärksten Spieler seiner Zeit, hat in seinen Designs aber immer auch Platz für kurze Two-Shotter gehabt, wie das 13. von Valhalla.*

zwei ausgeprägte Stufen, und man muss schon die richtige Stufe treffen, will man einen Drei-Putt vermeiden.

Charakteristisch ist das 13., das zwar die kürzeste Par-4-Bahn des Platzes, aber genauso schwer wie die langen Bahnen ist. Die meisten Spieler greifen am Abschlag sicherheitshalber zum Eisen, da die Landezone von Bunkern bewacht wird. Man muss auf dem Fairway bleiben, will man eine Chance haben, das Grün zu treffen, das, fast vollständig von Wasser umgeben, auf felsigem Gelände thront.

Valhalla gehört heute der amerikanischen PGA. Gahm wusste, dass der Turnierbetrieb garantiert sein würde, wenn er Valhalla an die PGA verkaufte. Es hat sich bisher als ein perfekter Platz empfohlen, auf dem vor Tausenden Zuschauern in den natürlichen Amphitheatern an den Grüns perfektes Golf gezeigt werden kann. Gahm machte keinen Gewinn mit Valhalla, sondern verkaufte den Platz zum Selbstkostenpreis. Die Belohnung war die Erfüllung eines Traums, als Valhalla den Ryder Cup 2008 beherbergen durfte.

SCOREKARTE DES KURSES

Loch	*Länge (in Meter)*	*Par*
1	411	4
2	489	5
3	192	3
4	343	4
5	425	4
6	453	4
7	549	5
8	174	3
9	384	4
Out	3420	36
10	539	5
11	192	3
12	430	4
13	320	4
14	197	3
15	402	4
16	466	4
17	434	4
18	498	5
In	3479	36
Gesamt	**6899**	**72**

„Besser geht's nicht."

TIGER WOODS NACH SEINEM SIEG BEI DER US PGA CHAMPIONSHIP 2000 IN VALHALLA

Whistling Straits

Whistling Straits

Straits Course, Whistling Straits, Kohler, Wisconsin, USA

Angesichts der starken Konkurrenz ist es selten, dass ein neuer Kurs mit einem Major geehrt wird, und es ist noch seltener, dass sich dieses Major als eines der dramatischsten Turniere des Jahres herausstellt! Der Straits Course war erst sechs Jahre alt, als hier die 86. US PGA Championship stattfand. Wie viele große Links-Kurse ist auch der Straits Course den Elementen ausgesetzt, und nach drei Tagen freundlichen Wetters schlugen die vom Lake Michigan kommenden Winde gnadenlos zu. Mit 6891 m war es der längste Kurs in der Geschichte der Majors, was sich auch in den Scores niederschlug. Nach einem dramatischen Stechen sicherte sich Vijay Singh seinen dritten Major-Titel und ging mit der höchsten Finalrunde eines PGA Champions aller Zeiten in die Annalen ein: Er spielte eine 76!

Whistling Straits ist ein außergewöhnlicher Platz vor den Toren von Kohler, einem von der wohlhabenden Familie Kohler gegründeten Ort. Die kleine, grüne Ortschaft ist die Heimat eines riesigen Resorts. Hier gibt es vier großartige Kurse, allesamt von Pete Dye entworfen, dem wohl kreativsten Platzarchitekten der letzten 50 Jahre. Die beiden älteren Kurse Meadow Valley und River, gemeinsam als Blackwolf Run bekannt, führen durch ein altes Gletschertal und nutzen die natürlichen Hänge und Wasserhindernisse. Hier fanden die US Women's Open und die World Championship of Golf statt, und beide Kurse wurden mit den begehrten fünf Sternen des *Golf Digest* ausgezeichnet.

RECHTS *Dye hat den Straits Course wie einen schottischen Links mit Bunkern übersät, wo der Wind – und Schutz suchende Schafe – natürliche Sandkuhlen schaffen. Besonders reich an solchen Bunkern sind die 3. und die 4. Bahn.*

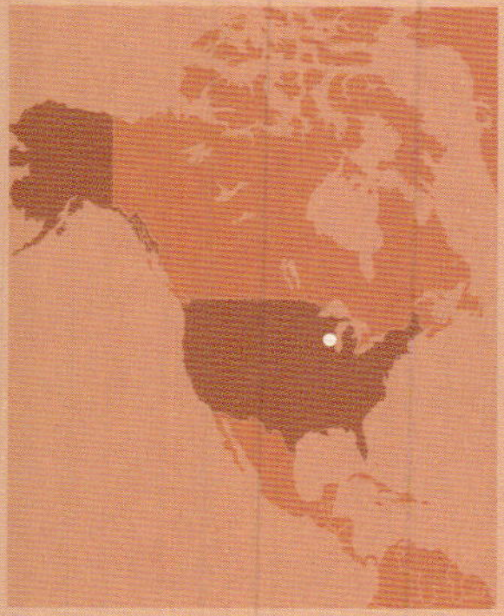

„Glaubst du, das macht ihnen Angst?“

PETE DYE WÄHREND DER ARBEIT AM KURS VOR DER US PGA CHAMPIONSHIP

OBEN *Das 13. ist ein kurzes Par 4, das sich immer näher ans Seeufer herantastet. Der größte Ärger lauert auf der rechten Seite zwischen den Dünen.*

SCOREKARTE DES KURSES

Loch	*Länge (in Meter)*	*Par*	*Loch*	*Länge (in Meter)*	*Par*
1	370	4	10	356	4
2	541	5	11	566	5
3	167	3	12	152	3
4	416	4	13	369	4
5	534	5	14	340	4
6	540	4	15	425	4
7	196	3	16	489	5
8	422	4	17	204	3
9	379	4	18	447	4
Out	3384	36	In	3348	36
			Gesamt	6732	72

Am Ufer des Lake Michigan

Nachdem er 36 großartige Inlandslöcher im American Club Resort hatte anlegen lassen, kaufte der Sanitär-Magnat Kohler eine alte Militärbasis am Ufer des Lake Michigan und beauftragte Pete Dye mit der Anlage eines traditionellen Links-Platzes. Dye hatte schon früher gewaltige Mengen Erde bewegt, deshalb ließ er sich von dem langweilig flachen Gelände nicht abschrecken, sondern machte sich daran, eine charakteristische Links-Landschaft mit Dünen anzulegen. So entstanden die beiden Kurse von Whistling Straits. Der direkt am See gelegene Irish Course besitzt wunderbar hügelige Fairways inmitten von buschigem Rough. In die traditionelle Links-Landschaft eingebettet sind vier Wasserläufe und weitere Wasserhindernisse, die man eher in einer Parklandschaft erwarten würde.

Berühmter ist der Straits Course. Er mag Furcht einflößend sein, aber die kluge Anlage mit den acht Löchern direkt am Wasser macht ihn zu einem großartigen Kurs. Das 4. Loch mit dem Namen „Glory“ ist ein spektakuläres und einschüchterndes Par 4 mit einem Fairway, das nach links zu den Dünen am Seeufer abknickt. Man braucht ein langes Eisen für die Annäherung auf das erhöhte Grün, das vor dem perfekten Hintergrund des Sees über tödlichen Bunkern sitzt. Das 17. heißt „Pinched Nerve“ (geklemmter Nerv), eine perfekte Beschreibung eines der schrecklichsten Par 3, die Dye je baute.

Dieser auch visuell hinreißende Kurs ist ganz auf interessantes Golf ausgelegt, aber man sollte nicht allzu viel Gewicht auf den Score legen – hier erreicht niemand sein Handicap!

Winged Foot

Winged Foot

West Course, Winged Foot Golf Club, Mamaroneck, New York, USA

Der geflügelte Fuß ist das Emblem des New York Athletic Club, dessen Mitglieder 1923 den gleichnamigen Golfclub gründeten. Geht man davon aus, dass Winged Foot einer der wichtigsten Clubs New Yorks ist und direkt am New England Thruway, nur eine halbe Stunde von Manhattan entfernt, liegt, müsste der Platz eigentlich laut und hoffnungslos überlaufen sein. Das Gegenteil ist jedoch der Fall.

Winged Foot hat zwei Kurse: den West Course, auf dem Meisterschaften gespielt werden, und den East Course, der ihm kaum nachsteht. Das Clubhaus hat palastähnliche Dimensionen, und die Mitglieder verstehen es, sich auf dem Platz zu entspannen. Trotzdem wird hier kein Altherrengolf gespielt. Ein Match darf hier selbst im Turnier nicht länger als vier Stunden dauern.

Beide Kurse wurden von Alfred Tillinghast gebaut, einem Architekten von beachtlichem Ruf, dessen Golfplätze Baltusrol in Baltimore und Bethpage State Park zusammen mit Winged Foot die Ehre teilen, die US Open beherbergt zu haben. Die Gründungsmitglieder des Clubs hatten nach einem „Kurs für Männer" verlangt, und genau den haben sie auch bekommen. Am Anfang der Arbeiten stand eine nicht gerade vielversprechende Parklandschaft. Aber ein großer Architekt wie „Tilly" brauchte keine Unterstützung durch vorhandene Topografie, um zwei großartige Kurse anzulegen.

RECHTS *Tillinghasts kurze Löcher sind ein Beleg seiner Genialität, sind sie doch fantasievoll aus dem Nichts geschaffen. Die 10. Bahn von Winged Foot ist eine seiner besten Kreationen.*

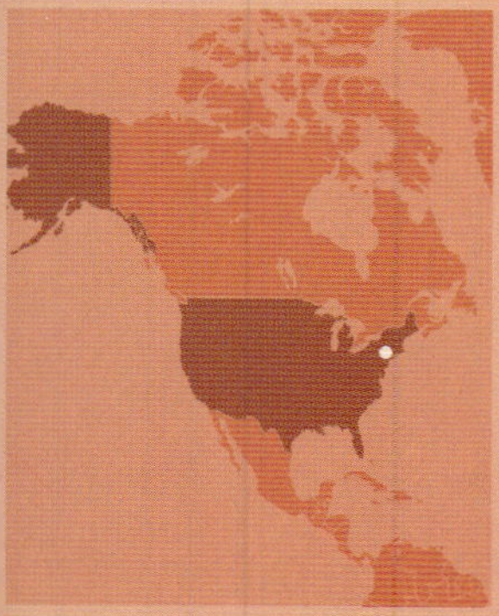

▶ Während der US Open 2006 waren das 1. und das 18. Loch mit jeweils durchschnittlich 4,471 Schlägen die größten Par-Killer. Das einzige Loch, das im Schnitt unter Par gespielt wurde, war das Par 5 der 5. Bahn mit 4,654.

▶ Winged Foot mag naturbelassen wirken, entstand aber durch die Sprengung von 7200 Tonnen Fels und die Rodung von 7800 Bäumen. Es brauchte 200 Arbeiter, 60 Pferdegespanne und 19 Traktoren, um die Arbeit zu vollenden.

Tillinghasts Meister-Grüns

„Wenn es nichts besitzt, was es respektabel macht, dann muss man ihm Qualität einbläuen, bis es sich in gehobenen Kreisen blicken lassen kann", lautete Tillinghasts Philosophie. Diese Qualität bläute er Winged Foot vor allem in Bezug auf die Grüns ein. Sie alle liegen erhöht über den im Großen und Ganzen ebenen Fairways und sind bösartig geformt und hinterhältig bebunkert. Glücklicherweise sind Tillinghasts äußerst detaillierte Blaupausen erhalten geblieben, und man muss es dem Club hoch anrechnen, dass er die Grüns originalgetreu in Größe und Kontur restauriert hat.

Selbst vom Mitglieder-Abschlag ist Winged Foot lang. Wer keinen langen Drive beherrscht, muss sich bei den Annäherungen mit diversen Hölzern abmühen, und wer nicht sehr gerade schlagen kann, landet unweigerlich im Bunker und hat große Schwierigkeiten, den Ball auf den schweren Grüns nahe an die Fahne zu bekommen. Zusätzlich ist der Zugang zum Grün bei den kürzeren Par 4, wie dem 6. mit seiner stark geneigten und hinter einem Bunker versteckten Fläche, unglaublich eng.

Auf den kurzen Bahnen gibt es auch Erholungsphasen, aber nur, wenn man seinen Weg durch enge Eingänge und an Bunkern vorbei findet. Jedes der Grüns liegt hoch genug, um einen unpräzisen Schlag abzuweisen. Eine dieser kurzen Bahnen, das 10. Loch, ist Weltklasse: Sie führt über ein Tal auf ein Plateau-Grün, das eifersüchtig von üblen Bunkern bewacht wird. Schafft man es aufs Grün, erwartet einen die tückische Oberfläche. Die Kurse des Genies Tillinghast sollten auf dem Wunschzettel eines jeden Golfers stehen!

SCOREKARTE DES KURSES

Loch	*Länge (in Meter)*	*Par*
1	411	4
2	414	4
3	198	3
4	429	4
5	471	5
6	294	4
7	148	3
8	434	4
9	470	4
Out	3269	35
10	172	3
11	337	4
12	585	5
13	196	3
14	419	4
15	380	4
16	437	4
17	411	4
18	411	4
In	3373	35
Gesamt	**6642**	**70**

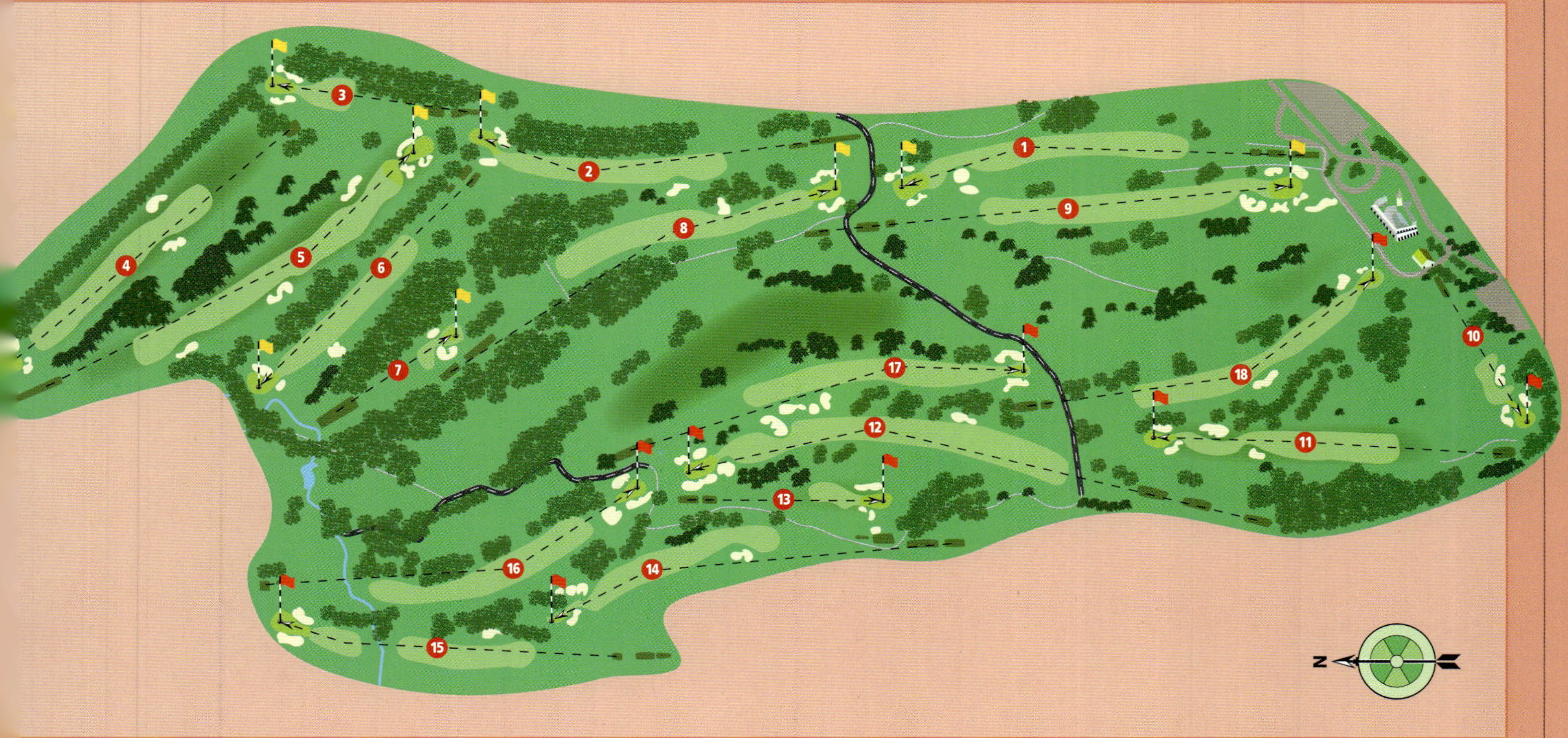

Banff Springs

Stanley Thompson 18, Fairmont Banff Springs Hotel, Banff, Alberta, Kanada

Die ersten Golfkurse entstanden einfach dadurch, dass Golfer einen Weg zwischen natürlichen Hindernissen hindurch suchten und spielten. Das Gelände wurde größtenteils so belassen, wie es war. Auch die ersten Platzarchitekten, wie Old Tom Morris, bewegten gegen Ende des 19. Jahrhunderts nur sehr wenig Erde – meist gerade so viel, wie ein paar Männer mit Schaufeln und vielleicht einem Pferd bewältigen konnten. Dann kamen die Dampfmaschinen, die zwar keine Berge versetzen, aber große Mengen Erde an einem Tag bewegen konnten. Als noch Dynamit dazukam, wurde fast alles möglich, vorausgesetzt, man hatte die finanziellen Mittel.

Das riesige Banff Springs Hotel gehörte der Canadian Pacific Railway (CPR). Es war das Juwel in der Krone der Eisenbahngesellschaft und stand mit Blick auf die Flüsse Spray und Bow stolz inmitten der grandiosen Berglandschaft der Rocky Mountains. Schon seit 1911 existierte auch eine Art Golfplatz, der aber kaum der Weltklasse des Hotels entsprach. Die Gesellschaft hatte Geld und ganze Zugladungen voller Baufahrzeuge. Man hatte gesehen, was der kanadische Architekt Stanley Thompson für den Konkurrenten Canadian National in Jasper Park vollbracht hatte, und so beschloss man, ihn ebenfalls zu engagieren.

GLÜCK IM UNGLÜCK

Banffs berühmtestes Loch, das 4. („Devil's Cauldron"), war ursprünglich gar nicht geplant. Thompson wollte diesen Teil des riesigen Geländes eigentlich nicht nutzen. Während aber im Winter 1927 Schneestürme und Eiseskälte die Arbeiten unterbrachen, entstand durch eine Lawine ein neuer Gletschersee. Als Thompson nach Banff zurückkehrte, erkannte er sofort das Potenzial des Sees als Basis für eine kurze Bahn von Weltniveau.

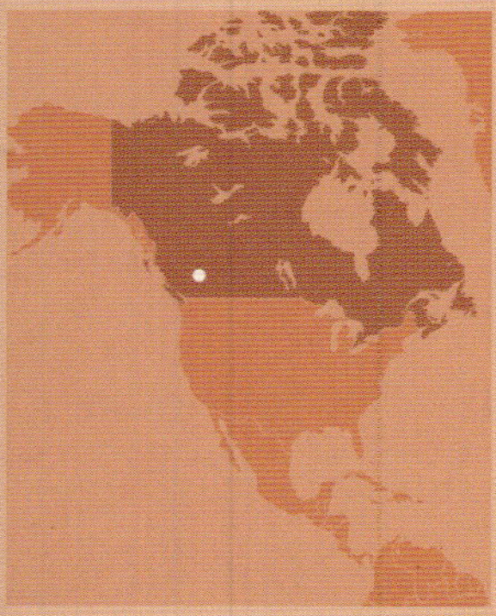

▶ Dank seiner Lage abseits der großen Ballungszentren hat Banff Springs nie ein großes professionelles Turnier gesehen.

▶ Banff Springs liegt inmitten eines riesigen Nationalparks. Daher sieht man häufig Hirsche auf dem Kurs, und auch Bären schauen gelegentlich vorbei.

LINKS UND UNTEN *Perfektes Golf in perfekter Umgebung. Thompsons Kurs in Banff Springs ist hinreißend – das 4. ist schlicht eines der besten Golflöcher der Welt.*

Der teuerste Golfplatz der Welt

Thompson und seine Mitarbeiter brauchten für den Bau des Kurses von Banff zwei Jahre, und als er 1929 eröffnet wurde, galt er als der teuerste Golfplatz aller Zeiten. Das Beste daran ist, dass man dem Kurs das viele Geld und die Abertausende von Tonnen Erde, die bewegt werden mussten, nicht ansieht, weil alles so naturbelassen wirkt. Was dem ungeschulten Auge meist entgeht, ist der Umstand, dass Thompson viel Mühe aufgewandt hat, alle künstlichen Elemente, wie Bunker, erhöhte Grüns und Hügel, perfekt auf den Maßstab der umliegenden Wälder und Berge abzustimmen. Der Lohn der Mühe besteht darin, dass der Kurs nicht in der Landschaft untergeht.

In jüngerer Zeit hat man ein neues Clubhaus gebaut und die ursprüngliche Reihenfolge der Löcher verändert, sodass der Kurs heute mit einem Loch beginnt, das direkt in den Wald führt. Die nächsten beiden wenden sich Mount Rundle zu. Thompson musste sich den Raum für das 3. Fairway mit Dynamit schaffen. Noch mehr Dynamit brauchte er für das 4. Grün, aber es hat sich gelohnt, ist das 4. doch eine kurze Bahn der Weltklasse (das *Golf Magazine* stuft es unter die vier besten der Welt ein), bei der man das gut bebunkerte Grün auf der anderen Seite eines Gletschersees mit einem Drop-Shot anspielen muss. Nach drei weiteren Löchern verlässt der Kurs den Wald und zieht sich idyllisch am Bow River entlang.

Thompsons ursprüngliches Eröffnungsloch ist heute das 15. Schon manch ein unerfahrener Golfer stand auf diesem Abschlag und ließ sich durch den Anblick des funkelnden Spark River und des von Bäumen gesäumten und von Bunkern durchsetzten Fairways in beunruhigender Entfernung ablenken.

SCOREKARTE DES KURSES

Loch	Länge (in Meter)	Par
1	379	4
2	165	3
3	489	5
4	183	3
5	393	4
6	347	4
7	558	5
8	146	3
9	466	5
Out	3127	36
10	206	3
11	389	4
12	411	4
13	210	3
14	407	4
15	439	4
16	384	4
17	352	4
18	535	5
In	3333	35
Gesamt	**6460**	**71**

„Der Platz ist nicht von dieser Welt."

BOBBY LOCKE, DER GROSSE SÜDAFRIKANISCHE GOLFER

Highlands Links

Highlands Links

Highlands Links Golf Course, Ingonish Beach, Cape Breton, Nova Scotia, Kanada

Dieser außergewöhnlich schöne Golfkurs entstand am Ende der Weltwirtschaftskrise. Die kanadische Regierung wollte den Tourismus in dieser Region an der Atlantikküste ankurbeln. Man hatte gesehen, wie erfolgreich die Kurse Jasper Park und Banff Springs in dieser Hinsicht gewesen waren, und beauftragte Stanley Thompson mit dem Bau eines Platzes am Cape Breton. Er würde zwar mit einem wesentlich kleineren Budget arbeiten müssen als in Banff, aber die Landschaft hatte ein solches Potenzial, dass er sofort zusagte.

OBEN *Der fantastische und einladende Blick vom 6. Abschlag, der nach einem langen, präzisen Drive auf das weit entfernte Fairway dieses hervorragenden Lochs verlangt.*

Thompsons Auftraggebern schwebte ein Kurs vor, der die Küste optimal nutzt. Thompson wiederum sah zwar die Möglichkeit einiger guter Löcher, erkannte aber einen wesentlich besseren Kursverlauf durch die Wälder und Hügel des wunderschönen Flusstals des Clyburn. Thompson bekam seinen Willen und ausreichend Arbeiter, um seinen Kurs zu bauen. Wir müssen dankbar sein, dass die damaligen Verantwortlichen auf ihn hörten und dass die, die den Kurs heute pflegen, dies mit viel Sachverstand tun.

Schöne Aussicht

Die ersten sechs Löcher bleiben in der Nähe des Atlantiks und bieten einen grandiosen Blick aufs Meer. Die Eröffnungsbahn steigt hoch an, sodass die meisten von uns ein Bogey 5 spielen, aber dafür entschädigt der lange, hilfreiche Abstieg zum 2. Loch. Schon hier trifft man auf einige der unebensten Fairways im Golfsport. Das ist kein Zufall, denn Thompson liebte die schottischen Links-Kurse und nutzte die natürlichen Konturen nach Möglichkeit in diesem Sinne. Er

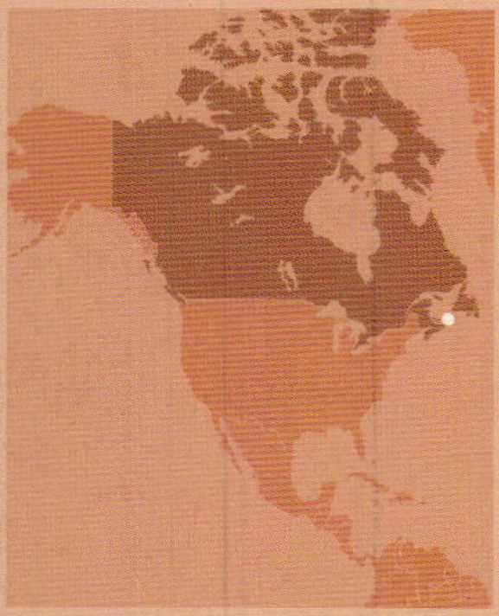

UNTEN *Stanley Thompson war nicht nur so genial, einen Kurs mit solchen grandiosen Ausblicken anzulegen, sondern auch die Bahnen zu schaffen, um sie zu genießen.*

schuf sie aber auch nachträglich, indem er Steinhaufen eingrub und mit Gras bedeckte. Das mag primitiv klingen, aber Thompson war ein Künstler.

Weiter entlang des Küstenabschnitts des Kurses rahmen zwei kurze Löcher ein verlockendes, aber trügerisches Two-Shot-Loch ein, bevor es zum letzten Loch dieses Teils geht, dem 6., einem erstklassigen Par 5, das vor allem vom Championship Tee aus mit einem 201-m-Carry diagonal über das Wasser begeistert. Der Fußweg über den Clyburn River führt hinauf in den Wald zum nächsten Par 5, das sich abwärts zu einem hübschen Grün am Fuß des Hügels windet. Es ist ein technisch überragendes Loch, aber selbst als mittelmäßiges Loch wäre es dank der grandiosen Umgebung immer noch hinreißend. Und so folgt ein faszinierendes Loch auf das andere, und wir vergeben Thompson sogar den langen Fußmarsch vom 12. Grün zum 13. Abschlag, ist es doch ein wirklich schöner Spaziergang durch die Natur.

Vor uns liegt noch eine wirklich atemberaubende Bahn: das 15. Loch, ein stimulierendes Par 5, das dazu verlockt, es mit zwei Schlägen bergab durch ein Wirrwarr aus Buckeln, Wellen und Schräglagen aufs Grün zu versuchen. Doch dieses Vorhaben verblasst beim Anblick des Atlantiks mit Whale Island jenseits des Fairways, der sich nach der Waldstrecke auftut. Lägen Fairway und Grün einige Meter seitlich versetzt, wäre es immer noch ein schönes Loch. Aber in der jetzigen Anlage macht es einen einfach sprachlos.

SCOREKARTE DES KURSES

Loch	Länge (in Meter)	Par
1	370	4
2	409	4
3	146	3
4	296	4
5	150	3
6	491	5
7	521	5
8	292	4
9	307	4
Out	2983	36
10	133	3
11	468	5
12	219	3
13	398	4
14	364	4
15	494	5
16	421	5
17	174	3
18	375	4
In	3045	36
Gesamt	**6028**	**72**

▶ Die Löcher von Highland Links haben fantasievolle Namen mit schottischem Bezug. So heißt das kurze 10. „Cuddy's Lugs", weil die Bunker beiderseits des Grüns Thompson an die Ohren eines Esels erinnerten.

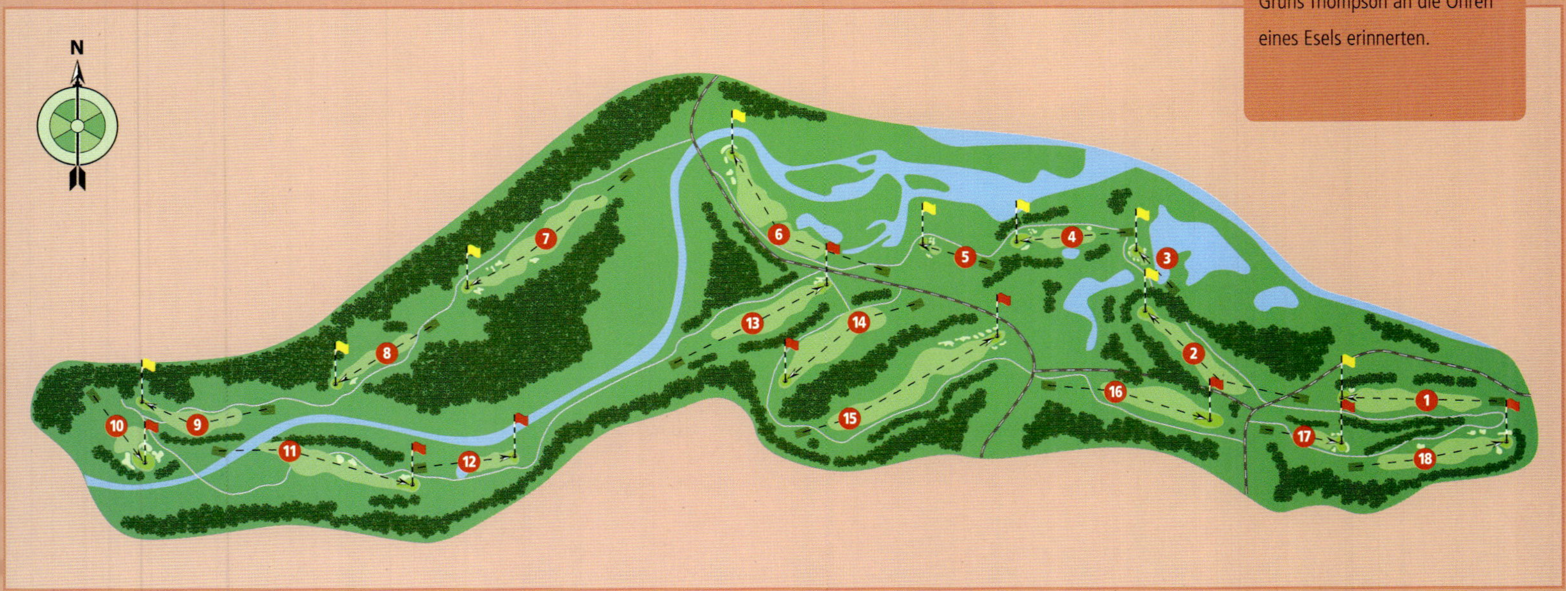

St. George's

St. George's

St. George's Golf and Country Club, Etobicoke, Ontario, Kanada

Stanley Thompson muss das große Potenzial erkannt haben, als er 809 Hektar hügeliges Gelände und sich windende Flüsse zur Verfügung gestellt bekam, um einen Kurs im neuen Humber Valley Village anzulegen. Diese am Reißbrett geplante und in den 1920ern gebaute Gemeinde sollte an ein englisches Dorf erinnern und brauchte als Attraktion einen passenden Golfplatz. Thompson hatte so viel Land zur Verfügung, dass er sich das perfekte Gelände aussuchen konnte.

Hohe Bäume, Flüsse und eine sanft gewellte Landschaft halfen, die Essenz der besten englischen Parklandkurse einzufangen und die Atmosphäre des Dorfs zu vervollständigen. Der Kurs wurde über die Jahre zwar verändert und leicht verschärft, hat sich aber seinen ursprünglichen Charme bewahrt.

Am Anfang steht ein pittoresker Ausblick vom erhöhten 1. Abschlag. Das von Bäumen gesäumte Fairway, das zum erhöhten Grün führt, ist ein verlockendes Ziel für ein Holz 3. Das Grün wird von tiefen, kreativ geformten Bunkern geschützt, denen noch viele interessante Sandfallen folgen. Einen weiteren schönen Blick genießt man vom 2. Abschlag, allerdings steht hier ein Carry über eine diagonal verlaufende Schlucht an. Je länger der Drive, desto gerader liegt das Grün vor einem, und bei 426 m werden viele mit einem langen Schläger auf das nach rechts abgewinkelte Grün zielen wollen.

Interessant ist in St. George's, dass die Fairways nie in gerader Linie gemäht werden, sondern sich ausbreiten und verjüngen, um den Löchern Kontur zu geben. So öffnet sich das Fairway beispielsweise auf der 9. Bahn weit, um kürzere Abschläge aufzunehmen, während weite Schläge auf eine durch zwei beängstigende Bunker eingeengte Landezone zufliegen. Das Gleiche gilt für den zweiten Schlag, wo ein Lay-Up auf eine relativ große, kurz gemähte Grasfläche

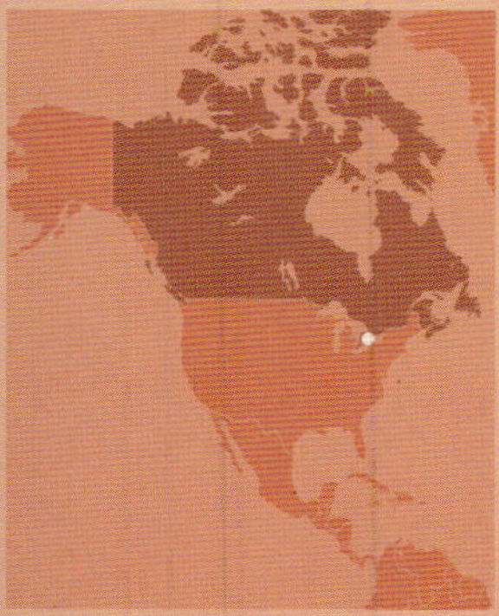

trifft, während sich das Fairway zum Grün hin verengt, sodass man gut überlegen sollte, ob man es wirklich mit zwei Schlägen versuchen will.

Harter Abschluss

Am 14. Loch beginnt der harte Endspurt. Das lange Par 4 wird auf der rechten Seite von einem Fluss begleitet, der es schließlich vor dem Grün kreuzt. Viele Spieler werden es lieber mit drei Schlägen versuchen, als zu riskieren, mit einem langen Eisen im Wasser zu landen. Die Bahnen 17 und 18 waren einmal Par 5er, und die Verbreiterungen ihrer Fairways erinnern an das 9. Loch. Allerdings sind sie jetzt Par 4er, und man muss nun entlang der längeren Linien spielen, die eigentlich für ein Spiel unter regulärer Schlagzahl gedacht waren. Trotz dieser harten Strecke macht sich auf dem kurzen Weg zum traditionellen Clubhaus angesichts der sanften Hügel und des ruhigen Flusses ein Gefühl der Entspannung breit. St. George's ist ein Platz im schönen original englischen Stil.

SCOREKARTE DES KURSES

Loch	Länge (in Meter)	Par	Loch	Länge (in Meter)	Par
1	338	4	10	345	4
2	426	4	11	483	5
3	181	3	12	365	4
4	433	5	13	195	3
5	395	4	14	426	4
6	184	3	15	521	5
7	408	4	16	186	3
8	204	3	17	430	4
9	492	5	18	412	4
Out	3061	35	In	3362	36
			Gesamt	6424	71

▶ Nachdem der Amerikaner Art Wall die Canadian Open 1960 mit 19 unter Par gewonnen hatte, sollte Stanley Thompsons Protegé und Freund Robbie Robinson den Kurs verschärfen. Er gestaltete fünf der Löcher neu, so auch das 4. (links).

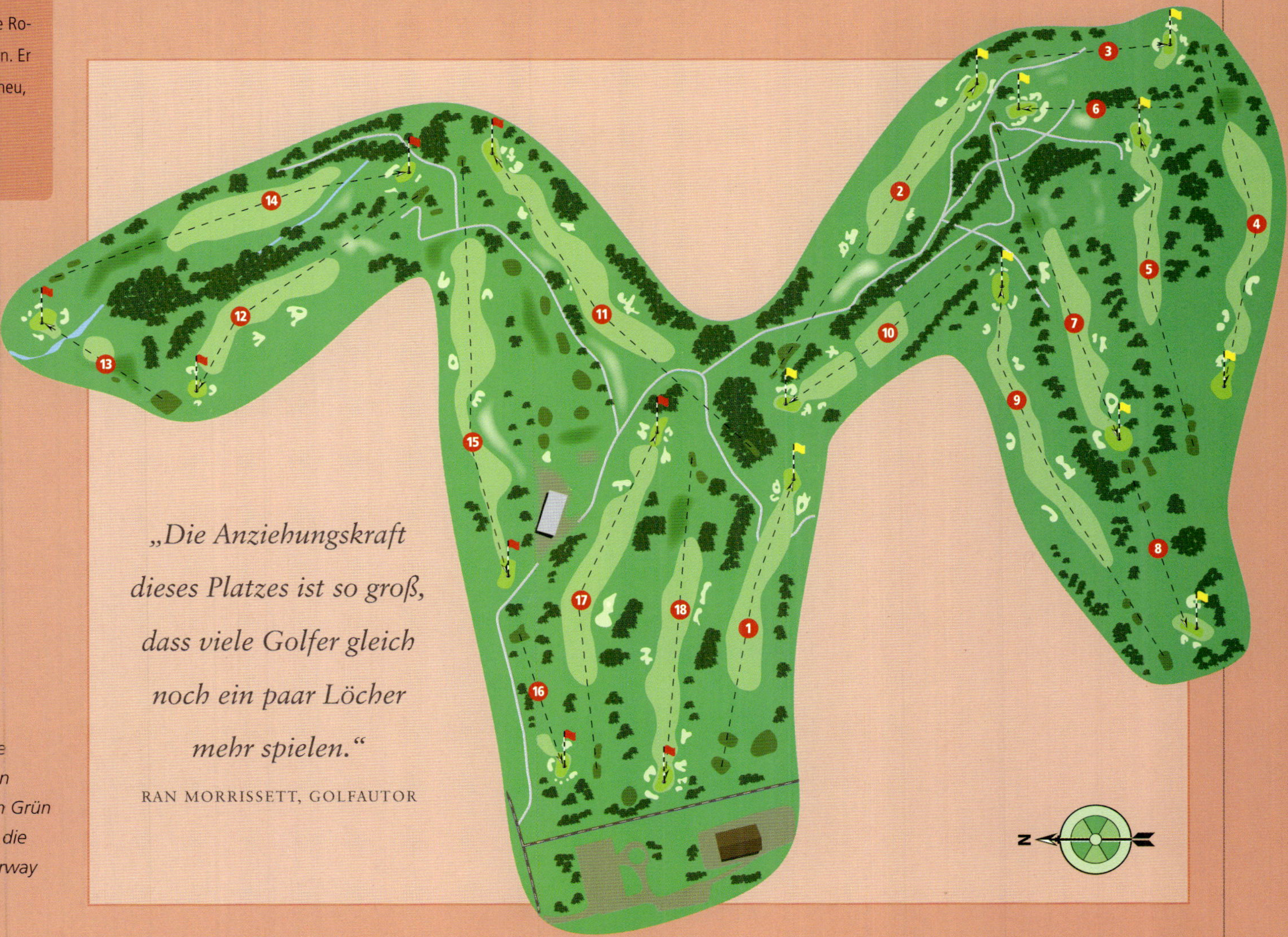

„Die Anziehungskraft dieses Platzes ist so groß, dass viele Golfer gleich noch ein paar Löcher mehr spielen.“

RAN MORRISSETT, GOLFAUTOR

LINKS *Mit 433 m ist die 4. Bahn recht kurz für ein Par 5, aber der Weg zum Grün ist dicht bebunkert, und die Bäume schnüren das Fairway von beiden Seiten ein.*

Kurse 47–56

KARIBIK

47 Mid Ocean, Bermuda
48 Tryall, Jamaika
49 Casa de Campo, Dominikanische Republik
50 Mahogany Run, Amerikanische Jungferninseln

MITTEL- & SÜDAMERIKA

51 Cabo del Sol, Mexiko
52 Vista Vallarta, Mexiko
53 Papagayo, Costa Rica
54 Jockey Club, Argentinien
55 Ilha de Comandatuba, Brasilien
56 La Dehesa, Chile

Karibik, Mittel- & Südamerika

Das Golfspiel kam gegen Ende des 19. Jahrhunderts mit den britischen Ingenieuren nach Südamerika, die in Argentinien und Brasilien Eisenbahnlinien und Fabriken bauten. Die ersten Kurse entstanden in der Nähe der Ballungszentren und waren selbstverständlich sehr exklusiv. Seitdem haben Klima, Geografie, politische Instabilität und Bevölkerungsentwicklung dazu beigetragen, die Entwicklung des Sports zu hemmen, auch wenn die Leistungen von Roberto de Vicenzo und Angel Cabrera unwiderlegbare Beweise für das vorhandene Talent sind. Man nutzte während des Zweiten Weltkriegs und des Vietnamkriegs im Fernen Osten entwickelte Bautechniken, um dem feucht-heißen Dschungel nahe dem Äquator Golfplätze abzuringen. Die Züchtung von Grassorten, die eine gute Puttingfläche ergeben, erlaubte den Bau von Plätzen auf internationalem Niveau in Mittelamerika und der Karibik. Schließlich hat die Entwicklung der mexikanischen Tourismusindustrie eine Reihe hochklassiger Resort-Plätze hervorgebracht.

Mid Ocean

Mid Ocean

Mid Ocean Golf Club, Tucker Town, Bermuda

Das karibische Flair würde die meisten von uns dazu verleiten, zufrieden mit einem Cocktail in der Hand die Seele baumeln zu lassen, statt sich beim Golf zu verausgaben. Tatsächlich könnte man den Platz von Mid Ocean mit einem runden Dutzend Cocktails vergleichen: schön anzusehen, schön zu spielen und schwer aufzuhören, obwohl man weiß, dass man mit einem schrecklich dicken Kopf aufwachen wird, wenn man seinen Score sieht.

Der Architekt dieses Cocktails war kein anderer als Charles Blair Macdonald, der es irgendwie nicht in den Nordamerika-Teil dieses Buchs geschafft hat, obwohl er den ersten 18-Loch-Kurs der Vereinigten Staaten (in Chicago) und einen der architektonisch einflussreichsten Plätze – die National Golf Links of America auf Long Island – gebaut hat. Auf Bermuda wurde er von der Schiffsreederei Furness Withy mit Geld, dem zu gestaltenden Gelände und der Verlockung des Klimas aus dem Quasi-Ruhestand geholt. Macdonald entschied zuerst über den Kursverlauf (entlang der Talsohlen, wo das Gras am besten wuchs), zeichnete seine Pläne und überließ dann den Bau seinem Geschäftspartner Seth Raynor. Er wusste den Auftrag in guten Händen und sagte: „Ich versichere meinen Golf spielenden Freunden, dass sie in der ganzen Welt keinen faszinierenderen oder malerischeren Golfplatz finden werden als Mid Ocean. Nichts dort wird gewöhnlich sein."

Das war 1921, und niemand wollte ihm widersprechen. Die Beliebtheit von Mid Ocean wuchs schnell, doch leider geriet Furness Withy Ende des Zweiten Weltkriegs in finanzielle Schwierigkeiten und beschloss, den Golfclub zu verkaufen. Ein Londoner Bankier überzeugte Freunde und Geschäftspartner davon, den Platz 1951 zu erwerben und zu einem Privatclub zu machen. Seitdem geht es wieder bergauf.

RECHTS *Dieser Blick zeigt die Gefahr, die das Streben nach Ruhm am 5. Loch mit sich bringt. Aber es geht auch kaum ohne ein gewisses Risiko.*

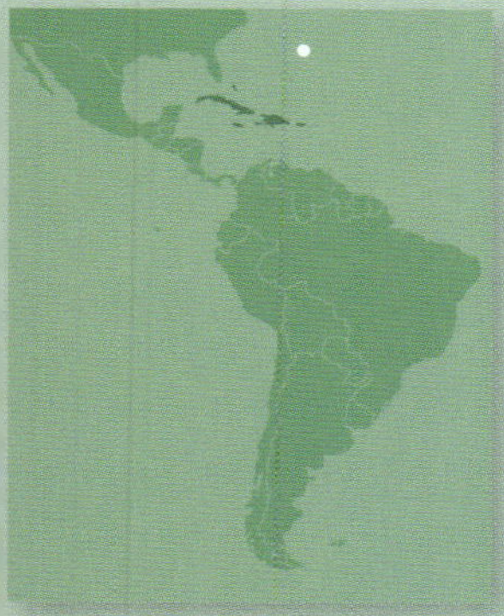

Ein Hauch altes Schottland

Macdonald hatte keine Probleme damit, bekannte schottische Löcher als Vorbild für seine Kurse zu übernehmen. Deshalb gibt es in Mid Ocean Löcher, die den Golfer an St. Andrews, North Berwick oder Prestwick erinnern. Es gibt sogar ein Biarritz nach dem Vorbild eines längst vergessenen Lochs in Frankreich. Es handelt sich nicht um bloße Kopien, sondern um die Umsetzung von erprobten Designeigenarten. Das beste ist dabei wohl das „Cape" genannte 5., bei dem es um Risiko und Belohnung geht. Je mehr man hier beim Drive wagt, desto besser liegt man für den zweiten Schlag – aber nur, wenn man keinen Fehler macht. Ansonsten steht der Schaden in direktem Verhältnis zur Größe der Gier. Und ein Mangrovensumpf kann eine Menge Schaden anrichten.

▶ Über die Jahre wurde der Charakter des Kurses vor allem bei der Bebunkerung radikal verändert. In jüngerer Zeit hat der Club sich bemüht, Macdonalds Vorstellung von strategischem Golf spielerfreundlich zu restaurieren.

HEROISCHE HERAUSFORDERUNG

Das 5. von Mid Ocean ist ein typisches „Cape"-Loch. Der Name leitet sich von der Lage auf einer Halbinsel mit lauernden Gefahren auf drei Seiten her. Allerdings erfordern die meisten Vertreter dieser Gattung zusätzlich einen Drive über lauerndes Ungemach. Der Spieler soll zu einem gewagten Carry verleitet werden, bei dem man den Verlust seines Balls in trügerischem Rough oder Wasser riskiert, um einen günstigeren Weg aufs Grün zu finden. Schöne Beispiele sind die 18. Bahnen von TPC Sawgrass und Ganton, die eine mit, die andere ohne Wasser.

SCOREKARTE DES KURSES

Loch	Länge (in Meter)	Par
1	382	4
2	431	4
3	153	3
4	302	4
5	396	4
6	329	4
7	150	3
8	319	4
9	371	4
Out	2833	34
10	369	4
11	445	5
12	441	4
13	218	3
14	326	4
15	461	5
16	344	4
17	182	3
18	476	5
In	3263	36
Gesamt	**6095**	**70**

Tryall

Tryall

The Tryall Club, Montego Bay, Jamaika

Auf Jamaika kann sich niemand lange der entspannten Atmosphäre der Inseln entziehen. Der Tryall Club, eine ehemalige Zuckerrohrplantage an der von Palmen gesäumten Küste, die zu einer Luxus-Hotelanlage umgebaut wurde, ist die perfekte Umgebung, um dieses zwanglose Ambiente zu genießen. Selbstverständlich macht der ununterbrochene Sonnenschein einen Teil des Reizes von Tryall aus. Aber das Wetter hat mehr zu bieten: nämlich starke Winde, die landeinwärts wehen. Und der Kurs des texanischen Architekten Ralph Plummer macht sich diese Winde zunutze.

Der Kurs war bei seiner Eröffnung 1958 zwar ziemlich kurz und ist mit 6192 m auch heute kein Riese, aber dafür sorgen die geniale Anlage und die charakteristischen geneigten Grüns, vom unablässigen Wind ganz zu schweigen, dafür, dass der Kurs bisher noch von keinem Pro auseinandergenommen wurde. Hier kommt es allemal mehr auf Flugbahn und Feingefühl an als auf reine Weite.

GROSSE TAGE

Seit die amerikanischen, europäischen und anderweitigen Touren aufeinander abgestimmt sind, wird weltweit ganzjährig Golf gespielt. Das war nicht immer so, und früher war auch noch Platz für spezielle Turniere. Ein solches Event war die Johnnie Walker World Championship, die gegen Ende der Saison berühmte Spieler mit Sonne, Spaß und viel Geld nach Tryall lockte. Der letzte Sieger war 1995 Fred Couples.

UNTEN *Sehr häufig wirkt ein Loch, wie hier das 4., von hinten betrachtet wesentlich einfacher und weniger Furcht einflößend als von vorne.*

Trotz seines beeindruckenden Rufs ist Tryall auch für durchschnittliche Golfer gut spielbar. Anders als bei harten British- oder US-Open-Kursen werden die Golfer hier nicht von mannshohem Rough oder astronomischen Längen abgestraft. Die gesamte Runde macht wirklich Spaß und begeistert schnell mit Plantagen-Charme, üppiger Landschaft und Meerblicken, bevor man merkt, dass der Wind und das schwierige kurze Spiel Schläge gekostet haben.

Das Loch, das sich selbst entwarf

Tryalls Markenzeichen ist das 4. Loch, das auf einem zugekauften Stück Land direkt am Meer entstand. Das Loch schuf sich schlicht selbst. Die Karibik zur Linken, der Flint River auf der Vorderseite und der tückische, nie nachlassende Seewind machen die Abschläge zu einem echten Erlebnis. Selbst wenn ein guter Schlag gelingt, ist die Gefahr nicht gebannt: Viele Spieler scheitern am geneigten Grün und kassieren einen Bogey. Es gibt noch weitere interessante Abschläge, aber die wahre Attraktion Tryalls liegt in den Annäherungsschlägen. Zu große Vorsicht wird mit Drei-Putts bestraft, sodass man die schwierigen Fahnenpositionen mutig angreifen und die Schrägen rund um die Grüns kreativ einbeziehen muss, um den Ball auf die Puttfläche rollen zu lassen. Dabei darf man sich ruhig auf die Erfahrung und die Tipps der hervorragenden einheimischen Caddies verlassen.

▸ Die erste Version von Tryall war rund 5852 m lang und besaß nur an zwei Löchern Wasserhindernisse. Ein Großteil des Originalzustands ist bis heute erhalten geblieben.

▸ In den 1990ern wurde in Tryall die Johnnie Walker World Championship abgehalten, zu deren Siegern Fred Couples (zweimal), Nick Faldo, Larry Mize und Ernie Els zählten.

SCOREKARTE DES KURSES

Loch	*Länge (in Meter)*	*Par*
1	341	4
2	176	3
3	476	5
4	160	3
5	336	4
6	466	4
7	397	4
8	441	4
9	369	4
Out	3163	35
10	155	3
11	457	5
12	195	3
13	341	4
14	411	4
15	407	4
16	392	4
17	358	4
18	313	4
In	3029	35
Gesamt	**6192**	**70**

RECHTS *Am 15. geht es von einem erhöhten Abschlag in den dort herrschenden Wind. Es ist eines der schwierigsten und aufregendsten Two-Shot-Löcher in Tryall.*

Casa de Campo

Casa de Campo

Teeth of the Dog Course, Casa de Campo Golf Club, La Romana, Dominikanische Republik

Das Golfspiel ist ein Kind der Küste: zunächst in Schottland, dann in England und Irland. Da überrascht es kaum, dass sich viele der schönsten Plätze der Welt an den Küsten der großen Meere und an Seen befinden. Die frühen britischen Kurse verliefen entlang des Meeres, während viele ihrer Nachfolger das Meer als Hindernis nutzen, wie das auch der Teeth of the Dog Course von Casa de Campo überzeugend demonstriert.

Der Name des Kurses bezieht sich auf die Korallenbänke – „dientes del perro" (Hundezähne) genannt –, die zum Bau der Halbinselabschläge in der Karibik und der niedrigen Mauern genutzt wurden. Sie schützen das Land vor Erosion durch das Meer, wenn auch nicht vor den Hurrikanen. Nicht nur bei der Anlage des Kurses wurden neuartige Techniken angewandt, auch die Fairways und Grüns sind nicht eingesät, sondern in einzelnen Grasbüscheln angepflanzt worden. Allerdings war das Ganze auch nie als gewöhnlicher Kurs geplant.

Der Platz war eine der frühen Arbeiten von Pete Dye, dem innovativsten Architekten des ausgehenden 20. Jahrhunderts. Er hatte bereits eine Fantasie und Kreativität bewiesen, die weit über seine bisher begrenzte Erfahrung in Harbour Town in South Carolina hinausging. In La Romana fand er ein jungfräuliches Gelände vor, und er nahm sich die Zeit, jeden Zentimeter des riesigen Resorts mit dem Hubschrauber abzufliegen, bis er ein vielversprechendes Stück Küste gefunden hatte. Er lieferte mehr, als sein Auftraggeber hatte hoffen dürfen, und schuf einen der schönsten Golfkurse der Karibik. Seitdem hat er zwei weitere fantasievolle Kurse in diesem fantastischen Resort angelegt, das mehr ein Lebensgefühl als ein Urlaubsort ist.

RECHTS *Das 5. Loch ist das erste mit einem unvermeidlichen Carry über Wasser. Es ist vielleicht nicht lang, aber die Strafe für Leichtsinn ist hoch!*

Bezaubernde Löcher am Meer

Es wäre ein Fehler, die Inlandslöcher zu ignorieren, denn sie sind schwierig genug. Zwei der ersten vier Löcher entstanden nach Vorbildern in Prestwick und Pinehurst und ein drittes ist eine Hommage an Charles Blair Macdonald, einen der einflussreichsten amerikanischen Architekten der Goldenen Jahre. Den ersten Kontakt mit dem Meer hat man am kurzen 5. Loch, einem Risiko-Par-3 mit einem Abschlag auf ein Grün draußen im Wasser. Das 7. und das 16. sind ähnlich, aber beileibe keine bloße Wiederholung einer guten Idee.

So spektakulär und bemerkenswert diese Löcher auch sein mögen, die wirklichen Stars des Kurses sind vermutlich die Two-Shot-Löcher, die mit einem Drive über das Wasser beginnen. So ein Loch ist das 8., an dem man mit dem Drive so viel wie möglich schaffen muss, aber schnell zu viel des Guten tut. Vergleichbares haben das 15. und das 17. Loch zu bieten, die Teil der hinreißenden hinteren Neun sind. Alle drei Kurse sind faszinierend, aber Teeth of the Dog nimmt nicht nur das Herz des Golfers in Beschlag, sondern fängt auch die Seele von La Romana ein.

▶ Der jüngste der Dye-Kurse, der Dye Fore Course, misst von den hinteren Abschlägen erstaunliche 7105 m.

▶ Selbst die Fairway-Erde des Teeth of the Dog Course ist ungewöhnlich: Sie besteht aus Sand, Dreck und Cachaza, einem Abfallprodukt der Zuckerherstellung.

RECHTS *Das Meer stets zur Seite: Wenn man hier nicht gerade spielen kann, gibt man lieber gleich auf – wie hier am 16.*

SCOREKARTE DES KURSES

Loch	*Länge (in Meter)*	*Par*
1	367	4
2	346	4
3	498	5
4	299	4
5	142	3
6	411	4
7	206	3
8	381	4
9	462	5
Out	3111	36
10	345	4
11	494	5
12	407	4
13	160	3
14	462	5
15	351	4
16	169	3
17	398	4
18	402	4
In	3188	36
Gesamt	**6298**	**72**

„Pete Dye hat in Casa de Campo eine natürliche Brutalität entdeckt, die gut zu seiner Kreativität passt."

ANDRÉ-JEAN LAFAURIE, GOLFAUTOR

ENTDECKER KOLUMBUS

Die lange Besiedlung der Dominikanischen Republik durch die Europäer begann im Dezember 1492, als Christoph Kolumbus auf der Insel landete. Hier standen die erste Kathedrale und die erste Universität des amerikanischen Kontinents. Im Resort Casa de Campo wurde 1976 beschlossen, mit den Techniken des späten 15. Jahrhunderts eine europäische Siedlung nachzubauen. Altos de Chavón ist heute ein Künstlerparadies mit Ateliers, einer Designschule und einem archäologischen Museum, gefördert von einer Kulturstiftung. Es gibt sogar ein griechisches Amphitheater. Der Golfer betrachtet all dies am besten vom 7105 m langen Dye Fore Course aus, der mit Blick unter anderem auf das Künstlerdorf landeinwärts verläuft.

RECHTS *An einem schönen, ruhigen und sonnigen Tag sieht am 7. Loch alles ganz einfach aus. Die Insel Hispaniola, auf der sich der Platz befindet, liegt allerdings als Puffer zwischen Atlantik und Karibik, und sobald der Wind auffrischt, wird es hart auf dem Teeth of the Dog Course.*

Mahogany Run

Mahogany Run

Mahogany Run Golf Course, St. Thomas, Amerikanische Jungferninseln

Mahogany Run nennt sich selbst die „Heimat des Devil's Triangle": drei außergewöhnliche Löcher hoch auf den Klippen über den tosenden Wellen der Karibik gelegen. Dabei hat der Platz mehr zu bieten als nur drei spektakuläre Bahnen. Er ist ein erstaunlich kompakter und wundervoll abwechslungsreicher Kurs, der über Berg und Tal durch tropischen Regenwald führt, bevor es hinaus an den Rand der Klippen geht.

Jim und Robert Armour beauftragten Ende der 1970er George Fazio und seinen Neffen Tom mit der Anlage des Kurses, der schließlich 1980 eröffnet wurde. Die steilen Hügel und tiefen Täler und die geringe Grundfläche setzten der Anlage Grenzen und verhinderten Abschweifungen. Deshalb kommt es hier deutlich mehr auf präzises, durchdachtes Spiel an als auf ungehemmtes Powerplay. Glücklicherweise ist der Kurs nicht sonderlich lang.

Mahogany Run ist der einzige Platz auf St. Thomas und wird es angesichts der Topografie wohl auch bleiben. Hier erzählt die Scorekarte nur einen Teil der Geschichte, denn einige der Löcher werden durch Hügel subjektiv deutlich verlängert oder verkürzt, und zu viel Ehrgeiz führt schnell zu einem im Regenwald verlorenen Ball. Dazu kommen einige Doglegs, wie bei den ersten drei Löchern, die nach einer präzisen Platzierung verlangen. Wasser kommt mit Ausnahme des Meeres nur sparsam zum Einsatz, spielt aber am 1., 10. und 15. Loch eine wichtige Rolle. Die fünf kurzen Bahnen sind einfach nur kurz, und die meisten der Two-Shot-Löcher sind kürzer als 366 m, einige sogar deutlich kürzer.

RECHTS *Das Devil's Triangle ist Extrem-Golf, wie man hier am 14. Loch mit seinem schmalen Grün am Rand einer Klippe deutlich sehen kann.*

▶ Leguane und Pelikane beobachten das Spiel auf Mahogany Run, und hin und wieder fallen frische Mangos von den Bäumen auf die Fairways.

▶ Glaubt man der Webseite von Mahogany Run, „erhalten Golfer, die alle drei Löcher ohne Strafschlag spielen, eine ‚I Survived the Devil's Triangle'-Urkunde".

RECHTS OBEN *Bei einem Loch wie dem 13. sind die Bunker da, um zu helfen – dass der Ball nicht auf Nimmerwiedersehen verschwindet.*

SCOREKARTE DES KURSES

Loch	*Länge (in Meter)*	*Par*	*Loch*	*Länge (in Meter)*	*Par*
1	379	4	10	332	4
2	325	4	11	140	3
3	475	5	12	321	4
4	122	3	13	299	4
5	325	4	14	145	3
6	344	4	15	516	5
7	279	4	16	150	3
8	135	3	17	379	4
9	379	4	18	466	5
Out	2761	35	In	2732	35
			Gesamt	**5494**	**70**

Das Devil's Triangle

Das 13. ist eines der Drive-und-Pitch-Par-4. Die Scorekarte sagt aber nichts über das Meer, führt doch das schmale Fairway steil hinab zu einem winzigen Grün hoch über den tiefblauen Wellen. Das ist das „Devil's Triangle", das Dreieck des Teufels. Hier werden Nerven zerfetzt, und scheinbar einfache Schläge, wie eine Annäherung mit dem Wedge, werden plötzlich doppelt so schwer. Es ist ein fantastisch platziertes Grün.

Das nächste Loch im Dreieck ist das längste der kurzen Löcher, aber hier ist man unter Umständen gezwungen, hinaus aufs Meer zu schlagen, damit der Wind den Ball zurück aufs Grün trägt. Da braucht es einen kühlen Kopf. Dabei sollte man nicht vergessen, den Ausblick zu genießen. Den Abschluss des Dreiecks bildet ein uncharakteristisch langes Par 5, das nur wenige mit zwei Schlägen angehen werden, lauert doch vor dem Grün ein beachtlicher Teich und direkt dahinter das Aus. Schön, aber gnadenlos!

Cabo del Sol

Cabo del Sol

Ocean Course, Cabo del Sol Golf Club, Baja California, Mexiko

Früher oder später musste Baja California mit seinem beneidenswerten Klima (350 Sonnentage im Jahr) ein Ferien-Resort werden. Soweit es die Mexikaner betrifft, könnte es auch in einem anderen Land liegen, ist es doch bis auf einen schmalen Streifen Land ganz im Norden der Halbinsel durch Hunderte Meilen Cortes-See vom Festland getrennt.

Die Amerikaner und Kanadier lösten in der Anfangszeit das Problem der Anreise, indem sie einflogen, um hier zu angeln oder Wale zu beobachten. Heute kommen sie in großer Zahl. Es war nur natürlich, dass sie auf Cabo del Sol auch Golf spielen wollten, und so entstanden zwei unterschiedliche Kurse, die viel Raum für zukünftige Weiterentwicklungen boten.

Um den Anspruch als Ferienziel der Spitzenklasse zu untermauern, engagierte man zwei der ganz großen Namen der Golfplatzarchitektur: Jack Nicklaus und Tom Weiskopf. Nicklaus war fraglos der größte Golfspieler seiner Zeit (manche meinen aller Zeiten) und ein Meister darin, Golfplätze auseinanderzunehmen, aber seine eigenen Entwürfe waren dem Durchschnittsgolfer gegenüber großzügiger, als man annehmen möchte. Er nahm sich die Kritik an seinen frühen Entwürfen zu Herzen, die als „zu schwer und nur für Nicklaus spielbar" galten. Weiskopf hatte einen der elegantesten Schwünge aller Zeiten und eine bestechende Technik, erzielte aber nie so viele Major-Siege, wie ihm einst vorausgesagt worden waren. Dafür waren seine Golfkurse meist wesentlich kniffliger als die einiger seiner siegesverwöhnteren Zeitgenossen.

UNTEN *Das 17. Loch liegt schön in einer Linie mit den Bergen und muss selbst vom vorderen Abschlag übers Wasser gespielt werden.*

SCOREKARTE DES KURSES

Loch	Länge (in Meter)	Par
1	399	4
2	525	5
3	340	4
4	507	5
5	419	4
6	174	3
7	189	3
8	401	4
9	429	4
Out	3341	36
10	399	4
11	322	4
12	471	5
13	195	3
14	335	4
15	485	5
16	392	4
17	163	3
18	393	4
In	3154	36
Gesamt	**6495**	**72**

▶ Der Golftourismus ist in diesem Teil Mexikos zwar noch relativ jung, aber Touristen ganz anderer Art kamen schon in den 1730ern her: die Spanier, die in San José del Cabo eine Küstenfestung bauten. Aber nicht nur Golfer kommen hierher – auch Angeln ist hier äußerst beliebt.

RECHTS OBEN *Das schöne 13. Loch, das einzige Inland-Par-3 des Ocean Course, führt bergab auf ein von Bunkern, Kakteen und Gestrüpp bewachtes Grün.*

Wüste und Meer

Die beiden Kurse von Cabo del Sol sind sehr verschieden. Weiskopfs rauer Desert Course entstand im Binnenland (allerdings mit schönem Blick aufs Meer) und stellt dem Golfer zeitgemäße Aufgaben hinsichtlich Weite, Präzision und Finesse. Nicklaus Ocean Course ist in vielerlei Hinsicht sanfter, wenn auch mit obligatorischen Carries über den Pazifik am 5., 7., 17. und 18. Loch. Diese Carries können einen erfahrenen Spieler allerdings nicht aus dem Konzept bringen. Mehr Freude hat er hier an den schwierigen Annäherungsschlägen am 5. und 16. Loch, deren Grüns schlecht erkennbar ganz dicht am Wasser liegen und hohe Anforderungen an die Schlaglänge und das Selbstvertrauen stellen. Psychologisches Golfspiel kann sehr viel Spaß machen!

Vista Vallarta

Vista Vallarta

Nicklaus Course, Vista Vallarta Club de Golf, Puerto Vallarta, Mexiko

Der Nicklaus Course war kaum eröffnet, als er mit dem World Cup of Golf 2002 auch schon ein hochkarätig besetztes Turnier sah. Er ist einer von zwei Kursen in Vista Vallarta, die beide 2001 eröffnet wurden. Sie liegen nebeneinander, könnten aber unterschiedlicher nicht sein. Jack Nicklaus hatte das höher gelegene Gelände zur Verfügung, sodass man von hier weite Blicke auf die Berge der Sierra Madre sowie die in der Ferne liegende Bucht von Banderas genießt. Tom Weiskopf erhielt für seinen Kurs ein bis dato unberührtes Stück Dschungel mit tiefen Rinnen und schnellen Wasserläufen zur freien Verfügung.

Von den hinteren Abschlägen gemessen, ist der Nicklaus Course mehr als 6400 m lang, was heute eine Voraussetzung für internationale Turniere zu sein scheint. Nichtsdestotrotz nahmen die World-Cup-Sieger Shigeki Maruyama und Toshi Izawa aus Japan den Platz mit einem Turnier-Rekord von 36 unter Par auseinander. Die Abschläge für Normalsterbliche reduzieren die Länge auf 6030 bzw. 5515 m, aber durch die vielen Hügel spielt sich der Kurs meist länger, als die bloßen Zahlen vermuten lassen. Nicklaus und sein Team nutzten die Topografie in vollem Umfang aus und legten einige wirklich clevere Grüns an. Großzügig bemessene Fairways bieten ausreichend Platz für den Drive, sodass der Schwerpunkt hier eher auf der kniffligen Annäherung liegt.

RECHTS *Die Landschaft von Vista Vallarta ist grandios und kontrastiert mit dem grundsätzlich sanfteren Naturell des Nicklaus Course.*

Schräglagen

Die Unebenheit des Geländes springt sofort ins Auge, denn der 1. Abschlag führt auf ein deutlich nach rechts geneigtes Fairway, sodass der Ball für den zweiten Schlag tiefer liegt als die Füße. Nicklaus ist kein Freund von ansteigenden Bahnen, aber hier blieb ihm keine Wahl, und so führt das 2. Loch bergauf. Am 3., einem Three-Shot-Par-5, muss man erneut ansteigen, um den dritten Schlag meist blind aufs Grün zu spielen.

Nicklaus hat sehr unterschiedliche Herausforderungen geschaffen, deren vielleicht bemerkenswerteste das 10. Loch ist, ein Par 5, das zwei Fairways zur Auswahl bietet. Die sichere Route führt über links, aber schlagstarke Spieler schlagen hier schnell zu weit und landen in einem Flüsschen, das das Fairway kreuzt. Sie werden es lieber mit dem wesentlich längeren Carry auf das rechte Fairway versuchen, von dem aus man es mit zwei Schlägen zum Grün schaffen kann, aber nur, wenn man die Neigung des Fairways nach rechts kurz vor dem Grün beachtet.

Nicklaus hob sich eines der besten Löcher bis zuletzt auf: ein Par 4 mit einem erhöhten Abschlag und einem weiten Carry aufs Fairway. Hier kommt es auf die Lage an, denn das Grün liegt hinter einer Biegung auf der linken Seite und steigt stark nach links hinten an. Das Klima ist feucht-heiß, aber nach einem erfrischenden Drink ist es sehr wahrscheinlich, dass man den völlig anderen, aber genauso faszinierenden Weiskopf-Kurs spielen möchte.

▶ Beim World Cup 2002 schlug Phil Mickelson am 13. Loch, einem Par 4, einen gefährlichen Carry über die Bäume, was ihm die Chance eröffnete, zu einem Eagle einzulochen.

SCOREKARTE DES KURSES

Loch	*Länge (in Meter)*	*Par*
1	367	4
2	392	4
3	503	5
4	348	4
5	195	3
6	413	4
7	390	4
8	488	5
9	166	3
Out	3263	36
10	490	5
11	360	4
12	530	5
13	311	4
14	402	4
15	162	3
16	387	4
17	155	3
18	407	4
In	3205	36
Gesamt	**6468**	**72**

UNTEN *Phil Mickelson zeigt beim World Cup 2002 einen seiner legendären Rettungsschläge.*

Papagayo

Papagayo

Arnold Palmer Course, Four Seasons Golf Club Costa Rica, Peninsula Papagayo, Guanacaste, Costa Rica

Bei 14 Löchern mit Blick auf den Pazifik möchte man annehmen, dass es sich um einen Küstenkurs handelt, dabei liegt er in einem tropischen Regenwald. Es ist ein hinreißender Platz mit Wäldern, viel lebendiger Natur und dem Meer im Hintergrund. Umweltschutzbemühungen und das schwierige Gelände haben zu einer weitläufigen Anlage mit weiten Strecken zwischen Grüns und Abschlägen geführt, die einen Buggy unverzichtbar machen.

Wie bei allen Resort-Plätzen liegt die Herausforderung darin, für Spieler aller Stärken spielbar zu bleiben. Arnold Palmers Designteam hat eine großartige Vorlage für Nachahmer geschaffen, vor allem angesichts der schwierigen Situation. Ein wichtiges Merkmal ist der Einsatz verschiedener Abschläge, aber der größte Pluspunkt ist die Anlage der Bahnen selbst, oft mit Alternativrouten für unterschiedliche Erfahrungsstufen. So am 4. Loch, einem Par 5 mit einem sanften Dogleg links, an dem starke Spieler einen Carry über die 247 m entfernten Bunker versuchen können, aber auch schwächere Spieler ihren Weg an den Bunkern vorbei finden.

Ein so abwechslungsreicher Kurs macht Spaß. Zu oft verlässt man sich auf extreme Weiten als Hauptverteidigung, aber dieser Kurs ist wesentlich kreativer. Die Löcher winden sich zwischen den hohen Bäumen hindurch, sodass man seinen Weg sehr sorgfältig planen muss.

Palmer nutzte das vorhandene Terrain, statt etwas Unnatürliches zu erzwingen. Vor allem am 7. Loch braucht man starke Nerven, um den atemberaubenden Carry über ein tiefes Tal zu meistern. Auch wenn es nur ein kurzer Schlag aufs Grün ist, wählen die meisten doch lieber einen längeren Schläger.

In Palmers Fußstapfen

Am 13. Loch, einem langen Par 4, braucht der unvermeidbare Carry über einen See viel Selbstvertrauen, bevor es hoch auf das große Grün geht. Diese längeren Bahnen sind allerdings selten. Der Kurs definiert sich eher über die kurzen Löcher, auf denen die Spieler alles auf eine Karte setzen können, wie Palmer es immer tat.

Mindestens drei der Par 4 sind theoretisch mit einem Schlag zu bewältigen, was immer für spannende Spiele sorgt. Ein solches Loch ist das 3., das 336 m misst, wenn man dem Dogleg folgt. Die direkte Linie ist allerdings deutlich kürzer, und man kann bei günstigem Wind das Grün vom Abschlag aus erreichen. Angesichts der Bedrohung durch einen Baum und mehrere Bunker führt der sichere Weg über das Fairway. Allerdings käme es einer Beleidigung des Stils des großen Architekten gleich, sich so aus der Affäre zu ziehen!

Und was könnte typischer für Palmer sein als das 18. mit seinem Alles-oder-nichts-Schlag über einen See, um einen letzten Eagle zu versuchen?

LINKS *Das kurze 17. von Papagayo ist auf der Rückseite des Grüns interessant bebunkert und zeigt den ganzen Charme des Spiels in dieser schönen Umgebung.*

SCOREKARTE DES KURSES

Loch	*Länge (in Meter)*	*Par*	*Loch*	*Länge (in Meter)*	*Par*
1	497	5	10	396	4
2	159	3	11	189	3
3	336	4	12	550	5
4	492	5	13	428	4
5	197	3	14	350	4
6	408	4	15	320	4
7	122	3	16	279	4
8	357	4	17	149	3
9	477	5	18	503	5
Out	3043	36	In	3164	36
			Gesamt	**6207**	**72**

▶ Papagayo wollte sich von Anfang an von anderen Clubs abheben. So gibt es keine Kleiderordnung, und der reine Spaß steht deutlich im Vordergrund. Man wirbt sogar mit „Gratis-Golf für Kinder an Sonntagen". Dazu kommen erfreulich erschwingliche Greenfees.

▶ Die Löcher tragen spanische Namen, so heißt das kurze 2. „Tiburon" (Hai). Die Flosse des Haifischs bildet ein Fairway, das einen Bunker umschließt, während das Maul da liegt, wo die Fahne steht. Das 3. Loch heißt passenderweise „Buena Vista" (schöne Aussicht).

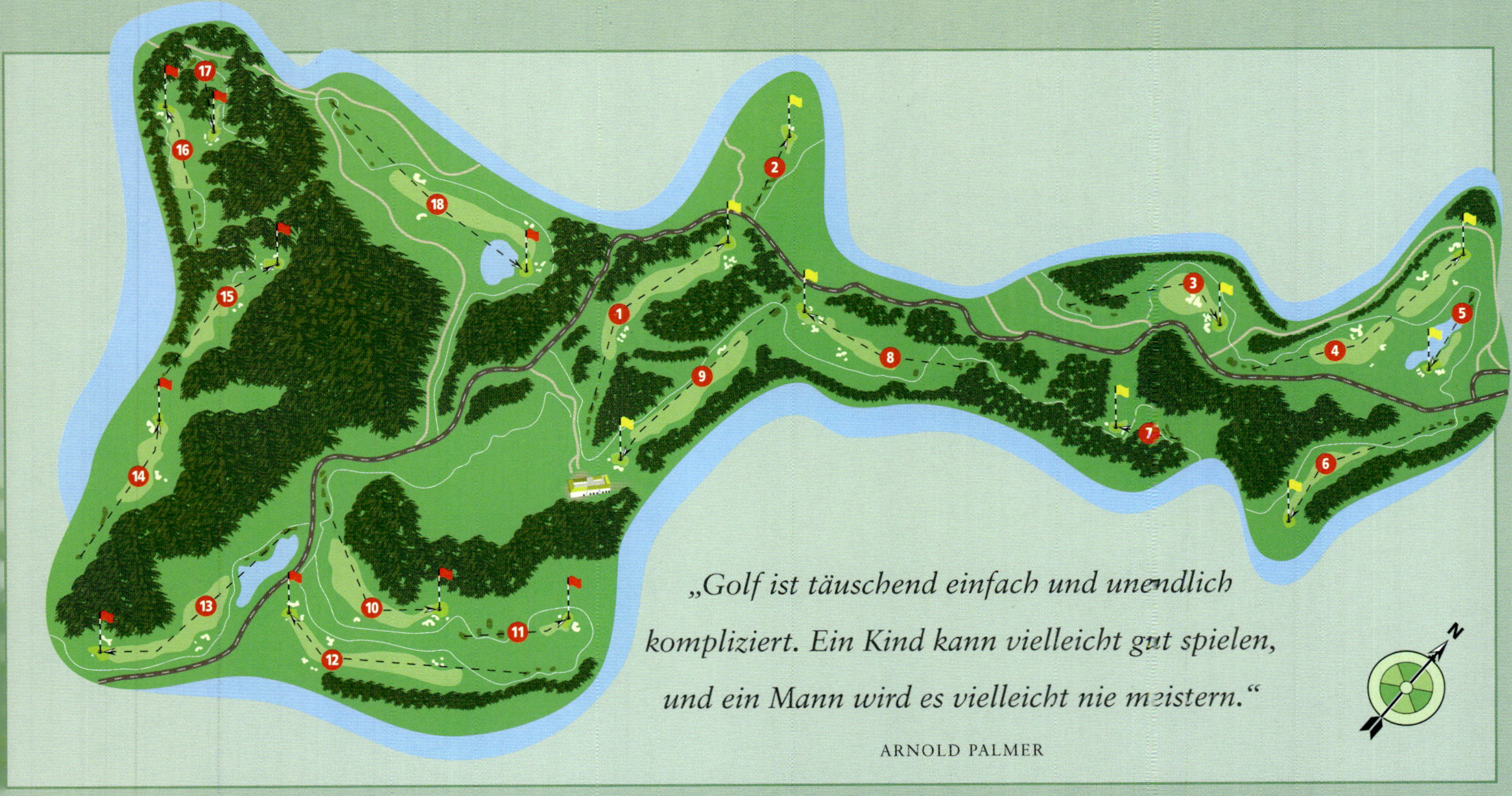

„Golf ist täuschend einfach und unendlich kompliziert. Ein Kind kann vielleicht gut spielen, und ein Mann wird es vielleicht nie meistern."

ARNOLD PALMER

Jockey Club

Jockey Club

Jockey Club, San Isidro, Buenos Aires, Argentinien

Durch den Sieg Angel Cabreras bei den US Open 2007 fand die Welt heraus, dass sie das argentinische Golf unterschätzt hatte. Das Gleiche gilt für die argentinischen Golfplätze. Nur wenige denken in Argentinien an einen Golfurlaub, dabei besitzt die Region einige schöne Kurse, allen voran den Jockey Club.

Der 1882 für die Polo spielende Elite gegründete Club nahm in den 1920ern auch Golf in sein Angebot auf. Man beauftragte Alister MacKenzie (der schon Royal Melbourne und Cyprus Point in seinem Portfolio hatte) mit der Anlage von zwei Kursen. MacKenzie akzeptierte, froh, der Wirtschaftskrise in den Vereinigten Staaten zu entkommen, fand sich aber bald auf einem entmutigend flachen Gelände wieder. Er löste das Problem, indem er das Markenzeichen der beiden Kurse schuf: die unzähligen künstlichen Hügel, die Fairways und Grüns schmücken. MacKenzie schwärmte für St. Andrews, und es gelang ihm, auf diesem so ganz anderen Land viel von dessen Geist einzufangen. Es heißt oft, man solle Golfarchitekten nach ihren Leistungen unter ungünstigen Bedingungen bewerten. MacKenzie hat hier auf ganzer Linie überzeugt.

Der Blue Course ist der kürzere der beiden, und seine schmalen Fairways verlangen nach hoher Präzision. Als Hommage an St. Andrews sind das 9. und das 18. zu einem hinreißenden Doppelgrün zusammengefasst. Beide Kurse sind sich ähnlich, aber nur der Red Course hat schon Turniere gesehen, wie die Argentine Open 2001, die kein anderer als Angel Cabreras gewann.

RECHTS *Die ungewöhnlichen Hügel rund ums 16. Grün sind kurz gemäht, um zahlreiche Optionen für Rettungsschläge zu bieten.*

▶ 2005 gewann Kevin Stadler im Jockey Club die Argentine Open (in ihrem 100. Jahr). Zusammen mit seinem Vater Craig, der 1992 siegte, bildet er das einzige siegreiche Vater-Sohn-Team des Turniers.

Der Red Course

Traditionelles Kursdesign will die Natur nachbilden, und es ist MacKenzie hoch anzurechnen, dass die vielen, oft mannshohen Hügel des Red Course ab dem 1. Abschlag absolut natürlich wirken. Es ist auch klar, dass sie ein wichtiges strategisches Element darstellen, das ebene Lagen und gerade Läufe zu einer Seltenheit macht. Das heißt nicht, dass der Kurs übermäßig schwer ist. MacKenzie hatte immer den Spielspaß im Sinn, was sich vor allem am 2. Loch zeigt. Mit gerade einmal 320 m ist es alles andere als zu lang, aber es erfordert viel Geschick, da das Grün geradezu gebirgig ist. Hier ist Kreativität gefragt, und die Spieler müssen sich auslaufende Schläge und Distanz-Putts wie bei einem echten Links-Kurs einfallen lassen. Die Unebenheiten sind eine solche Herausforderung, dass man sogar überlegt hat, ob man überhaupt Bunker benötigt.

Heute ist der Jockey Club so etwas wie eine Oase. Nur von den Geräuschen des benachbarten Polofeldes begleitet, kann man sich bei einem Gang über die bunkerlose 18. Bahn kaum der anheimelnden, traditionellen Atmosphäre entziehen. Dieser bezaubernde Kurs hat etwas ganz anderes zu bieten als die weitenorientierten modernen Plätze. Argentinien ist wirklich eine unterschätzte Golfnation.

SCOREKARTE DES KURSES

Loch	Länge (in Meter)	Par	Loch	Länge (in Meter)	Par
1	389	4	10	430	4
2	320	4	11	463	5
3	135	3	12	160	3
4	448	5	13	406	4
5	311	4	14	357	4
6	325	4	15	467	5
7	389	4	16	367	4
8	190	3	17	155	3
9	379	4	18	324	4
Out	2886	35	In	3128	36
			Gesamt	6014	71

Ilha de Comandatuba

Ilha de Comandatuba

Comandatuba Ocean Course, Ilha de Comandatuba, Una, Bahia, Brasilien

Brasilien ist eher für seine schönen Strände als für schöne Golfplätze bekannt, aber die Anlage des Hotel Transamérica Ilha de Comandatuba zeigt, dass man auch beides haben kann. Das durch einen Fluss vom Festland getrennte Resort gilt als Insel und besitzt einen 21 km langen Privatstrand. Zwischen dem Meer und einem Mangrovensumpf liegt der Golfplatz des amerikanischen Architekten Dan Blankenship, der den ungewöhnlichen Charakter des Landes in eine höchst originelle Anlage umgesetzt hat.

Der Ocean Course führt über fünf Löcher an der Küste, hat zwölf Seen an neun Bahnen und nutzt den Strand wie ein Stück Wüste. Riesige Sandflächen umgeben die Fairways und machen ein Rough überflüssig. Da der Sand so kompakt ist, dass man auf ihm spielen kann, ist er wesentlich angenehmer als endloses Rough, zumal die meisten Golfer zum Vergnügen hier sind. Kokospalmen und Wald liefern den perfekten Hintergrund für das üppig grüne Fairway-Gras und die kontrastierenden Sanddünen. Unzählige tropische Vögel, Kapuzineraffen, Füchse und Ameisenbären tragen viel zur einzigartigen Umgebung des Kurses bei. Die Verwendung von Hundszahngras für die Fairways und einer Zwergsorte für die Grüns sorgt trotz des Klimas für einen gepflegten Zustand des Platzes.

▶ Das Hotel hat für seine Gäste den größten Privatflughafen Brasiliens gebaut, die neben Golf und Wellness auch Surf- und Zirkus-Kurse belegen und an der Charlotte Bank nach Blauen Marlinen angeln können.

RECHTS *Der Blick von oben auf die Ilha Comandatuba zeigt, wie viel Sand in den Kurs integriert wurde.*

LINKS *Irgendwo da vorne ist ein Fairway – man braucht eine solide Technik und gute Nerven, um es vom hinteren Abschlag aus zu treffen.*

Wahlfreiheit

Angesichts der außergewöhnlichen Lage ist das Design der Bahnen sehr eigenständig mit Fairways, die Seen und Sand einschließen und dem Spieler mehrere Optionen bieten. Will man hier Erfolg haben, muss man sich die der eigenen Stärke angemessene Linie aussuchen. Das 12. Loch, ein Par 5, wartet sogar mit einem doppelten Fairway auf (das sich aber schließlich zu einem vereint). Nicht so starke Spieler sollten über das rechte Fairway spielen, müssen aber auf die vordersten Bäume aufpassen. Schlagstarke Spieler lockt das linke Fairway, das eine günstigere Annäherung bietet, aber es braucht hier einen gewaltigen Carry über den Sand, der das gesamte Loch einschließt und sich vor das Grün zieht.

Ein weiteres Par 5, das 5. Loch, bietet verschiedene Möglichkeiten, zu versinken! Irgendwann sind die meisten Spieler versucht, den Weg zum Grün abzukürzen, oft mit schlimmem Ausgang. Das Golfspiel macht hier sehr viel Spaß, und das lange, an der Küste gelegene 18. Loch bildet das malerische Finale der Runde. Wer zum Slice neigt, landet hier allerdings schnell am Strand und rollt dem Wasser entgegen.

SCOREKARTE DES KURSES

Loch	Länge (in Meter)	Par
1	377	4
2	176	3
3	373	4
4	336	4
5	545	5
6	148	3
7	363	3
8	395	4
9	467	5
Out	3179	36
10	347	4
11	380	4
12	474	5
13	198	3
14	365	4
15	439	4
16	268	4
17	171	3
18	514	5
In	3156	36
Gesamt	**6335**	**72**

La Dehesa

La Dehesa

Club de Golf La Dehesa, Santiago, Chile

Chile ist ohne Zweifel eines der geografisch vielfältigsten Länder der Welt. Riesige Teile des Landes sind unbewohnbar, da sie von der gigantischen Bergkette der Anden beherrscht werden. Ein Großteil ist dauerhaft von Schnee bedeckt, aber es gibt auch lebensfeindliche Wüsten, die zum Teil noch niemals Niederschlag gesehen haben! Die chilenische Küste liegt zur Gänze am Pazifik und ist so lang, wie die USA breit sind. Dazu kommen dichte Waldgebiete und das Seengebiet – das Hauptanbaugebiet für Wein – im Süden. Unter all den unterschiedlichen Landschaften hat Santiago das Beste von allem abbekommen und hier, im Schatten der schneebedeckten Andengipfel, liegt der La Dehesa Golf Club.

Der Kurs selbst ist traditionell angelegt, auch wenn er nach historischen Maßstäben der Golfwelt relativ modern ist. Der 1964 entstandene 5-Loch-Platz ist heute der Kinderkurs, während der Hauptkurs etwas für alle Spielstärken zu bieten hat und mit seinen verschiedenen Abschlägen eine Länge von bis zu 6445 m erreicht.

Das 475 m lange 1. Loch vermittelt einen Eindruck von den Schwierigkeiten, ermöglicht aber einen positiven Einstieg. Ein sanftes Dogleg erfordert einen leichten Fade, da ein clever platzierter Bunker auf nervöse Pulls wartet. Es braucht einen starken Drive, da die Bäume lockere Schläge verschlucken und die Annäherung über die vielen Doglegs behindern. Hat man diesen Drive, ist man zu einem direkten Angriff versucht, aber ein Teich vor dem Grün sorgt schon früh für Zweifel. Das beste Rezept ist meist eine vorsichtige Annäherung.

RECHTS *Der Kurs mag flach wirken, aber es gibt reichlich Hindernisse, die zum Nachdenken zwingen. Ein falscher Schlag am 7. Loch und der Weg aufs Grün ist durch Bäume blockiert.*

▶ 1998 wurde die Eisenhower Trophy in La Dehesa und dem nahen Los Leones ausgespielt, die Großbritannien und Irland unter Peter McEvoy gewannen.

SCOREKARTE DES KURSES

Loch	Länge (in Meter)	Par	Loch	Länge (in Meter)	Par
1	475	5	10	361	4
2	375	4	11	366	4
3	169	3	12	366	4
4	384	4	13	151	3
5	352	4	14	507	5
6	370	4	15	338	4
7	357	4	16	338	4
8	165	3	17	197	3
9	526	5	18	567	5
Out	3173	36	In	3191	36
			Gesamt	6364	72

Das längste Loch Chiles

Das bekannteste Loch von La Dehesa ist das gigantische 18., das längste Loch Chiles, dabei ist das Par 5 eigentlich ziemlich langweilig. Der schnurgerade Verlauf über 603 m ab dem Championship Tee lässt keinen Raum für Kreativität und ist absolut nicht repräsentativ für die Qualität des gesamten Kurses.

Ein wesentlich besseres Beispiel wäre das Par 5 am 9. Loch, das an das berühmte 13. von Augusta erinnert. Der relativ leichte Abschlag auf das breite, geneigte Fairway ermöglicht eine günstige Lage. Liegt man gut auf dem Fairway, muss man sich Gedanken über die Annäherung machen, weil hier wie in Augusta ein Fluss vor dem Grün kreuzt und einen langen, aber spielbaren Carry verlangt. Auch die Präzision ist hier wichtig, da ein verzogener Schlag aus dieser Distanz schnell in einem links vom Grün liegenden Teich landet.

Das geschickte Design erfordert vom Spieler während der gesamten Runde die Entscheidung zwischen Sicherheit und Aggression. Ein großer Pluspunkt ist die Atmosphäre, die sich schon in der Existenz eines Kinderplatzes zeigt. Das erschwingliche und ermutigende Konzept von La Dehesa ist unter den vielen Country Clubs nur allzu selten zu finden.

Kurse 57–81

EUROPA

57 Murhof, Österreich
58 Royal Belgium, Belgien
59 Rungsted, Dänemark
60 Master, Finnland
61 Le Golf National, Frankreich
62 Les Bordes, Frankreich
63 Morfontaine, Frankreich
64 Club zur Vahr, Deutschland
65 Hamburger Falkenstein, Deutschland
66 Sporting Club Berlin, Deutschland
67 Biella, Italien
68 Is Molas, Italien
69 Villa d'Este, Italien
70 Hilversum, Niederlande
71 Kennemer, Niederlande
72 Noordwijk, Niederlande
73 Praia d'El Rey, Portugal
74 San Lorenzo, Portugal
75 Vilamoura, Portugal
76 El Saler, Spanien
77 Las Brisas, Spanien
78 Valderrama, Spanien
79 Falsterbo, Schweden
80 Halmstad, Schweden
81 Crans-sur-Sierre, Schweiz

Kontinentaleuropa

Der Golfsport wurde in vielen europäischen Ländern von den Briten eingeführt: 1856 von pensionierten Soldaten im französischen Pau, 1888 von Geschäftsleuten im belgischen Antwerpen und 1890 von Weinhändlern im portugiesischen Oporto. Nach und nach entstanden im Umfeld internationaler Gemeinden, großer Städte und exklusiver Kurbäder Golfclubs.

Anfang des 20. Jahrhunderts waren die zwei britischen Platzarchitekten, Tom Simpson und Harry Colt, in Europa besonders aktiv, allerdings war Golf damals ein Zeitvertreib der Oberschicht, und man brauchte nur wenige Plätze. Dies galt jedoch nicht für Deutschland, wo sich der Sport vor dem Zweiten Weltkrieg großer Beliebtheit erfreute und es mit Bernhard von Limburger einen hervorragenden einheimischen Architekten gab.

Das alles änderte sich mit der Entwicklung des Pauschal- und Golftourismus. In Ländern wie Spanien und Portugal wuchs der Bedarf an Resort-Plätzen, und auch der Niedergang des Kommunismus ließ in Osteuropa eine blühende Golfindustrie entstehen.

Murhof

Murhof

Steiermärkischer Golfclub Murhof, Frohnleiten, Österreich

Was den Golfsport betrifft, steckt Europa voller Überraschungen. Ein Beispiel dafür ist Österreich. Hier gibt es Bergplätze, wie in Seefeld und Innsbruck, sowie Championship Golf, wie das von Jack Nicklaus entworfene Gut Altentann. Sie alle haben Charme, und das gilt in besonderem Maß für Murhof.

Der kleine Marktflecken Frohnleiten liegt im Murtal in der Nähe von Graz. Der Golfplatz wurde 1963 vom überaus produktiven Bernhard von Limburger angelegt und zwischen 1996 und 2000 überarbeitet, als hier drei Austrian Open der Damen im Rahmen der European Tour ausgerichtet wurden. Dazu kamen später noch zwei Turniere der European Challenge Tour der Herren.

Der Golfplatz liegt zwar nicht direkt an der Mur, hält aber einige nasse Fallen bereit. Am 2. und 3. Loch muss man einen Teich meiden, und am 6. und 14. Loch droht eine Art See. Der Kurs ist insgesamt nicht sonderlich lang, bietet aber mehrere knifflige Two-Shotter und ein paar wirklich harte Par 3, wenn man vom hinteren Tee abschlägt.

Vorher aufwärmen!

Nach einem geradlinigen Auftakt wird es sehr schnell ernst. Mag das 1. Loch noch als eine Art Präambel gelten, stellt sich am 2. schnell heraus, wer sich ordentlich aufgewärmt hat und effizient schlägt. Der Teich sollte kein echtes Problem sein – außer man hatte vor dem Spiel zu viel Sachertorte –, aber ein Bunker wartet auf der rechten Seite bereitwillig auf unpräzise Abschläge, während ein zweiter Bunker dicht neben dem Grün verzogene Bälle verschlingt. Am 3. Loch muss man auf den Teich zielen, um das Grün dieses Par 4 in Regelschlagzahl zu treffen.

Mit seinen 429 m ist das 6. Loch ein Two-Shotter, der selbst die besten Spieler herausfordert. Beim Streben nach

Weite darf man den See zur Linken nicht aus dem Auge verlieren. Dort ist allerdings auch die bessere Seite des Fairways, um das nach rechts gedrehte Grün zu erreichen. Nicht umsonst gilt dies als das schwierigste Loch des Platzes.

Für Zocker mit entsprechendem Können ist das 14. ein Alles-oder-nichts-Loch. Das 468 m lange Par 5 ist für moderne, schlagstarke Spieler kein Thema, aber der See, der bereits am 6. drohte, liegt nun zur Linken, und das geschwungene Fairway erlaubt keine sanfte Lösung. Man kann das Grün sicher mit fünf Schlägen erreichen, aber wenn man ein Birdie oder ein Eagle anstrebt, muss man es richtig machen. Insgesamt geht es aber in Murhof nicht um ungeheure Weiten, sondern vielmehr darum, sich die Zeit zu nehmen, die wunderschöne Umgebung zu genießen. Der Score spielt da nur eine untergeordnete Rolle!

▶ Der Platzrekord der Herren von 62 hält der junge einheimische Tourprofi Markus Brier. Rekordhalterinnen der Damen sind mit 64 die Engländerin Samantha Head und die Neuseeländerin Lynette Brooky.

LINKS *Das schwerste Loch von Murhof, das 6., wirkt vor dem Hintergrund der Berge, die das grüne Murtal einrahmen, harmlos, aber man darf die Gefahr durch den See nicht unterschätzen.*

SCOREKARTE DES KURSES

Loch	*Länge (in Meter)*	*Par*
1	358	4
2	204	3
3	421	4
4	134	3
5	405	4
6	429	4
7	447	5
8	324	4
9	475	5
Out	3196	36
10	479	5
11	417	4
12	307	4
13	220	3
14	468	5
15	391	4
16	153	3
17	311	4
18	386	4
In	3133	36
Gesamt	6329	72

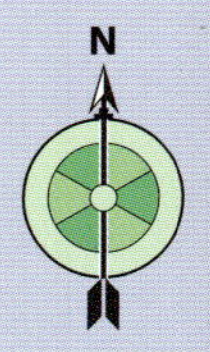

Royal Belgium

Royal Belgium

Old Course, Royal Golf Club de Belgique, Tervuren, Brüssel, Belgien

Belgien hat nur wenige international berühmte Golfspieler hervorgebracht und wird daher gerne übersehen, wenn die Golfpresse ihre Listen der besten Golfplätze erstellt. Früher waren die Belgian Open ein fester Termin der European Tour, aber sie scheinen in den letzten Jahren keine große Rolle mehr zu spielen. Vorbei sind die Zeiten, als die Golfjournalisten ihre Muscheln und Fritten mit Trappistenbier hinunterspülten.

Es ist sicherlich richtig, dass es in Belgien keine Weltklasse-Kurse gibt, aber die Liste königlicher Plätze ist beeindruckend, und jeder Golfspieler, der Belgien aus geschäftlichen oder privaten Gründen besucht, sollte sich etwas Zeit zum Golfspielen nehmen. König Leopold II. förderte Anfang des 20. Jahrhunderts den Golfsport im Land, damit Diplomaten und Geschäftsleute ihre Besprechungen bei einer Runde Golf in idyllischer Umgebung abhalten konnten. Er selbst war kein Golfer, aber sein Sohn, Leopold III., spielte in der Belgian Amateur Championship in Royal Zoute und wurde damit zum einzigen regierenden Monarchen, der je an einer nationalen Meisterschaft teilgenommen hat.

DIE KÖNIGLICHEN CLUBS

Die belgische Königsfamilie gestattet neun Clubs den Titel „Königlich": Royal Antwerp, Royal Golf Club de Belgique, Royal Golf Club des Fagnes, Royal Hainault, Royal Latem, Royal Ostend, Royal Sart-Tilman, Royal Waterloo und Royal Zoute. Royal Zoute ist ein schöner Championship Links und Austragungsort der Belgian Open. Der Waldkurs Royal Antwerp wurde von Tom Simpson entworfen, der auch das weitläufige Royal Sart-Tilman in der Nähe von Lüttich und den Hochlandkurs Royal GC des Fagnes in den Hügeln über Spa anlegte.

RECHTS *Dieses Foto des 2. Lochs, eines starken 384 m langen Par 4, zeigt die Eleganz und das Ambiente von Kurs und Clubhaus von Royal Belgium.*

> Der Platzrekord von 65 steht seit 1936 und wurde von dem großen belgischen Spieler F ory van Donk aufgestellt. Von Donk gewann die Belgian Open zwischen 1935 und 1968 16-mal.

> Die königliche Verbindung zum Club besteht bis heute durch König Albert II., der Ehrenpräsident des Clubs ist. Den Titel hatten vor ihm schon König Leopold III. und König Baudouin inne.

Königlicher Jagdgrund

König Leopold scheint eine recht gute Vorstellung davon gehabt zu haben, was einen herausragenden Golfplatz ausmacht, und hat für den Royal Golf Club de Belgique in Tervuren einen königlichen Jagdpark sowie eine Reihe prachtvoller Bäume aus seinem nahe gelegenen Königlichen Arboretum gestiftet. Es gibt in den Clubarchiven keinen Hinweis auf den Architekten der ursprünglichen Kurse, aber man nimmt an, dass sie zumindest von Seymour Dunn „inspiriert" wurden, der mehrere europäische Plätze entwarf und als „Architekt der Könige" galt. Der Kurs wurde dann 1928 von Tom Simpson überarbeitet und durchlief 1990 ein zehnjähriges Modernisierungsprogramm unter Federführung von Martin Hawtree.

Sicher ist aber, dass es ein kniffliger Platz in idyllischer Umgebung ist. Mit einigen mehr als 366 m langen Par 4 ist er nicht sonderlich lang, aber wunderbar strategisch mit einem optimal ausgenutzten welligen Gelände und so manchem clever eingesetzten Dogleg. In gewisser Weise wird der Kurs von Juwelen, wie dem gerade einmal 307 m langen 9. Loch, zusammengefasst. Sein geschwungenes, bergab führendes Fairway leitet gedankenlose Drives in einen seiner vielen Bunker, und auch das sich nach hinten verjüngende Grün ist stark bebunkert.

Dafür führt die Bahn auf den Heimweg zu einem der schönsten Clubhäuser der Golfwelt, dem alten Herrensitz von Ravenstein (dem zweiten Namen des Clubs) aus dem Jahr 1748. Das Anwesen insgesamt ist sogar noch älter und wurde 1460 von Louis le Bon, dem Herzog von Burgund, gegründet.

SCOREKARTE DES KURSES

Loch	Länge (in Meter)	Par
1	449	5
2	384	4
3	143	3
4	389	4
5	476	5
6	191	3
7	341	4
8	330	4
9	307	4
Out	3001	36
10	319	4
11	381	4
12	177	3
13	477	5
14	302	4
15	408	4
16	307	4
17	383	4
18	279	4
In	3034	36
Gesamt	**6035**	**72**

> *„Man könnte sagen, dass Ravenstein einen festen Stand hat."*
>
> ANDRÉ-JEAN LAFAURIE, *GOLFPLÄTZE ZUM TRÄUMEN*

59

Rungsted

Rungsted

Rungsted Golf Club, bei Kopenhagen, Dänemark

Kopenhagen mag zwar eine bezaubernde Hauptstadt sein, aber es ist nicht gerade für seine Golfplätze bekannt. Dank der neuen Öresund-Brücke ist die Stadt jetzt näher an Schwedens schönsten Golfplatz in Falsterbo gerückt. Fährt man aber von Kopenhagen aus über die Küstenstraße Richtung Norden nach Helsingör, gelangt man schnell in die eleganten Vororte, wo schon seit Langem der Copenhagen Golf Club mit seinem schönen Parklandkurs liegt. Nur wenige Autominuten weiter befindet sich der Rungsted Golf Club, der schon seit vielen Jahren als der beste dänische Platz gilt.

Rungsted ist ein Parklandkurs auf hübsch welligem Gelände. Alles an ihm wirkt englisch, und man fühlt sich in die Heidelandschaft von Surrey versetzt. Es ist eigentlich kein Heidekurs, aber behauptete jemand, er stamme von Colt, Fowler, Simpson oder Abercromby, würde das niemand in Zweifel ziehen. In Wirklichkeit ist er das Werk von Major Charles MacKenzie, dem Bruder des berühmteren Dr. Alister MacKenzie. Charles kam über seinen Bruder zur Golfplatzarchitektur, für den er als Bauleiter vor Ort arbeitete. Die beiden entwickelten sich nach und nach in unterschiedliche Richtungen, und Charles arbeitete schließlich alleine weiter. Rungsted ist vermutlich sein bester Platz.

▶ Gutes Golf findet man in Dänemark nicht nur auf Seeland. Auch Jütland hat erstklassige Kurse in Esbjerg, Holstebro und Silkeborg. Man sollte sich nicht die Chance entgehen lassen, auf dem Fanö Golf Links auf Fanö zu spielen. Der Platz ist kurz, aber ein echter Links – eine Seltenheit in Kontinentaleuropa.

LINKS *Ein reich bebunkertes Par 5 mit dem Aus entlang der rechten Seite schließt die Runde auf Rungsted ab. Hier hat man eine echte Birdie-Chance.*

Zwei ungleiche Hälften

Der Kurs wird von einer Eisenbahnlinie durchschnitten. Das Clubhaus und die meisten Löcher liegen auf der einen Seite, die allgemein als die bessere angesehen wird. Die Löcher auf der anderen Seite der Schienen liegen dichter beisammen und sind nicht lang genug für eine echte Herausforderung, obwohl Überarbeitungen die Situation in letzter Zeit etwas verbessert haben.

Interessant wird Rungsted durch die gekonnte Anlage der Bahnen auf der Clubhausseite mit vielen Tempo- und Richtungsänderungen. Die Herausforderung wird gleich durch einen nach links von der gefühlten Ideallinie abgewinkelten Fairway ab dem 1. Abschlag deutlich. Die etwas kürzere 2. Bahn knickt um ein Wasserhindernis links herum ab, und vor dem 3. Grün quert ein Graben, um dann seitlich daran vorbeizulaufen. Darauf folgt das längste der Two-Shot-Löcher, eine gut bebunkerte Bahn, auf der ein unterschnittener Drive schnell im Aus landet. Jedes der folgenden Löcher besitzt reichlich eigenen Charakter: Das 5. klettert über ein Flüsschen bergauf, das 7. führt ebenfalls nach oben, und das 8., 9. und 10. sind allesamt Doglegs.

Auf den vorderen Neun führen keine zwei Bahnen in die gleiche Richtung, während die meisten Löcher der hinteren Neun parallel zu den Schienen verlaufen. Interessanterweise erreicht man erst am 11. das erste Par 5, das hinauf auf ein exponiertes und reich bebunkertes Grün führt. Hier ist nichts sicher, bevor man das trügerische, kurze 17. gemeistert hat, das höchste Präzision verlangt. Auf dem abschließenden Par 5 hat man dann aber die Chance, wieder einen Schlag gutzumachen.

SCOREKARTE DES KURSES

Loch	*Länge (in Meter)*	*Par*
1	383	4
2	341	4
3	166	3
4	406	4
5	348	4
6	160	3
7	337	4
8	352	4
9	338	4
Out	2857	34
10	362	4
11	443	5
12	294	4
13	295	4
14	326	4
15	106	3
16	472	5
17	358	4
18	440	5
In	3095	38
Gesamt	**5952**	**72**

„Ich kann es gar nicht erwarten, zurückzukommen."

TIGER WOODS, NACH EINEM EAGLE AM 18. BEI EINEM INTERNATIONALEN MATCH IN RUNGSTED 1999

Master

Master

Master Course, Master Golf Club, Bodom, Espoo, Finnland

Angesichts der harten Winter und langen dunklen Tage möchte man nicht annehmen, dass Finnland so etwas wie einen Golfboom erlebt, aber es greifen nicht nur immer mehr Finnen zum Golfschläger, sondern sie haben auch den Raum, um ihre Plätze anzulegen. Finnland besteht zu großen Teilen aus Wald und Seen, und so haben die finnischen Platzarchitekten gelernt, das strategische Potenzial dieser natürlichen Gegebenheiten optimal auszuschöpfen. Die beiden Kurse des Master Golf Club bei Espoo sind das Werk von Kosti Kuronen und nutzen die Seen, Teiche und Wälder des ehemaligen Herrensitzes in der Nähe der Küstenstraße in vollem Umfang aus.

Der Forest Course trägt seinen Namen zu Recht, da die meisten Bahnen gut abgeschirmt durch dichten Wald führen. Hier regiert die Natur, und es ist ein angenehmer Kurs – solange man gerade Bälle schlagen kann. Das 1. und das 18. Loch liegen in offenerem Gelände und sind gut bebunkert. Auf dem Rest des Kurses sind Bunker eher überflüssig, da es eine Fülle von kleinen Teichen gibt, derer sich Kuronen bedienen konnte, vor allem am schweren 17. Loch.

Wasser, überall Wasser

Auch auf dem Master Course gibt es reichlich Teiche und Bäume. Der Kurs liegt neben einem großen See, der zwar als strategisches Hindernis keine Rolle spielt, aber dank Kuronens Anlage häufig zwischen den Bäumen sichtbar ist, die hilfreich auf Abwege geratene Bälle einfangen.

Am 1. Loch gibt es einen Teich, der einen geübten Spieler aber nicht stören muss, abgesehen davon, dass er die

LINKS *Das 16. Loch des Master Course ist ein solides Par 3 über Wasser, aber die wirkliche Gefahr droht durch die Unebenheit des Grüns.*

Länge des Abschlags begrenzt. Er liegt zwar auf dem Weg, behindert aber nicht die Annäherung. Der See zeigt sich erstmals am 2., stellt aber auch hier kein Hindernis dar, da er sich hinter einer Baumreihe auf der rechten Fairwayseite erstreckt. Auch das 3. Loch ist am See gelegen, hält aber Abstand und bietet mit dem leichten Anstieg zum Grün eine schöne Abwechslung von der flachen Landschaft. Die Bahnen 4, 5 und 6 befinden sich auf einer Landzunge, sind aber Waldlöcher. Der See funkelt zwischen den Bäumen, aber nur ein grandioser Fehlschlag kann hier im Wasser landen.

Der Kurs führt über die lange Strecke vom 7. bis zum 15. Loch landeinwärts, bietet aber eine Reihe von Teichen und Gräben. Das 8. und 9. sind zwei aufeinanderfolgende Par 5, wobei es beim ersten auf Position und Weite vom Abschlag ankommt, während am zweiten der zweite Schlag zählt, weil auf den letzten rund 70 m Wasser droht. Das 16. und 17. kehren elegant zum Seeufer zurück, während die Abschlussbahn theoretisch mit einem Schlag zu bewältigen ist, wenn man Bäumen, Bunkern und Wasser ausweichen kann.

SCOREKARTE DES KURSES

Loch	*Länge (in Meter)*	*Par*
1	315	4
2	378	4
3	342	4
4	503	5
5	134	3
6	372	4
7	340	4
8	418	5
9	486	5
Out	3288	38
10	379	4
11	321	4
12	363	4
13	402	4
14	177	3
15	469	5
16	170	3
17	386	4
18	267	4
In	2934	35
Gesamt	**6222**	**73**

▶ Die finnische Golfsaison mag zwar kurz sein (je nach Wetter von April oder Mai bis September oder Oktober), aber dafür kann man im Sommer problemlos rund um die Uhr spielen.

Le Golf National

L'Albatros Course, Le Golf National, Guyancourt, Frankreich

Es mag absurd klingen, wenn man den weit vom Meer entfernt auf flachem Land gebauten Le Golf National, der über 270 000 Kubikmetern an künstlichen Seen verfügt, mit einem schottischen Links vergleicht, aber wenn der Wind über die Dünen weht und durch das fahle Rough pfeift, sieht man die Ähnlichkeit. Wie ein echter Links ist der Kurs den Elementen ausgesetzt, bietet aber auch die Seen und die „Stadium"-Qualität eines amerikanischen TPC-Kurses. Dieser Stilmix ist die Hauptverteidigung des Platzes, da man hier kreativ werden und sowohl Links Shots als auch Präzisionsgolf spielen muss.

Als Breitensport hat sich Golf in Frankreich erst in den 1970ern etabliert, als man das wirtschaftliche Potenzial des Spiels erkannte. Überall entstanden Golfplätze, gebaut von einer neuen Generation von Architekten. Die Auswirkungen dieser Golfrevolution erleben wir heute mit dem plötzlichen Auftreten guter französischer Pros. Le Golf National ist der vielleicht wichtigste Platz dieser Ära und wurde zur Dauerheimat der French Open.

Der Vorschlag, diesen Platz zu bauen, muss anfangs waghalsig gewirkt haben. Nicht nur war der Golfboom im Land noch jung, sondern auch das Gelände war viel zu flach, um hier den ersten französischen Platz für regelmäßige Turniere zu bauen. Zwei Jahre und 400 LKW-Ladungen Erde pro Tag später, war der Platz nicht nur hügelig, sondern auch voller Bunker und Seen und bot zudem reichlich erhöhte Galerien für die Zuschauer.

RECHTS *Dieser kahle, windgepeitschte Platz erinnert in mancher Hinsicht an einen Links, hat aber keinen Links-Boden oder gar echte Stranddünen zu bieten.*

▶ Le Golf National bietet zudem einen kürzeren 18-Loch-Kurs mit deutlichem schottischem Ambiente und einen schönen 9-Loch-Kurs zum Üben.

„Alle Schläge, die man spielt, bieten verschiedene Möglichkeiten."

SEVE BALLESTEROS

UNTEN *Das 16. ist eines von mehreren Löchern der hinteren Neun mit gefährlichen Carries über Wasser.*

SCOREKARTE DES KURSES

Loch	Länge (in Meter)	Par	Loch	Länge (in Meter)	Par
1	379	4	10	345	4
2	185	3	11	175	3
3	485	5	12	400	4
4	401	4	13	375	4
5	404	4	14	505	5
6	345	4	15	385	4
7	405	4	16	160	3
8	189	3	17	430	4
9	515	5	18	470	5
Out	3274	36	In	3243	36
			Gesamt	6517	72

Schottland trifft Florida

All dies sieht man schon vom 1. Abschlag aus. Das Fairway wird durch einen großen See zur Linken eingeengt, der auch die Annäherung behindert. Bunker markieren den rechten Fairwayrand, und dahinter beginnen die Dünen. Bei 379 m kommt es mehr auf Präzision als auf Länge an, und ein Holz 3 entlang der rechten Seite liefert die beste Linie auf das sehr lange Grün. Die folgenden Löcher sind sehr abwechslungsreich, aber man sollte frühe Birdie-Chancen nutzen, da die Schwierigkeit beständig zunimmt. Steht man am 15. Abschlag, fühlt man sich angesichts des überwältigend großen Sees zur Rechten nach Florida versetzt. Unweigerlich spielen die meisten zu vorsichtig über links und stehen dann vor einem langen Annäherungsschlag auf das fast vollständig von Wasser umgebene Grün. Während der French Open 1991 versanken bei einem Dreiball sieben Bälle im See!

Das 18. am anderen Seeufer ist beinahe ein Spiegelbild des 15. Bei diesem Par 5 erstreckt sich das Wasser über die gesamte linke Seite, aber das Fairway ist breit, und man kann dank einer relativ leichten Annäherung über das Wasser durchaus stilvoll abschließen. Anders als Retief Goosen, der 1997 mit fünf Schlägen Vorsprung ans Tee ging und kurz vors Wasser spielte. Er versenkte den Ball im See und siegte nur noch mit drei Schlägen Abstand.

Les Bordes

Les Bordes

Les Bordes, Saint Laurent-Nouan, Frankreich

Wenn die Sonne über den Wäldern der Sologne aufgeht und die sanft gewellten Fairways und glitzernden Seen bescheint, gibt es keinen besseren Ort zum Aufwachen als die traditionellen Bauernhäuser, die in Les Bordes als Unterkunft dienen. Nicht nur die Umgebung ist kaum zu übertreffen, auch in Bezug auf den Golf gilt die Anlage weithin als einer der schönsten und härtesten Kurse Europas.

Das 1986 eröffnete Les Bordes ist das geistige Kind des Industriellen Baron Marcel Bich und seines Geschäftspartners Yoshiaki Sakurai, die ein Vermögen mit ihrem Kuli- und Feuerzeug-Unternehmen Bic gemacht hatten und nun auf dem Jagdrevier des Barons einen Golfplatz anlegen wollten. Jahrhundertelang hatte das idyllische Loire-Tal in der Nähe von Paris Monarchen, Politiker und reiche Industrielle angelockt. Das Projekt schien zwar riskant, zumal die Region keine Golftradition hatte, aber die beiden Industriekapitäne waren sich sicher, dass ihr Traum zu realisieren war.

Knifflige Seenlandschaft

Der texanische Architekt Robert von Hagge sollte den Traum Wirklichkeit werden lassen. Er nutzte seine Erfahrung aus mehr als 200 Plätzen, um eine hinreißende Anlage zu bauen, die die natürlichen Gegebenheiten nutzt. So schützen die Seen der Sologne zwölf Prozent der Löcher, während die schmalen Fairways durch Wald und Hügel eingeengt werden. Dazu kommen kreativ angelegte Bunker. All dies erwartet den Spieler schon an der 1. Bahn. Am Anfang steht ein furchterregender Carry über einen See, und von dort aus

LINKS *Das 7. ist ein bösartiges Loch, das sich fast um 180 Grad wendet. Es ist eine Bahn, die das Wasser extrem ins Spiel bringt, wie das heute im Resort-Golf fast obligatorisch ist.*

verjüngt sich das Fairway und schwenkt nach rechts um einen Wald herum. Das Grün ist zwar recht groß, wirkt aber kleiner, weil es fast vollständig von einem riesigen Bunker eingeschlossen ist. Es ist eine harte Eröffnung, aber eine faire Warnung vor den kommenden Schwierigkeiten.

Die Lieblingsbahn des Barons war das 7. Loch. Es verkörpert die Verbindung von Design und Landschaft, die Les Bordes auszeichnet. Der Abschlag muss auf diesem Par 5 gelingen, da die Landezone beiderseits von Wasser flankiert wird. Das Fairway knickt im rechten Winkel ab und macht das Grün nach einem perfekten Drive mit zwei Schlägen erreichbar. Allerdings führt der zweite Schlag über Wasser und erfordert starke Nerven. Selbst ein Lay-Up muss auf dem stark angewinkelten Fairway sitzen.

Als eines der wenigen wasserlosen Löcher verlangt das 15. Präzision, um einen langen Bunker rechts vom Fairway zu meiden. Nach den malerischen Bahnen durch Seen und Wälder wirkt das gerade, trockene 15. wie eine Atempause. Aber weit gefehlt: Der Bunker sorgt am Abschlag für Spannung, und die Annäherung aufs bunkerlose Grün führt über endlos scheinende Bodenwellen.

So schwierig der Kurs auch ist, die Runde ist ein reines Vergnügen. Das gesamte Erlebnis ist einfach schön, vom Aufwachen im charmanten Bauernhaus über das Spiel auf dem kniffligen Platz und das Einssein mit der Natur bis hin zu den traditionellen Speisen und Weinen der Region. Der Traumkurs ist Wirklichkeit geworden!

SCOREKARTE DES KURSES

Loch	Länge (in Meter)	Par
1	401	4
2	477	5
3	355	4
4	151	3
5	398	4
6	352	4
7	464	5
8	143	3
9	357	4
Out	3097	36
10	468	5
11	365	4
12	378	4
13	169	3
14	510	5
15	400	4
16	197	3
17	415	4
18	409	4
In	3310	36
Gesamt	**6407**	**72**

TIEFSTE PROVINZ

Es war mutig, ein Golf-Resort in der tiefsten Provinz der Sologne zu bauen, da es sich nicht gerade um typisches Golfland handelt – die Sologne war eher bei den französischen Gastronomen für ihr Wildgeflügel berühmt, das als das beste des Landes gilt. Baron Bich traf mit dem Architekten eine gute Wahl, denn von Hagge hatte keine Probleme damit, Wälder abzuholzen oder Seen auszuheben. Der Platz hat ein Renommee für große Gesten, aber von Hagge hat es geschafft, das Flair der Sologne zu bewahren.

Von Hagge hat noch weitere bekannte Kurse in Frankreich angelegt, so war er Mitglied des für Le Golf National verantwortlichen Teams. Viele halten seinen Kurs in Seignosse in Südwestfrankreich für seine beste Arbeit. Eine Mitgliedschaft in Royal Mougins nahe Cannes ist bei den Super-Reichen, die in der Gegend überwintern, äußerst begehrt.

UNTEN *Zwar stammt der Platz von einem Amerikaner, aber das Clubhaus hat sich Stil und Ambiente eines typischen Gutshauses der Region bewahrt.*

Morfontaine

Morfontaine

Morfontaine Golf Club, Senlis, Frankreich

Anfangs spielten in Frankreich hauptsächlich hier lebende Briten Golf. Plätze wie Pau, Biarritz und Dinard wurden von britischen Gemeinden begründet, die diese auch überwiegend nutzten. Als die Franzosen das Spiel Anfang des 20. Jahrhunderts für sich entdeckten, war es ein Zeitvertreib der Oberschicht. Beispiele für Clubs aus jener Zeit sind Chantilly, Fontainebleau, St. Cloud und Morfontaine, die sich bis heute kaum verändert haben. Ohne entsprechende Beziehungen wird man kaum in Morfontaine spielen können. Diejenigen mit den richtigen Kontakten finden einen sehr britisch anmutenden Club und Platz vor, was angesichts des Architekten, der die Anlage gebaut hat, nicht verwundern sollte: Tom Simpson, dessen Arbeiten vor allem in Frankreich und Belgien erhalten geblieben sind, war Brite.

Morfontaine entstand 1910 als 9-Loch-Platz, und dieser Kurs wird nach wie vor bespielt. Simpson kehrte 1927 zurück, um den 18-Loch-Kurs zu bauen, der bis heute der ganze Stolz des Clubs ist. Da hier noch keine professionellen Turniere stattgefunden haben, ist der Kurs auch nicht unnötig verlängert worden. Eine Ausnahme ist das 12. Loch, das jetzt ein Par 5 mit 567 m Länge ist. Hier ließ der Club kürzlich den Kurs durch Kyle Phillips (den Architekten von Kingsbarns) überarbeiten, der das Grün um 55 m weiter nach hinten versetzte, sodass es wie zu Simpsons Zeiten wieder ein Three-Shot-Loch ist. Ansonsten würde Simpson keine Orientierungsschwierigkeiten haben, käme er morgen hierhin zurück.

▶ Tom Simpson war ein Original. So soll er zu Meetings mit potenziellen Kunden, zu denen er sich im Rolls-Royce chauffieren ließ, in Beret und Überzieher und mit dem Jagdstock in der Hand erschienen sein.

LINKS *Das 16. ist eines der härtesten Löcher von Morfontaine. Mit seinem von Heidekraut unterbrochenen, bergauf führenden Fairway ist es selbst als Bogey 5 eine Herausforderung.*

OBEN *Morfontaine hat fünf gute kurze Löcher zu bieten. Das hier abgebildete 11. Loch kommt nach einer Serie von sechs aufeinanderfolgenden Two-Shot-Löchern.*

SCOREKARTE DES KURSES

Loch	Länge (in Meter)	Par	Loch	Länge (in Meter)	Par
1	414	4	10	382	4
2	180	3	11	139	3
3	457	5	12	567	5
4	164	3	13	134	3
5	320	4	14	341	4
6	358	4	15	411	4
7	393	4	16	417	4
8	393	4	17	155	3
9	339	4	18	451	5
Out	3019	35	In	2998	35
			Gesamt	**6018**	**70**

Eine harte Prüfung

Die Eröffnung ist kein Spaß: Ein langes Par 4, ein alles andere als kurzes Par 3 und ein Par 5, das sich länger spielt, weil es bergauf geht. Nach einer kurzen Bahn, die über ein Tal führt, folgt eine Reihe von Par 4, wobei das 7. und das 8. Loch besonders hohe Anforderungen an die Gestaltung des Abschlags stellen. Wie so viele Kurse seiner Zeit stellt Morfontaine Technik und Mentalität des Spielers wiederholt auf eine harte Probe.

Ein eher ungewöhnliches Loch ist das nicht sonderlich lange 13. mit einem leicht irritierenden Hindernis zwischen Abschlag und Grün: einem Baum. Dieser ist eigentlich nicht schwer zu meiden, hat aber alleine durch seine Anwesenheit schon so manchen Abschlag vereitelt.

Morfontaine bietet noch ein weiteres schwieriges Lochpaar, das das Können selbst der besten Spieler prüft: das 15. und das 16. Beide verlangen nach einem kräftigen, gut gestalteten Drive, gefolgt von einem selbstbewussten zweiten Schlag, werden doch beide Fairways kurz vor dem Grün von Heidekraut geschnitten. Zudem führt das 16. als sehr starkes Par 4 bergauf.

Moderne Golfplatzarchitekten tun gut daran, die feinen Details des klassischen Designs von Morfontaine zu studieren. Es ist einfach zeitlos.

Club zur Vahr

Club zur Vahr

Club zur Vahr, Garlstedt, Deutschland

Der Club zur Vahr ist ein großer Sportclub in Bremen. Er wurde 1905 gegründet und bot seinen Mitgliedern Anlagen für Tennis, Polo, Hockey und Golf. Nach und nach kamen Leichtathletik, Schießen, Kricket und Rugby hinzu. In Bremen selbst gibt es einen 9-Loch-Platz, und in den 1960ern begann der Club mit der Suche nach einem Gelände für einen 18-Loch-Kurs. Fündig wurde man in einem Waldstück, 20 Autominuten nordwestlich der Stadt, und beauftragte den großen deutschen Platzarchitekten Bernhard von Limburger. Dieser begriff, dass kommende Generationen wesentlich längere Kurse benötigen würden, und baute einen Platz, der seinerzeit (1966) mit 6584 m außergewöhnlich lang war.

Aus einer ganzen Reihe von Gründen konnte der Platz nie die Turniere anlocken, die man angesichts von Länge und Schwierigkeit erwarten könnte. Zunächst ist er schlechter erreichbar als viele andere vergleichbare Kurse, wie der Hamburger Falkenstein oder der Frankfurter Golf Club. Dazu kommen die Dichte des Baumbestands und die Enge der Fairways. Wie bei Pine Valley in den Vereinigten Staaten gibt es häufig keinen Platz für die Zuschauer. Diese Enge wurde noch dadurch verstärkt, dass die Bäume mit den Jahren so stark gewachsen sind, dass der Kurs in der jüngeren Vergangenheit umfassend überarbeitet werden musste, um für eine bessere Dränage und Luftzirkulation zu sorgen. Darüber hinaus hat ein Programm zum Umbau der Bunker den Stil der Originale von Limburgers sehr verändert.

Der heutige Kurs

Man muss Garlstedter Heide (wie der Platz meist genannt wird) nicht über die volle Länge spielen, die von Limburger vorgesehen hatte, aber angesichts der unangenehmen Konsequenzen, die selbst eine kleine Ungenauigkeit hat, sind 6436 m von den hinteren Tees immer noch erschreckend. Nichtsdestotrotz gibt es auch leichtere Passagen, wie beispielsweise das Pitch-and-Drive-Loch direkt am Anfang. Danach kommt es hart: ein Par 5, bei dem man sowohl mit dem Drive als auch mit dem zweiten Schlag schnell im Wasser landen kann. Das dritte Loch ist dann ein ausgewachsenes Par 3.

Ein weiteres schwieriges Par 5 ist das 6. Loch mit seinen zwei Fairways, die im hinteren Teil der Bahn zur Auswahl stehen. Hat man sich einmal für eine Route entschieden, muss man auf Gedeih und Verderb dabei bleiben. Das Spiel wiederholt sich am außergewöhnlichen 7. Loch, bei dem man sich direkt am Abschlag entscheiden muss.

Auf den hinteren Neun kann sich ein Gefühl der Klaustrophobie einstellen, denn hier finden sich einige der engsten Bahnen, die man sich vorstellen kann. Kommt man vom Fairway ab, ist der Ball verloren, und bei der Suche nach ihm kann man leicht selbst verloren gehen! Dies sind allesamt lange, mächtige Löcher und eine Respekt einflößende Herausforderung.

▶ Die German Open kamen selten nach Garlstedt, aber 1971 trat hier ein Feld an, zu dem auch die früheren British-Open-Sieger Roberto de Vincenzo und Peter Thomson gehörten. Auf seinem Weg zum Sieg stellte Neil Coles – der den Kurs mit Augusta verglich – den Platzrekord von 68 auf.

LINKS *Dieses Bild vom 16. Loch, dem längsten Par 4 des Kurses (neben dem 12.), zeigt die Dichte der Bäume an den Waldlöchern.*

SCOREKARTE DES KURSES

Loch	Länge (in Meter)	Par
1	328	4
2	492	5
3	201	3
4	513	5
5	286	4
6	496	5
7	371	4
8	150	3
9	358	4
Out	3196	37
10	515	5
11	162	3
12	414	4
13	374	4
14	312	4
15	490	5
16	414	4
17	194	3
18	366	4
In	3241	36
Gesamt	6436	73

Hamburger Falkenstein

Falkenstein Course, Hamburger Golf-Club, Hamburg, Deutschland

Als der Platzarchitekt Harry Colt 1928 in den Hamburger Vorort Falkenstein kam, muss ihm das Herz aufgegangen sein. Er fand ein sanft gewelltes Heideland vor, das leicht aus der Heidelandschaft im Südwesten Londons hierher versetzt hätte sein können. Er schenkte seinem Auftraggeber, dem Hamburger Golf-Club, ein Meisterstück, das 80 Jahre überdauert hat.

Der Originalkurs, und vor allem seine besten Löcher, sind größtenteils erhalten geblieben. In den 1960er-Jahren nahm der große deutsche Architekt Bernhard von Limburger lediglich einige Änderungen vor. Zwei Zugewinnen stehen einige Verluste gegenüber, aber trotzdem gehört dieser Kurs auch 80 Jahre nach Baubeginn zur Spitze der deutschen Golfplätze. Colt nutzte geschickt die Hügel und Täler für einen kompakten Kurs, der das Potenzial dieses schönen Stücks Land in vollem Umfang ausschöpft.

Unvergessliche Tees und Grüns

Colt hätte den Kurs auch direkt vor dem Clubhaus beginnen lassen können, aber das flache, uninteressante Gelände eignet sich viel besser als erstklassiges Übungsgelände für Pitches und Putts. So muss man erst einen dahinterliegenden Hügel ersteigen, um den Abschlag zu erreichen. Hier steht man vor einem hübschen Dogleg mit einem erhöht liegenden Grün, das geschickt von seiner Lage und den Bäumen auf der linken Seite verteidigt wird. Die Bahnen 2 und 3 hat von Limburger

angelegt. Sie zählen zu den besten des Kurses: ein starkes Par 5 mit gut gewählter Positionierung des Grüns und ein großartiges Par 3, das über ein Tal auf ein angewinkeltes Grün hinter geschickt angelegten Bunkern zu spielen ist.

Nur wenige der Par sind wirklich lang, zählen aber zu den schönsten Two-Shottern im beachtlichen Portfolio Colts. So lädt das 6. Loch am Abschlag zu einem kräftigen Drive in Richtung eines entfernten Hügels und auf ein Fairway ein, das nach rechts schwenkt, während es bergan auf ein Grün auf einer Hügelkuppe zuläuft. Anschließend führt das 7. Loch wieder bergab zu einem schön bebunkerten Grün. Man kann sich kaum einen schöneren Platz für ein Grün denken als auf dem Plateau des 12. über einem bewaldeten Tal. Es folgt mit der 13. Bahn ein weiteres Kleinod mit einem schönen Drive über Heideland auf ein geneigtes Fairway, gefolgt von einem Pitch auf ein geschickt zum Fairway abgewinkelten Grün auf einer Hügelkuppe. Eine Wiederholung? Oh nein, jedes Loch ist einzigartig inspirierend.

Ein weiteres Meisterwerk wartet am 17. Loch, einem kurzen, aber bezaubernden Par 5. Der Drive führt halb blind auf einen Hügelrücken, hinter dem das Fairway sanft nach links schwenkt. Es führt bergauf zum Grün, besteht aber auf den letzten 137 m überwiegend aus Heidekraut – eine echte Herausforderung! Natürlich kann man es mit dem zweiten Schlag schaffen, aber nur, wenn der Drive gesessen hat. Hier wird die Eitelkeit gekitzelt, und nur allzu häufig schafft man es, trotz aller Bemühungen in der Heide zu landen!

▶ Der Hamburger Golf-Club richtete 1911 die ersten German Open auf seinem ursprünglichen Platz in Flottbek aus. Sieger war Harry Vardon, der sechsmalige British-Open-Gewinner.

LINKS *Heidekraut ist ein gutes Hindernis. Es ist leicht, den Ball zu finden, aber was dann kommt, ist unsicher. Colt nutzt es gekonnt am 17. Loch.*

SCOREKARTE DES KURSES

Loch	Länge (in Meter)	Par
1	294	4
2	502	5
3	213	3
4	433	5
5	365	4
6	375	4
7	324	4
8	162	3
9	385	4
Out	3052	36
10	156	3
11	401	4
12	366	4
13	332	4
14	319	4
15	142	3
16	301	4
17	437	5
18	335	4
In	2788	35
Gesamt	5840	71

„Was in Falkenstein vor allem auffällt, ist das vollständige Fehlen von Wasser.“

TONY RISTOLA, GOLFPLATZARCHITEKT

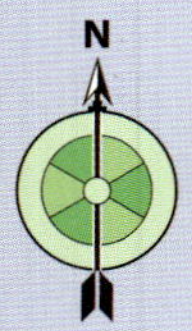

Sporting Club Berlin

Sporting Club Berlin

Faldo Course, Sporting Club Berlin, Bad Saarow, Deutschland

Vor dem Zweiten Weltkrieg besaß Deutschland mehr Golfkurse als jedes andere Land auf dem europäischen Kontinent. Nach dem Krieg wurde das Land geteilt, und der Osten stand unter Kontrolle der Sowjetunion. Golf und Kommunismus passten nicht zusammen, und so gingen einige schöne alte Plätze für immer verloren. Die vom kommunistischen Teil Deutschlands eingeschlossene Insel Westberlin konnte sich nicht ausdehnen. Es gab einen einzigen 18-Loch-Platz, und es war kein Platz für einen weiteren Kurs in den von den Westmächten kontrollierten Sektoren.

Der Fall des Kommunismus und der symbolische Abriss der Mauer gaben den Anstoß für den Bau neuer Plätze in erreichbarer Nähe zur Stadt auf dem Gebiet der ehemaligen DDR. Angesichts der Tatsache, dass die Landwirtschaft in der DDR antiquiert war und man teilweise immer noch mit Pferden arbeitete, ist es schade, dass kein Architekt auf die Idee kam, diese Techniken zur Anlage traditioneller Plätze zu nutzen, wie Colt oder Simpson sie gebaut hätten. Die Ergebnisse waren sehr viel subtiler. Stattdessen haben die Auftraggeber es als Gelegenheit begriffen, auf den gehobenen Markt zu zielen. Eines der Resultate ist das beeindruckende Resort des Sporting Club Berlin in Bad Saarow.

RECHTS *Ein Blick auf das 10. Loch, ein Par 5, des Faldo Course in Bad Saarow. Hier zeigt sich Faldos Vorliebe für Links-Golf.*

Die hinteren Neun des von Palmer geplanten Champions Course ziehen sich durch den Wald und gelten als die schönsten hinteren Neun in Deutschland.

OBEN *Der Ausbruch aus den Bunkern des Faldo Course erfordert Kraft, Können, Willen und Nerven. Hier die Bunker der 17. Bahn.*

Der SC Berlin, einer der besten Sportclubs Europas, bietet außer Golf Anlagen für Tennis, Segeln auf dem größten See Brandenburgs und hervorragende Wellness-Einrichtungen.

Klangvolle Namen

Gelingt es, einen berühmten Golfer zu überreden, bei der Anlage eines neuen Golfplatzes mitzuwirken, kann man direkt einige Millionen auf die Baurechnung aufschlagen. Dafür erhält man zwei oder drei Tagesvisiten des bedeutenden Mannes, während die angestellten Architekten in seinem Team die Arbeit machen. Eine Ausnahme ist da Nick Faldo, der mehr zum Design „seiner" Plätze beiträgt als viele seiner Kollegen. Sein Links-artiger Kurs in Bad Saarow hat bereits viele positive Kritiken erhalten und bildet einen schönen Kontrast zu Arnold Palmers Waldkurs im gleichen Resort. Es gibt noch einen weiteren 18-Loch-Platz von Stan Eby sowie mustergültige Übungsanlagen.

Der Faldo Course war von Anfang an für große Turniere gedacht (hier fanden mehrere German Open statt), aber Faldo hat sich nicht verleiten lassen, eine schier endlose Quälerei zu konstruieren. Interessanterweise hat er ein paar kürzere Par 4 ins Repertoire aufgenommen, und Wasser – das offensichtlich unverzichtbare Element aller neuen Anlagen mit Turnierambitionen – findet man nur auf der 1. und 10. Bahn. Allerdings wäre es kein Links-Kurs, gäbe es keine Bunker, deshalb legte Faldo 133 Stück an, die meisten davon sind tiefe Potbunker.

Das Land mag flach sein, aber dafür gibt es reichlich Platzelemente, beispielsweise abgewinkelte Grüns wie am 7., enge Zugänge wie am 9., und das permanente Gefühl, dass man mit an Sicherheit grenzender Wahrscheinlichkeit einen Schlag verliert, wenn man in einem dieser Bunker an der falschen Stelle landet.

SCOREKARTE DES KURSES

Loch	Länge (in Meter)	Par	Loch	Länge (in Meter)	Par
1	501	5	10	511	5
2	379	4	11	521	5
3	170	3	12	344	4
4	347	4	13	213	3
5	195	3	14	379	4
6	487	5	15	358	4
7	401	4	16	329	4
8	349	4	17	176	3
9	409	4	18	419	4
Out	3238	36	In	3251	36
			Gesamt	6489	72

Biella

Biella

Golf Club Biella „Le Betulle", Magnano Biellese, Valcarozza, Italien

Wie vielen anderen europäischen Ländern brachten die Briten auch Italien den Golfsport und 1889 den ersten Club in Florenz. Sie waren 1903 auch maßgeblich am Aufbau des Rome Golf Club und mehrerer Clubs im kühleren Bergklima im Norden Italiens beteiligt. Dies ist eine der wenigen Regionen des Kontinents, in denen der große britische Architekt Harry Colt nicht tätig war, stattdessen stammen viele der frühen Plätze von dem begabten Iren Peter Gannon. Als die Gründer des Golf Club Biella Ende der 1950er-Jahre einen eigenen Championship-Platz bauen wollten, wendeten sie sich an Colts früheren Geschäftspartner John Morrison.

UNTEN *Selbst ohne Bergpanorama sind die Bahnen attraktiv durch den Baumbestand. Man muss hier allerdings absolut gerade schlagen.*

Morrison war vor und nach dem Ersten Weltkrieg ein begabter Amateur gewesen und hatte sich in den 1920ern Colt und Alison angeschlossen, um in den 1930ern Partner und Direktor des Unternehmens zu werden. Das 1958 eröffnete Biella war eines seiner letzten Solo-Projekte und ein großartiges Werk! Ein Golfplatz muss nicht schön sein, um Größe zu haben, aber es ist definitiv ein Bonus. Der Platz von Biella zieht sich über hügeliges Land mit ausgedehnten Birkenwäldern (Le Betulle). Er könnte fast ein englischer Heidelandkurs sein. Dazu kommt ein tolles Bergpanorama. Eine Runde im Herbst, wenn sich die Blätter färben und die Berge mit glitzerndem Schnee bedeckt sind, ist ein Erlebnis.

▶ Morrison arbeitete mit Colt an Plätzen wie dem East und West Course von Wentworth, Hamburger Falkenstein, Kennemer und Utrecht und wirkte an der Restaurierung von Prince's mit.

▶ Auf einer Höhe von 600 m gelegen, muss Biella über den Winter schließen, aber man kann hier meist vor Ende März bis Ende November spielen.

Nicht die Konzentration verlieren

Man sollte schon die Umgebung genießen, aber man muss sich auch voll auf die anstehende Aufgabe konzentrieren, und es besteht kein Zweifel, dass die Anlage hohe Anforderungen stellt. Den Anfang macht ein solides Par 4, das sich bergab und nach links zieht. Es gibt bereits den Takt vor: Die Bebunkerung ist zurückhaltend, aber dafür droht reichlich Ärger, wenn man zwischen die Bäume gerät. Dazu kommt an vielen Löchern die Bedrohung durch Wasserläufe und Teiche.

Eines der stärksten Löcher ist das 3., das zwischen den Bäumen bergab verläuft, bevor es scharf nach links abbiegt und über ein Flüsschen auf ein gut platziertes Grün führt. Hier sind nur wenige Bahnen gerade. Ein weiteres starkes Dogleg ist das 6. Bei diesem Gelände ist es eine echte Leistung, beide Neunen am Clubhaus beginnen und enden zu lassen, und als schönes Resultat sind die Bahnen attraktiv miteinander verwoben. Zwei der vier Par 3 sind länger als 183 m. Die hinteren Neun weisen ein paar gute Two-Shotter auf, wie das 12. und das 14., und eine der attraktivsten Bahnen ist das 16., ein Par 5 mit abfallendem Fairway vor einer majestätischen Bergkulisse. Zusammen mit einem malerischen Par 3 und einem harten Par 5 bildet es ein angenehmes Finish.

SCOREKARTE DES KURSES

Loch	Länge (in Meter)	Par
1	401	4
2	179	3
3	380	4
4	359	4
5	193	3
6	373	4
7	484	5
8	369	4
9	515	5
Out	3253	36
10	201	3
11	466	5
12	377	4
13	344	4
14	386	4
15	340	4
16	493	5
17	172	3
18	466	5
In	3245	37
Gesamt	**6499**	**73**

„Eine großartige Herausforderung in wunderschöner Umgebung."

PEUGEOT GOLF GUIDE

Is Molas

Is Molas

Is Molas Golf Hotel, Is Molas, Pula, Sardinien, Italien

Angesichts des heißen und trockenen Klimas auf den meisten Mittelmeerinseln überrascht es, dass man hier überhaupt Golfplätze findet, ganz zu schweigen von guten. Sardinien ist mit zwei bekannten Kursen gut aufgestellt: Pevero, Robert Trent Jones' Arbeit für den Aga Khan, und das Resort von Is Molas mit seinen 27 hinreißenden Bahnen in schöner Umgebung nahe der alten phönizischen Stadt Nora.

Der Originalkurs wurde von den britischen Partnern Ken Cotton, Charles Lawrie und Frank Pennink gebaut, die zusätzlichen neun Löcher stammen vom Team um Gary Player. Auf dem Platz wurden vier Italian Open ausgetragen. Die ersten gewann 1976 der Einheimische Baldovino Dassù. Spätere Sieger waren Mark James (1982) und Ian Poulter (2000) aus England sowie der Franzose Gregory Havret (2001). Sein Sieg beim Volvo Masters 1989 auf diesem Platz brachte Vijay Singh erstmals an die internationale Spitze.

UNTEN *Golf wird in Is Molas vor dem typisch kargen sardischen Hintergrund aus felsigen Hügeln und dürrem Gesträuch gespielt. Hier puttet Mark Roe bei den Italian Open 2001 am 16. Loch ein.*

GOLF AUF DEN MITTELMEERINSELN

Sardinien ist nicht die einzige Mittelmeerinsel, auf der Golf gespielt wird. So hat Elba Raum für den winzigen 9-Loch-Kurs Acquabona, und der Ätna bildet den Hintergrund für den einzigen (und recht attraktiven) Platz Siziliens, Il Picciolo. Der bezaubernde 9-Loch-Platz von Royal Malta stammt aus dem Jahr 1888. Auf Zypern gibt es heute drei 18-Loch-Kurse. Zwei der vier griechischen Plätze liegen auf den Inseln Rhodos und Korfu. Und Korsika hat mit Sperone einen Golfplatz von Robert Trent Jones.

▶ Die Phönizier sollen Nora im 8. Jahrhundert v. Chr. als Handelsposten gegründet haben. Die Stadt war später im Besitz der Karthager und dann der Römer, bevor sie im 4. Jahrhundert nach Abzug der Römer zerfiel.

Kein Problem für die Pros

Is Molas mag mit seinen etwas über 6400 m lang sein, aber das ist für die Profis nur ein Spaziergang. Die Sieg-Scores der letzten beiden Italian Open lagen hier 21 bzw. 22 unter Par. Die Pros wollen sich auf diesem Platz direkt am Anfang einen Vorsprung erspielen, was ihnen auch meist gelingt, ist das Par 5 für sie doch leicht in zwei Schlägen zu bewältigen. Schwächere Spieler werden die nächsten vier Löcher recht schwierig finden, beginnend mit einem langen Par 4 bergauf. Dann folgt ein starkes Par 3, bei dem der Abschlag kräftig genug sein muss, um den leichten Anstieg aufs Grün zu überwinden.

Das 4. erfordert zwei kraftvolle Schläge, wobei das Grün durch einen geschickten Umgang mit dem Dogleg leichter erreichbar ist. Dann folgt das brutale 5. Loch. Es ist die destruktivste Bahn des Kurses mit Büschen, dem Aus, Wasser, Bunkern, einem Baum mitten auf dem Fairway, einer Rinne vor dem Grün und einem Grün auf einer Felskuppe als Krönung der lauernden Katastrophen.

Auf den hinteren Neun wecken drei Par 5 die Hoffnung, einige zuvor verlorene Schläge gutmachen zu können. Hier droht der Fluss Tintioni einen Strich durch die Rechnung zu machen, und mit einer sardischen Trockenmauer lauert eine weitere, wenn auch ungewöhnliche, Unannehmlichkeit. Den Abschluss bildet eine schöne Bahn mit einem schwer anzugreifenden Grün, das schmal, erhöht und angewinkelt ist. Heute mal 20 unter Par, Sir? Vermutlich eher nicht.

SCOREKARTE DES KURSES

Loch	*Länge (in Meter)*	*Par*
1	459	5
2	394	4
3	196	3
4	424	4
5	369	4
6	331	4
7	197	3
8	386	4
9	356	4
Out	3111	35
10	176	3
11	360	4
12	497	5
13	371	4
14	155	3
15	512	5
16	457	5
17	373	4
18	400	4
In	3302	37
Gesamt	**6413**	**72**

Villa d'Este

Villa d'Este

Villa d'Este, Montorfano, Italien

Nur wenige werden von Peter Gannon gehört haben, einem der einflussreichsten Platzarchitekten in der Frühzeit des italienischen Golfs. Er wurde 1874 als Kind irischer Eltern in Buenos Aires geboren. 1901 wurde er in London zum katholischen Priester geweiht und stieg dann zum Sekretär des Bischofs von Plymouth auf. Er war aber auch ein begnadeter linkshändiger Golfspieler und gewann nationale Meisterschaften in Österreich, Frankreich und Italien. Er gab schließlich den Priesterberuf auf, heiratete und wurde Golfplatzarchitekt!

Gannon hatte bereits einfache, aber schöne Plätze bei Menaggio und Stresa in Italien, Karlsbad in Böhmen und im Engadin in der Schweiz gebaut, als er 1926 den Auftrag erhielt, einen Platz bei Villa d'Este nahe des Comer Sees zu entwerfen. Dieser gilt weithin als sein Meisterwerk, aber es gibt noch weitere Anwärter auf diesen Titel, wie den Milan Golf Club bei Monza und den Ugolino-Kurs, den er für den ältesten italienischen Club in Florenz anlegte. Für seine Arbeit hätte er sich kaum einen schöneren Hintergrund wünschen können. Er fand ein welliges Gelände etwa 457 m über dem Meer mit einem fantastischen Bergpanorama vor. Hier legte er einen Platz an, der sich über die Jahre mehr als bewährt hat.

▶ In Villa d'Este wurden zwölf Italian Open abgehalten. Insgesamt fanden 30 Italian Open auf sieben verschiedenen Gannon-Plätzen statt. Zwischen 1925 und 1949 wurden sogar jede Italian Open auf einem seiner Kurse gespielt, eine beachtliche Bilanz.

LINKS UND UNTEN *Der Kurs von Villa d'Este ist nicht lang, zählt aber zu den schwersten Par-69-Plätzen in Europa, was sich gut am kniffligen 18. Loch zeigt, dessen erhöhtes Grün tückisch konturiert und dicht bebunkert ist.*

Kurz, aber schwer

Auf dem Papier mag Villa d'Este nach heutigem Maßstab kurz wirken, aber dabei vernachlässigt man die Hügel und die Kursführung Gannons. Der Platz bietet schöne Tempowechsel zwischen langen und kurzen One-, Two- und Three-Shot-Bahnen. Man muss den Ball aus den verschiedensten Hanglagen spielen, mal oberhalb der Füße, mal unterhalb, und es gibt jede Menge schmale Öffnungen, durch die der Ball gelegentlich gezirkelt werden muss. Jedes Loch ist eine neue Herausforderung.

Heute ist es ungewöhnlich, auf einen Kurs mit sechs Par 3 zu stoßen. Erfrischend ist auch, dass man kaum versucht hat, die Abschläge über die natürliche Länge der Bahnen hinaus zu verschieben. Das Resultat sind mehrere schöne kurze Par 4, die man im modernen Golfdesign nicht allzu oft antrifft. Die Runde beginnt allerdings mit einem strammen und langen Par 5. Vom stark erhöhten Abschlag aus ist das Fairway ein schmales Ziel, dabei kommt es auf dieser sanft, aber durchgehend geschwungenen Bahn auf die Position an. Auch das 2. Loch verlangt mit seinem abschüssigen Fairway nach Präzision am Abschlag. Hier wird schon deutlich, dass rohe Kraft nicht hilft, sondern nur klares Denken zum Erfolg führt.

Die hinteren Neun eröffnen mit einer kurzen Bahn, die in den Wald führt. Das 11. Loch droht mit dem Aus zur Rechten und einem gut bewachten Grün. Mit dem 14. und dem 15. folgen zwei schwere Löcher aufeinander, wobei ersteres als langer One-Shotter einen zielsicheren Schlag erfordert. Ähnlich gnadenlos ist der Annäherungsschlag auf das 15. Grün.

SCOREKARTE DES KURSES

Loch	*Länge (in Meter)*	*Par*
1	540	5
2	363	4
3	194	3
4	297	4
5	134	3
6	292	4
7	186	3
8	386	4
9	356	4
Out	2747	34
10	179	3
11	385	4
12	337	4
13	492	5
14	204	3
15	426	4
16	166	3
17	483	5
18	315	4
In	2986	35
Gesamt	**5733**	**69**

Hilversum

Hilversum

Hilversumsche Golf Club, Hilversum, Niederlande

Die holländischen Links-Plätze gewinnen zunehmend an Bekanntheit. Weniger bekannt hingegen ist die Stärke der Inlandskurse des Landes. So unterscheidet sich das Golfspiel in Hilversum deutlich von dem auf den berühmteren Kursen an der Nordsee, wo die Bahnen wie bei den schottischen Vorbildern durch Dünen und Strandhafer schneiden. Auch Hilversum besitzt das Flair eines britischen Platzes, aber in diesem Fall eher eines englischen Inlandskurses.

Nähert man sich dem Club auf der Zufahrt durch den Wald, wird man an die Heidelandschaft von Surrey erinnert, und die traditionelle Anlage des Kurses selbst ähnelt denen von Sunningdale oder Wentworth. Obwohl hier mehrere Dutch Open gespielt wurden, wurde Hilversum nicht mit modernen Tricks wie astronomischer Länge oder künstlichen Seen aufgepeppt. Stattdessen sorgen die Bäume und das Design – geschickt platzierte Bunker und ein anspruchsvolles Rough – für Herausforderungen. Eines der interessantesten Elemente sind die blinden Schläge, die man in einem so flachen Land nicht erwartet hätte!

COLT IN DEN NIEDERLANDEN

Der große englische Platzarchitekt Harry Colt arbeitete viel in den Niederlanden und hinterließ im ganzen Land erstklassige Plätze. Er überarbeitete Hilversum, leistete Großes in Kennemer und lieferte mit seinem Links-Platz in Den Haag ein Meisterwerk ab. Er schuf archetypische Links-Kurse in Eindhoven und De Pan in Utrecht und arbeitete an De Dommel und dem Amsterdam Old Course. Ein bemerkenswertes Portfolio.

▸ Hilversum hat die Dutch Open seit 1923 24-mal ausgerichtet. Der berühmteste Sieger ist Seve Ballesteros (1980).

LINKS *Die friedvolle Ruhe des traumhaften Golfplatzes von Hilversum ist nicht den Golfern alleine vorbehalten. Die Wege durch den Wald stehen auch Radfahrern und Fußgängern offen.*

Heidezauber

Die von Bäumen gesäumten Fairways verlangen nach Präzision und vorsichtiger Annäherung. Daher sollte man am kurzen 2. Loch mit einem Eisen abschlagen, um die erhöhte Landezone zu treffen. Das Fairway ist auf traditionelle Weise durch Rough zweigeteilt, sodass die Länge vom Abschlag begrenzt ist. Auf diese Weise steht jeder vor dem gleichen Annäherungsschlag, bei dem es erneut auf Präzision ankommt, da das Grün zwischen den Bäumen und inmitten von Bunkern liegt.

Schafft man es, im Spiel zu bleiben, sind die Eröffnungslöcher eine geradlinige Angelegenheit, allerdings bestraft der Kurs trotz lässiger Anmutung jeden Fehlschlag, vor allem am 4. Loch, einem Par 5 mit Birdie-Potenzial, an dem die Heide auf der linken Seite ins Fairway wächst. Eine ganz andere Herausforderung stellt das 6. Loch dar, bei dem man den Drive entlang der rechten Seite dreschen muss, will man das Grün dieses strammen Par 4 in Regelschlagzahl erreichen. Wie auf vielen der Bahnen hier muss man auch auf diesem Dogleg eine ganz bestimmte Linie spielen, weil sonst die hohen Bäume den Annäherungsschlag blockieren. Die empfohlene Vorsicht war allerdings nichts für Seve Ballesteros, der den Ball an dieser Stelle um die Bäume herum zauberte, um die Dutch Open zu gewinnen.

Unebenheiten in verschiedensten Erscheinungsformen bilden die Schwierigkeit der Schlussstrecke: Das Grün der 13. Bahn besteht aus vielen Schrägen, während auf dem 16. und dem 17. Fairway Hügel beim zweiten Schlag die Sicht versperren. Auf der gesamten Runde genießt man schöne Annäherungen auf Grüns, die zwischen Bäumen liegen, sodass sich der Ball im Flug vor dem Hintergrund des Blattwerks gut abzeichnet. Eine Runde in Hilversum bietet den ganzen Charme großer Heidelandkurse.

SCOREKARTE DES KURSES

Loch	*Länge (in Meter)*	*Par*
1	444	5
2	310	4
3	350	4
4	372	4
5	190	3
6	399	4
7	437	5
8	124	3
9	301	4
Out	2928	36
10	133	3
11	386	4
12	323	4
13	435	5
14	109	3
15	411	4
16	338	4
17	349	4
18	448	5
In	2932	36
Gesamt	**5859**	**72**

„Wehe dem Besucher, der versucht, den Club mit kurzen Jeans und T-Shirt zu betreten."

PETER DOBEREINER

71

Kennemer

Kennemer

Kennemer Golf & Country Club, Zandvoort, Niederlande

Es wäre zu einfach, die Niederlande als komplett flaches Land zu bezeichnen. Natürlich sind sie das auch zum größten Teil, aber es gäbe keine Niederlande ohne die Kette von Sanddünen entlang der Nordsee, die die salzigen Fluten daran hindern, die Tulpenfelder und Wiesen zu ertränken, die den Reichtum der Nation mitbegründeten. Auf diesen Dünen finden sich drei hervorragende Plätze: Den Haag, Nordwijk und Kennemer.

In vielerlei Hinsicht ähnelt Kennemer Royal Lytham und St. Annes an der Küste von Lancashire. Beide liegen nicht weit vom Meer entfernt hinter beliebten Seebädern (Zandvoort und Blackpool), und bei beiden begleitet die Eisenbahn einige der Löcher. Hier endet aber die Ähnlichkeit, denn die Dünen Kennemers sind wilder und beeindruckender als die Lythams. Nichtsdestotrotz hat Kennemer britisches Flair, was zum Teil am reetgedeckten Clubhaus liegt und mehr noch an dem Umstand, dass der Kurs von dem Engländer Harry Colt entworfen wurde, der auch Sunningdale und Wentworth schuf.

BOLLWERKE DES KRIEGS

Es grenzt an ein Wunder, dass Colts Kurs überlebt hat, da Kennemer im Zweiten Weltkrieg in einen Betondschungel aus Panzersperren und Geschützbunkern verwandelt wurde, die Amsterdam schützen sollten. Erstaunlicherweise wurde der Platz nicht komplett zerstört und konnte schon 1947 wieder bespielt werden. Dies wurde vor allem durch die erhalten gebliebene, detailreiche Korrespondenz zwischen Colt und dem Club ermöglicht.

Hohe Dünen und Plateau-Grüns

Hollands Sanddünen dienen nicht nur zur Abwehr der See, sondern sind auch ökologisch wichtig. Auf der Runde in Kennemer hat man das Gefühl, eins mit der Natur zu sein. Das Gefühl ist vielleicht am 1. Tee am stärksten, einer Plattform hoch auf den Dünen neben dem Clubhaus mit einem weit unten liegenden welligen Fairway, das sich durch Dünen und Gestrüpp zum entfernten Grün zieht. Dieses Gefühl hält auch beim 2. Loch an, einer kurzen Bahn über raues Land auf ein hohes Grün. Am 3. Tee erwartet einen ein schöner Ausblick, während das Fairway sich an Bunkern und einem baumbestandenen Hügel vorbei nach links Richtung Grün wendet. Die nächsten fünf Bahnen führen am Rand des Platzes entlang über flacheren Boden und bieten gute Score-Chancen, bevor das schöne 9. Loch das Spiel zurück ins Herz der Dünen führt.

Ein aufregender Drive über ein gewundenes Tal eröffnet die hinteren Neun, und der Pitch auf das versteckte Grün steht dem in nichts nach. Die 11. und die 12. Bahn geizen nicht mit Länge und führen zurück an den Platzrand. In diesem Teil sorgen Kiefern für ein Heideland-Ambiente, das auch auf dem 13. und 14. Loch vorherrscht. Dann folgt das individuellste der Löcher, eine außergewöhnliche kurze Bahn auf ein Plateau-Grün auf einem steilen Hügel. Kurzes Spiel hilft hier nicht weiter, weil der Ball sonst bis zum Fuß des Hügels zurückrollt! Den Abschluss der Runde bilden drei solide Bahnen.

LINKS *Das 14. Grün und dahinter das unvergessliche 15. Loch auf der Hügelkuppe mit den Bunkern am Fuß des Hangs. Im Hintergrund liegt das hübsche reetgedeckte Clubhaus von Kennemer.*

SCOREKARTE DES KURSES

Loch	Länge (in Meter)	Par
1	413	4
2	151	3
3	479	5
4	302	4
5	316	4
6	435	5
7	339	4
8	171	3
9	389	4
Out	2996	36
10	330	4
11	421	4
12	499	5
13	341	4
14	352	4
15	149	3
16	439	5
17	154	3
18	364	4
In	3049	36
Gesamt	**6044**	**72**

▶ Das Gemälde eines jungen Golfspielers aus dem 17. Jahrhundert im Clubhaus von Kennemer erinnert daran, dass Golf in den Niederlanden vermutlich genauso alt ist wie in Schottland.

▶ Die Dutch Open werden hier auf einem kombinierten Kurs gespielt, der auch die neun Bahnen des jüngeren Van Hengel Course nutzt, der von Frank Pennink entworfen wurde.

Noordwijk

Noordwijk

Noordwijkse Golfclub, Zuid Holland, Niederlande

Golf lässt sich in Holland bis ins 13. Jahrhundert zurückverfolgen. Historische Dokumente berichten von einem Spiel namens „Colf", bei dem man einen Ball mit einem Schläger auf ein Ziel spielt. Das moderne Golf nahm hier 1889 mit einem 3-Loch-Kurs in Den Haag seinen Anfang, gefolgt von einem Platz in Utrecht. Nordwijk bereichert diese lange Geschichte um zwei allerdings nicht sehr bedeutende Episoden.

Bei den Dutch Open 1976 sollten gemäß neuer Regeln für die European Tour alle Spieler einer Profivereinigung angehören. Die Organisatoren hatten jedoch die Regeln missverstanden und luden drei Amerikaner ein, die keiner PGA angehörten. Die meisten Spieler streikten und weigerten sich, die erste Runde zu spielen. Da nur eine Handvoll der einheimischen Pros und die drei Amerikaner antraten, wurde die Runde gestrichen. Das Problem wurde schließlich gelöst, wenn auch auf bizarre Weise: Die Amerikaner wurden technisch ausgeschlossen, spielten aber um ein Preisgeld aus einem anderen Topf weiter.

Der zweite Beitrag Nordwijks zur Geschichte des Golfs in Holland war der Sieg von Seve Ballesteros bei den Dutch Open 1986, der hier als erster Spieler bei der European Tour 1 Million Pfund Preisgeld gewann. Das Turnier wurde getrübt, als zwei Grüns von Anti-Apartheid-Demonstranten zerstört wurden und eine Runde lang unbespielbar waren.

Eine Verbindung von Links und Wald

Nordwijk erstreckt sich auf den Dünen, die Holland vor der Nordsee schützen, und ist so hügelig wie alle Küstenkurse. Die gigantischen Dünen breiten sich im Norden bis zum Horizont aus und heben diese Region vom ansonsten sehr ebenen Land ab. Das kleine Clubhaus ist für einen so bedeutenden Club recht bescheiden. Es wurde auf einer Düne mit Blick auf die grünen Fairways erbaut, die sich durch die Landschaft

RECHTS *Das kurze 3. Loch wurde während der Dutch Open 1986 von Anti-Apartheid-Demonstranten beschädigt. In diesem Jahr siegte Ballesteros mit acht Schlägen Vorsprung.*

schlängeln. Am 1. Abschlag wird angesichts des erhöhten Grüns, das ungeschützt im Wind liegt, deutlich, dass Nordwijk ein echter Links ist. Der unverstellte Blick auf das Dogleg dieses Par 4 zeigt das Rough, das den kompakten Links-Boden des Fairways bewacht.

Nordwijk hat noch ein landschaftliches Ass im Ärmel, wird der sandige Boden dieser wichtigen Region doch von Bäumen gehalten. Deshalb führen die Eröffnungslöcher schon bald in dichten Wald, bewahren sich aber die legendär engen Lagen eines Links. Das ist eine interessante und ungewöhnliche Mischung, bei der ein Loch ungeschützt dem Wind ausgesetzt sein kann, während das nächste sich mitten im Wald befindet.

Die Links-Bahnen sind sehr ansehnlich mit gewellten Fairways zwischen hoch aufgetürmten Dünen, aber ein Abschnitt im Wald hält einige echte Kleinode bereit. Der Eingang zum 6. Grün wirkt von der Par-3-Bahn aus winzig. Tatsächlich ist er nur etwa zehn Schritte breit, und Bäume sowie ein großer Bunker bieten zusätzlichen Schutz. Ein 183-m-Carry über Bäume (von wegen Links-Golf!) bietet dem Mutigen beim 7. Loch eine Abkürzung und ermöglicht eine leichtere Annäherung auf das erhöhte Grün.

Die unterschiedlichen Landschaftsstile sorgen für ein einmaliges Erlebnis auf festem Links-Boden inmitten idyllischer Wälder.

SCOREKARTE DES KURSES

Loch	Länge (in Meter)	Par
1	353	4
2	547	5
3	152	3
4	423	4
5	377	4
6	168	3
7	331	4
8	369	4
9	509	5
Out	3230	36
10	401	4
11	457	5
12	134	3
13	338	4
14	486	5
15	340	4
16	358	4
17	184	3
18	353	4
In	3052	36
Gesamt	**6282**	**72**

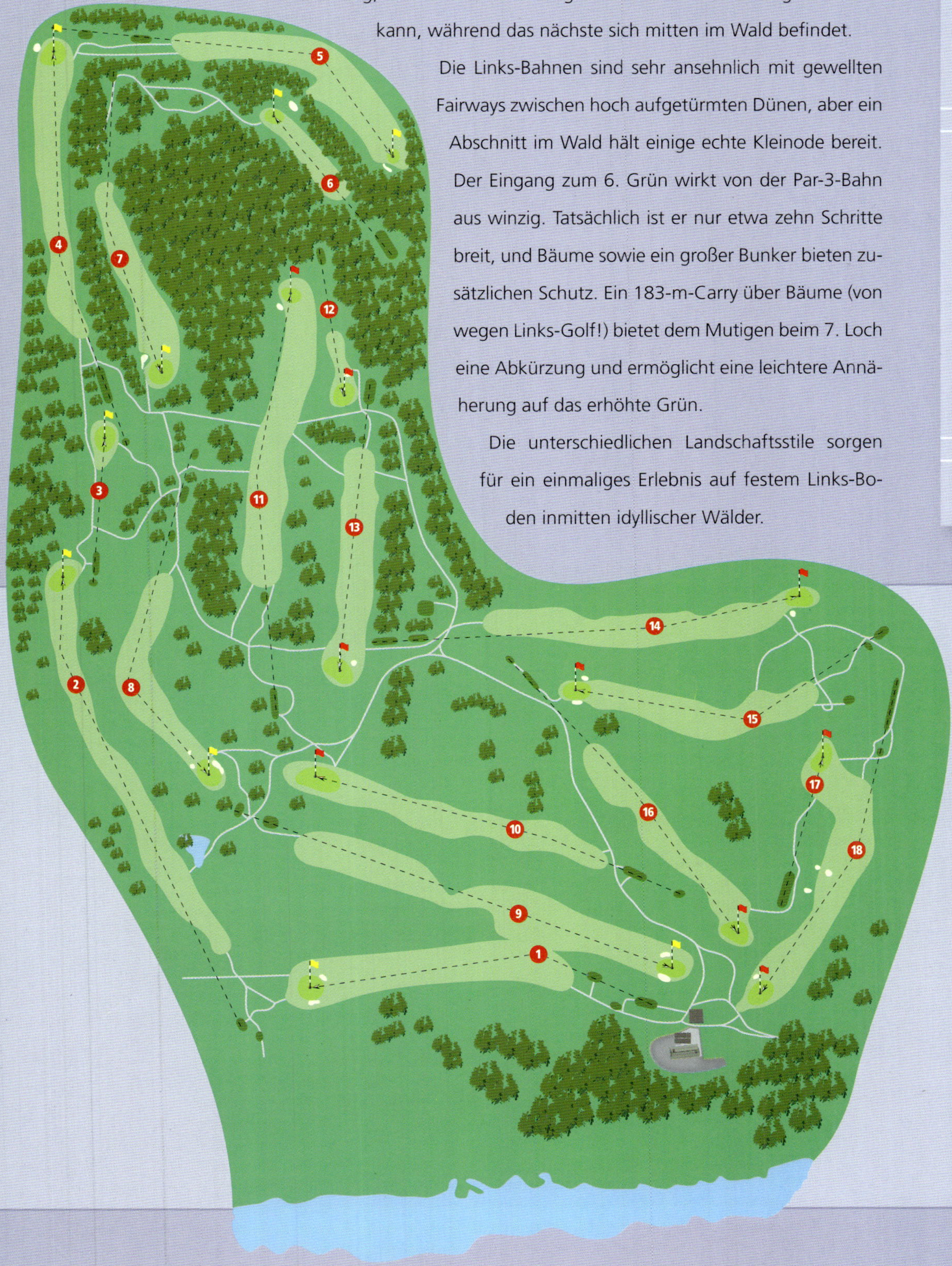

„Wenn der Wind auffrischt, wird Nordwijk wie alle klassischen Links richtig hart.“

GARY PLAYER, GARY PLAYER'S TOP GOLFPLÄTZE DER WELT

Praia d'El Rey

Praia d'El Rey

Praia d'El Rey Golf & Country Club, Obidos, Portugal

Die meisten portugiesischen Golfplätze liegen an der Algarve, aber auch die Region um Lissabon hat dem Golfspieler einige interessante Kurse zu bieten. Dann gibt es eine Lücke, bis zu den Plätzen hoch im Norden in der Region von Oporto. Der Oporto Golf Club selbst ist der älteste Club Portugals. Er wurde 1890 gegründet und kommt einem Links so nahe, wie das so weit im Süden Europas möglich ist. Der Bereich zwischen Lissabon und Oporto ist aber nicht völlig golffrei, denn an der Küste westlich von Obidos liegt Praia d'El Rey, seinerseits in vielerlei Hinsicht sehr Links-ähnlich.

Der Platz bietet schöne Ausblicke aufs Meer und eine Reihe von Löchern direkt am Wasser. Dies mag auf den ersten Blick nicht bemerkenswert erscheinen, aber bei den meisten Baugrundstücken gehört der Platz am Strand heute den Hotels und Villen mit Meerblick, die die höchsten Preise erzielen, während die Golfplätze auf der anderen Seite liegen und als Verkaufsargument für die Zimmer und Grundstücke ohne Meerblick dienen. Hier steht der Golfplatz an erster Stelle.

UNTEN *So Links-ähnlich, wie das an der portugiesischen Atlantikküste möglich ist. Dies ist das 13. Loch, ein kurzes Par 4 mit 300 m altmodischem Spaß am Meer.*

PLÄTZE IN LISSABON

Einer der schönsten Plätze in der Umgebung Lissabons ist das Links-artige Tróia von Robert Trent Jones auf einer sandigen Halbinsel nahe Setúbal. Im Westen von Setúbal befindet sich das weitläufige und elegante Quinta do Perú. Viele der besten Plätze liegen in der Gegend um Estoríl und Cascais. Der beliebteste ist wohl Penha Longa. Der klassische Mackenzie-Ross-Platz von Estoríl ist kurz, aber sehr schön. Hier machte viele Jahre lang die European Tour Station.

25

The K Club

The K Club

The K Club, Straffan, County Kildare, Republik Irland

Durch den Boom des irischen Golfsports in den letzten Jahren war der K Club die logische Wahl für den Ryder Cup 2006. Die Spieler zeigten hier traumhaftes Golf, wie etwa Scott Verplank mit seinem Hole-in-One am 14. Loch. Doch schließlich ging Europa in Führung und stellte den Rekord von 18½ zu 9½ ein. Spannung und Emotionalität prägten dieses Turnier, und so wird uns der K Club noch lange in Erinnerung bleiben.

Obwohl im K Club meist nur Urlaubsgolf oder Zählspiele stattfinden, ist der Kurs ideal für Lochspiel-Turniere geeignet. Die meisten Turniere enden am 16. oder 17. Loch, wo Arnold Palmers Entwurf besonders gelungen ist. Es ist interessant, dass die Bahnen bei Turnieren in einer anderen Reihenfolge gespielt werden als im Alltagsbetrieb. Was normalerweise das 7. Loch ist, wird bei Turnieren, wie dem Ryder Cup, zum 16. Loch. Die Distanz von möglichen 549 m wird bei solchen Gelegenheiten auf 521 m oder weniger reduziert. Dies soll die Spieler dazu animieren, das Grün mit zwei Schlägen anzuspielen, was einen kühnen Schlag über den Liffey erfordert. Auch das 17. Loch ist eine hinterhältige Bahn am Fluss, bei der man besonders für die Annäherung starke Nerven benötigt. Das 18. ist ein Par 5, das Profis mit zwei Schlägen angehen, und dessen anspruchsvolle Annäherung über einen See führt.

Palmers kühnes Spiel

Arnold Palmers Art zu spielen war aufregend anzusehen: lösungsorientiert und risikofreudig. Viele Bahnen des K Club basieren auf dem Prinzip, dass Mut sich auszahlt. Auf dem gesamten Kurs wird vorausschauendes und präzises Spiel belohnt. Aber manche Bahnen verlangen ein bisschen weniger Finesse und dafür ein bisschen mehr Arnold Palmer! Das 4. Loch heißt „Arnold's Pick“, und das Par 5 kann problemlos mit drei Schlägen gespielt werden. Es bietet aber auch eine aggressivere Möglichkeit. Die Palmer-Variante führt gefahrenträchtig mit einem kräftigen Schlag über einen von Bunkern übersäten Hügel, wird aber mit einem zweiten Schlag auf das von Bunkern bewachte Grün belohnt.

Schaut man sich um und sieht das üppige Grün, das klare Wasser und die hochgewachsenen Bäume, ist es schwer vorstellbar, dass der Kurs erst 1991 fertiggestellt wurde. Der fruchtbare Boden und das vom irischen Regen gut getränkte saftige Gras locken aber auch Rennpferdzüchter magisch nach Kildare. Zudem sind der Liffey und die vielen Teiche und Seen des Kurses nicht nur erstklassige Golfhindernisse, sondern bieten den Gästen des Fünf-Sterne-Resorts auch hervorragende Angelreviere. Betrachtet man die reiche Geschichte der Grafschaft und ihrer Bewohner, die 1500 Jahre zurückreicht, verwundert es, dass der K Club nicht schon früher gegründet wurde.

Anscheinend versucht man aber, die verlorene Zeit wettzumachen. Denn hier finden hochrangige Turniere statt, und auf dem zweiten Kurs von Palmer, der eher im Links-Stil gehalten ist, werden zudem Veranstaltungen der European Tour ausgetragen.

▶ Colin Montgomerie führte im Einzel 2006 und hielt seinen ungeschlagenen Rekord von acht Ryder-Cup-Einzelsiegen in Folge. Die Europäer nahmen ihn sich zum Vorbild, dominierten die Einzel und erzielten ihren dritten Sieg in Folge.

LINKS *Die während des Ryder Cup als 8. Loch gespielte Bahn ist im Alltagsbetrieb das trügerische kurze 17. Loch, an dem der Liffey täglich viele Bälle verschlingt.*

SCOREKARTE DES KURSES

Loch	*Länge (in Meter)*	*Par*
1	382	4
2	378	4
3	155	3
4	519	5
5	402	4
6	437	4
7	393	4
8	158	3
9	422	4
Out	3247	35
10	534	5
11	379	4
12	166	3
13	391	4
14	195	3
15	408	4
16	521	5
17	388	4
18	491	5
In	3474	37
Gesamt	**6721**	**72**

Lahinch

Lahinch

Old Course, Lahinch Golf Club, County Clare, Republik Irland

Lahinch! Dieser Ort lässt das romantische Golferherz höher schlagen. Für die Einheimischen ist Lahinch das irische St. Andrews, und man möchte ihnen Recht geben. Dieser Ort lebt nur für den Golfsport, oder zumindest fühlt es sich so an. Und schon vor über 100 Jahren kam Old Tom Morris den ganzen Weg von St. Andrews hierher, um den damals bestehenden Platz in einen echten Golfkurs zu verwandeln.

Erosionsschäden und der Wunsch der Mitglieder nach etwas Besserem brachten 1927 Alister MacKenzie in die Stadt, um den Kurs zu überarbeiten. Heraus kam praktisch ein neuer Kurs, bei dem nur wenige der alten Bahnen erhalten blieben, die sich aber dann als wahre Klassiker erwiesen. Obwohl MacKenzie Links-Plätze liebte und St. Andrews immer als Grundlage aller Golfplatzarchitektur bezeichnete, blieb dies einer seiner wenigen Ausflüge in die Welt des Links-Golfs.

Leider blieb auch MacKenzies Arbeit nicht vollständig erhalten. Die Erosion beschädigte Teile des Kurses, die durch schlichtere ersetzt wurden. Der Kurs war immer noch gut, aber nicht mehr die frühere große Herausforderung. 1999 beschloss der Club, diesen Missstand endlich zu beseitigen. Martin Hawtree wurde mit der Aufgabe betraut, Lahinch endlich wieder an die Spitze des Golfs in der Republik Irland zu bringen, auf Augenhöhe mit Portmarnock und Bally-

bunion. Dies gelang ihm auf beeindruckende Weise. In dieser wunderbaren Dünenlandschaft wäre jeder Kurs ein guter, und betrachtet man die Namen der Architekten, musste er einfach außergewöhnlich werden. Er bietet mehrere Weltklasse-Bahnen, und das 3., 6., 7., 9., 10., 14., 15. und 17. Loch zählen gleichsam alle zu den stärksten Par-4-Löchern der Welt. Zudem eröffnete Hawtree am 7. und am 11. Loch einen wunderbaren Meeresblick, der lange Zeit verloren war. Und zu guter Letzt ist das 13. eines der schönsten kurzen Par-4-Löcher, das man sich vorstellen kann. Es lädt zwar zu einem weiten Drive ein, lässt einen aber dumm dastehen, wenn dieser misslingt.

Klondyke und The Dell

Am berühmtesten ist Lahinch aber für seine zwei anachronistischen Bahnen, das 4. und das 5. Loch. Das Erstere heißt „Klondyke" und ist nach dem riesigen Sandhügel benannt, der das Fairway fast den ganzen Weg zum Grün beherrscht. Wer auf einen Eagle hofft, muss mit dem zweiten Schlag blind darüberspielen. Aber der Weg darum herum ist auch nicht einfacher. Zu allem Übel liegt das Grün auch noch dicht vor einer mit Gras bestandenen Böschung, hinter der das Aus lauert. Für einen Eagle muss der zweite Schlag also ganz präzise landen.

Doch damit nicht genug. Die 5., „The Dell" genannte Bahn führt mit einem komplett blinden Schlag über eine Düne zu einem tief liegenden Grün. Sie stammt von Tom Morris' Kurs, ist unverändert erhalten und dient als schöne Erinnerung an alte Zeiten. Als krönender Abschluss führt dann noch der Abschlag am letzten Loch quer über das 4. und das 5. Loch!

▸ Lahinch vertraut auf ein altbewährtes System zur Wettervorhersage: Die Mitglieder beobachten die Ziegen, die auf dem Gelände frei umherstreifen. Sind sie auf dem Kurs unterwegs, bleibt das Wetter gut. Halten sie sich am Clubhaus auf, kommt Regen.

LINKS *Lahinch bietet mit seinen Buckeln und Senken wahres Links-Golf. Auf dem festen Küstenboden werden alle möglichen Schläge zur reinsten Freude.*

SCOREKARTE DES KURSES

Loch	Länge (in Meter)	Par
1	348	4
2	488	5
3	408	4
4	434	5
5	141	3
6	388	4
7	376	4
8	152	3
9	366	4
Out	3101	36
10	403	4
11	155	3
12	528	5
13	255	4
14	422	4
15	426	4
16	178	3
17	399	4
18	488	5
In	3254	36
Gesamt	**6355**	**72**

27

Old Head

Old Head

Old Head Golf Links, Kinsale, County Cork, Republik Irland

Höhenangst oder nicht das nötige Kleingeld sind schlechte Voraussetzungen für Old Head. Erstens liegt der Kurs direkt am Atlantik auf steilen Klippen über der schäumenden Gischt, und zweitens hat der Kurs eine der höchsten Greenfees Europas. Dennoch sollte sich kein Golfer die Gelegenheit entgehen lassen, hier zu spielen.

Old Head ist ein historischer Ort, der bereits 100 n. Chr. auf einer Karte des griechischen Mathematikers Ptolemäus auftaucht. Der Klan der Eirinn, auf den auch der Name Irland zurückgeht, ließ sich hier 900 v. Chr. nieder. 1915 wurde direkt vor der Küste das britische Passagierschiff Lusitania von einem deutschen U-Boot torpediert, und 1000 Menschen starben. Dies war mit ein Grund dafür, dass sich die USA am Ersten Weltkrieg beteiligten.

Man betritt den Kurs durch die Ruine eines Turms aus dem 12. Jahrhundert und wird sofort auf den historischen Boden eingestimmt. Am 7. Loch begegnet man den Überresten von Leuchttürmen aus dem 17. und 19. Jahrhundert. Aber die Faszination des Kurses ist nicht sein historischer Hintergrund, sondern seine grandiose Lage, die dem Besucher fast den Atem raubt. Da auf der Landzunge gerade einmal 18 Löcher Platz haben, wurde jedes Fleckchen genutzt. So klammern sich neun Löcher direkt an die Klippen. Die Brüder John und Patrick O'Connor kauften das Land 1989. Nach vier Jahren waren alle Hindernisse überwunden, der Bau konnte beginnen, und 1997 war der Kurs schließlich fertig. Man engagierte ein Gremium kluger Köpfe für den Entwurf des Kurses: Ron Kirby (früher Mitglied des Designteams von Jack Nicklaus), Paddy Merrigan (ein Architekt aus Cork), Eddie Hackett (ein talentierter und sehr umtriebiger irischer Architekt), Joe Carr (Irlands bester Amateurspieler) und Liam Higgins (ein Professional aus Waterville).

Der Wind bläst hier so stark, dass man sehr breite Fairways benötigte und bei den Grüns auf starke Konturen verzichten musste. Dennoch gibt es kaum ein Vierball-Match, bei dem nicht kartonweise Bälle im Atlantik landen.

RECHTS *Das unberechenbare Fairway des 4. Lochs thront auf den Klippen und wird zum entfernten Grün hin immer schmaler. Das Grün hängt direkt über dem Atlantik.*

▸ Old Head wurde so angelegt, dass Golfer unterschiedlicher Stärken ganz unterschiedliche Distanzen spielen. So verfügt jedes Loch über mindestens sechs verschiedene Abschläge.

▸ Kinsale ist als Gourmetzentrum Irlands berühmt, wo jedes Jahr im Oktober ein Food Festival stattfindet.

„Wahrscheinlich kann kein anderer Kurs einen je auf eine Runde in Old Head vorbereiten.“

JAMES W. FINEGAN, *WHERE GOLF IS GREAT*

SCOREKARTE DES KURSES

Loch	Länge (in Meter)	Par	Loch	Länge (in Meter)	Par
1	408	4	10	474	5
2	371	4	11	181	3
3	163	3	12	516	5
4	390	4	13	236	3
5	393	4	14	413	4
6	453	5	15	313	4
7	176	3	16	174	3
8	502	5	17	578	5
9	434	4	18	421	4
Out	3290	36	In	3305	36
			Gesamt	6595	72

Vier große Klippenbahnen

Ist der Schwung eingerostet, sollte man schnell in Form kommen, denn am 4. Loch sind Perfektion und gute Nerven gefragt. Vom Abschlag auf den Klippen spielt man auf das abknickende schmale Fairway, das bis zum Grün an den Klippen entlangläuft. Es liegt erhöht direkt an der Abbruchkante und wird von einem Leuchtturm von 1853 überragt, der daran erinnert, wie gefährlich das Meer hier ist. Am 12. Loch muss man über eine Einbuchtung im Kliff schlagen. Das Grün des Par 5 klammert sich ebenfalls gefährlich an den Rand der Klippen – also bloß nicht verziehen! Das gilt auch für das 13. Loch, ein Par 3 mit erhöht platziertem Grün und dem hier fast obligatorischen Abgrund zur Linken.

Schließlich folgt das 17. Loch, ein Par 5 der Weltklasse, das zum Grün hin abfällt. Bei dieser Bahn droht der Abgrund stetig auf der rechten Seite.

Kurse 28–46

USA
28 Augusta, Georgia
29 Bethpage, New York
30 Kapalua, Hawaii
31 Kiawah Island, South Carolina
32 Merion, Pennsylvania
33 Oakmont, Pennsylvania
34 Pebble Beach, Kalifornien
35 Pine Valley, New Jersey
36 Pinehurst, North Carolina
37 Shinnecock Hills, New York
38 Torrey Pines, Kalifornien
39 TPC Sawgrass, Florida
40 TPC Scottsdale, Arizona
41 Valhalla, Kentucky
42 Whistling Straits, Wisconsin
43 Winged Foot, New York

KANADA
44 Banff Springs, Alberta
45 Highlands Links, Nova Scotia
46 St. George's, Ontario

Geschickte Anlage

Das Meer ist ein fantastischer Nachbar für einen Golfplatz, aber wie nutzt man es optimal? Das Geheimnis liegt in der Wegführung. Schon ab dem 2. Loch spielt man in Praia d'El Rey vor dem Hintergrund des Meeres, sodass die Vorfreude wächst. Sanddünen sind ein wichtiger Teil eines Küstenkurses, sie bilden hier den Rahmen für die kurze 3. Bahn, aber dann geht es, nachdem man einen Vorgeschmack vom Meer bekommen hat, landeinwärts. Das Sahnehäubchen kommt später. Hier muss zuerst die Basis für einen ordentlichen Score gelegt werden!

Mit der 9. Bahn kehrt man zurück zum Clubhaus, bekommt aber irgendwie das Gefühl, dass es jetzt wirklich ans Meer geht. Erneut steigt zwischen dem 10. und dem 12. Loch die Vorfreude, clever gedämpft durch das kurze 11., das in die Gegenrichtung führt. Schließlich hat man es geschafft, und das 13., 14. und 15. Loch sind fantastische Bahnen am Wasser. Die Rückkehr landeinwärts ist jetzt keine Enttäuschung, denn Nummer 16, 17 und 18 sind aus hartem Holz geschnitzt – für Turniere können sie auf zusammen 1355 m gestreckt werden, wobei allein das endlos scheinende 17. 570 m lang ist.

LINKS *Das 10. Loch, ein Par 5, mit Blick auf das Resort-Hotel und den dahinterliegenden Atlantik.*

SCOREKARTE DES KURSES

Loch	*Länge (in Meter)*	*Par*
1	360	4
2	463	5
3	177	3
4	304	4
5	441	4
6	382	4
7	492	5
8	174	3
9	193	4
Out	3186	36
10	460	5
11	183	3
12	396	4
13	300	4
14	150	3
15	375	4
16	390	4
17	570	5
18	395	4
In	3219	36
Gesamt	**6404**	**72**

San Lorenzo

San Lorenzo

San Lorenzo Golf Course, Almancil, Algarve, Portugal

Die Algarve ist eine der beliebtesten Golfregionen Europas. Ihr angenehmes Klima zieht während der dunklen und kalten Wintermonate besonders Nordeuropäer an, und im Sommer verhindert die Meeresbrise, dass es unerträglich heiß wird. Die Auswahl an Golfplätzen ist riesig, aber das hat nicht nur eine schöne Seite, denn die Algarve ist heute ein Gewirr aus Apartment-Betonburgen. Um an der Algarve wirklich Spaß am Golfspiel zu haben, muss man sehr sorgfältig auswählen, und die beste Wahl mit dem gewissen Extra im Vergleich zur Konkurrenz ist San Lorenzo.

San Lorenzo wurde in den späten 1980er-Jahren von dem amerikanischen Architekten Joe Lee angelegt. Lee hatte das Glück, dass das Land, auf dem der Club entstehen sollte, zum Atlantik hin abfällt, und diesen Umstand hat er in vollem Umfang genutzt. Ein anderer Pluspunkt des Platzes muss noch erwähnt werden: Wie alle Kurse an der Algarve liegt San Lorenzo inmitten von Baugrundstücken. Diese sind allerdings mit Villen im Hollywood-Stil bebaut. Es mag zwar wie ein Filmset aussehen, aber es ist allemal besser als die Betonmonstrositäten an anderen Stellen.

Natur als Hintergrund

Es stimmt nicht ganz, dass San Lorenzo zum Atlantik hin abfällt, es fällt eher zur Mündung des Ria Formosa hin ab, der durch niedrige Sanddünen vom Meer getrennt ist. Der Schutz dieser Dünen macht das Mündungsgebiet zu einem Paradies für eine Vielfalt schwimmender, tauchender und watender Vogelarten. Glücklicherweise ist der gesamte Bereich als Naturschutzgebiet ausgewiesen.

Nicht nur Ornithologen eilen zum 6. und 7. Loch, auch Golfer wollen den schönsten Teil von San Lorenzo sehen.

Beide Bahnen besitzen erhöhte Abschläge, von denen der Drive jeweils auf ein schmales Fairway direkt am Wasser führt. Es gibt hier keine Punkte für zu vorsichtiges Spiel. Beide Grüns liegen gefährlich nahe am Strand und das des 7. Lochs ist zudem auf der Rückseite bebunkert.

Für den Durchschnittsgolfer geht es auf dem 8. Loch nur darum, nicht in Schwierigkeiten zu geraten und alle verfügbaren Schlagtechniken zu nutzen – schließlich ist es ein Stroke 3! Aber für schlagstarke Spieler ist es eine aufregende Bahn mit Wasser entlang der gesamten rechten Seite und drohenden Hügeln auf der linken, wo man sie lieber nicht hätte.

Die hinteren Neun eröffnen mit einem schwierigen Drive über einen Flussarm auf ein ansteigendes, gekrümmtes Fairway, aber danach (bis zum 17.) ist die Runde eher solide als spektakulär. Am 17. Loch droht allerdings die Aussicht auf ein nasses Grab oder auf einen Drop, wenn man zu sehr auf Nummer sicher spielt. Das Grün wird hier von Wasser bewacht. Das gilt auch für das 18. Grün, aber hier gibt es keine sichere Route für die Furchtsamen. Irgendwann muss man hier das Wasser angreifen und überwinden.

LINKS *Das letzte Grün von San Lorenzo ist von Wasser und Sand umgeben und ungeachtet der Länge des Annäherungsschlags ein schwieriges Ziel – ein Hauch von Florida an der Algarve.*

SCOREKARTE DES KURSES

Loch	Länge (in Meter)	Par
1	494	5
2	162	3
3	334	4
4	340	4
5	131	3
6	386	4
7	345	4
8	525	5
9	366	4
Out	3082	36
10	519	5
11	350	4
12	395	4
13	359	4
14	157	3
15	473	5
16	190	3
17	344	4
18	371	4
In	3159	36
Gesamt	**6241**	**72**

▸ San Lorenzo hat nie nach professionellem Turniergolf geschielt, und so blieb dem Platz die unnatürliche Verlängerung erspart, die so viele Tour-Plätze erleiden mussten.

▸ San Lorenzo liegt auf dem Gelände von Quinta do Lago, gehört aber nicht zum Portfolio Quinta do Lagos, das die vier Quinta-Plätze und zwei Vale-de-Lobo-Kurse umfasst.

RESORT-GOLF IN PORTUGAL

Die Entwicklung Portugals vom nahezu golflosen Land zu einem wichtigen Faktor des Resort-Golfs ist bemerkenswert. Es genügt wohl zu wissen, dass es nach Ende des Zweiten Weltkriegs auf dem portugiesischen Festland nur drei Plätze gab. Heute sind es über 50 Plätze, und ihre Zahl wächst geradezu alarmierend weiter. Sie sind allerdings fast ausschließlich für die Touristen angelegt, und angesichts des Winterwetters in Nordeuropa wundert es nicht, dass das Geschäft sich lohnt. Im Vergleich zur Anzahl an Plätzen gibt es nur wenige einheimische Spieler. Das Traurige daran ist, dass die Plätze in „internationalem" Stil für „internationale" Golfer angelegt werden.

Vergleichbar ist das mit dem Vinho Verde, einem portugiesischen Wein ohne großen Charakter, der aber perfekt zu Bacalhau, dem köstlichen einheimischen Klippfisch, passt. Bekommt man das Original frisch und schäumend im Krug serviert, ist er knochentrocken und durstlöschend. Dagegen ist die Touristenversion lieblich, ein bisschen klebrig und kommt in einer Flasche mit einem bunten Etikett. Charakter und Ehrlichkeit sind verloren. Den portugiesischen Resort-Plätzen würde etwas mehr Charakter und deutlich weniger bunte Etiketten guttun.

RECHTS *Das 6. Grün trifft man nur mit einem perfekten Drive vom erhöhten Abschlag auf ein Fairway, das von einem trügerischen, strauchbewachsenen Hügel und dem Ria Formosa eingefasst wird.*

RECHTS OBEN *Eine ungewöhnliche Bebunkerung zeichnet das 7. Grün aus, die unter anderem das Ziel optisch kleiner wirken lassen soll, als es in Wirklichkeit ist.*

Vilamoura

Vilamoura

Old Course, Vilamoura, Quarteira, Algarve, Portugal

Als Erster erkannte Henry Cotton, welch großartige Golfmöglichkeiten die Algarve zu bieten hat. Der Kurs, den er 1966 auf einer ehemaligen Reisplantage in Penina in der Nähe von Lagos errichtete, löste förmlich eine Flut von neuen Plätzen (mehrere Dutzend) an diesem Küstenstreifen zwischen Lagos und Faro aus. Drei Jahre nach der Vollendung von Penina wurde Frank Penninks bahnbrechender Kurs zwischen den Pinien und Korkeichen von Vilamoura eingeweiht. Seitdem ist das Resort in Vilamoura enorm gewachsen. Penninks Meisterwerk blieb aber glücklicherweise fast unverändert. Es ist ein Kleinod für Kenner, aber natürlich nicht so spektakulär wie einige der effekthascherischen Kurse, die heute so lautstark angepriesen werden.

Pennink, ein britischer Architekt mit niederländischen Wurzeln, war ein guter Amateurgolfer, ein Kenner des Golfsports und ein begabter und eleganter Autor, der zum Thema Golf schrieb. So strahlte Vilamoura von Anfang an Klasse aus. Für „Effekthascherei" war Pennink zu ehrlich. Bei seinem unaufdringlichen Entwurf dreht sich vielmehr alles um Raffinesse und Geschicklichkeit. Wie schön, dass nie jemand damit beauftragt wurde, den Kurs „aufzupeppen".

Grün, Grün und nochmals Grün

Vilamouras Fairways wurden über die Jahre schmaler. Die Pinien, die die Fairways flankieren, sind zwar sehr attraktiv, schnüren den Kurs aber durch ihr stetes Wachstum enorm ein. Daher sind hier für ein gutes Ergebnis gerade Schläge wichtig. Mit den gut platzierten Pinien brauchte Pennink kaum Fairway-Bunker, und diese elegante Zurückhaltung prägt den gesamten Kurs. 1996 wurde er unter der feinfüh-

LINKS *Diese Luftaufnahme zeigt Penninks klaren und ehrlichen Entwurf. Er machte schlicht das Beste aus dem, was ihm zur Verfügung stand: welliges Terrain und Pinien.*

UNTEN *Welche Probleme das starke Baumwachstum auf dem künstlich bewässerten Kurs mit sich bringt, erkennt man bei dieser Ansicht des 11. Lochs.*

ligen Anleitung von Martin Hawtree vollständig überholt, wodurch die grundlegenden Platzbedingungen wesentlich verbessert werden konnten.

Der Old Course beginnt sanft mit einem kurzen Par 4, einem mit zwei Schlägen spielbaren Par 5 und einem weiteren kurzen Par 4. Dann folgt am 4. Loch, einem Par 3, mit einem Ententeich das einzige Wasserhindernis des Kurses (welch starker Kontrast zu vielen der Nachbarkurse). Er bedroht aber nur einen wirklich schlechten Schlag, viel hinderlicher ist ein Baum auf direkter Linie zum Grün. Die Par-3-Bahnen zählen zu den stärksten des Kurses. Das 5. Loch führt zum Clubhaus zurück. Dieses Par 5 hat weniger Bäume und daher mehr Bunker. Die nächsten drei Löcher verlangen längere Abschläge, und Spieler mit kräftigem Schlag werden den Drive am 9. Loch lieben, auch wenn seine Verteidigung stark ist – Pennink war ein geschickter Golfer.

SCOREKARTE DES KURSES

Loch	Länge (in Meter)	Par
1	310	4
2	435	5
3	324	4
4	163	3
5	486	5
6	212	3
7	393	4
8	419	4
9	265	4
Out	3007	36
10	153	3
11	390	4
12	487	5
13	348	4
14	440	5
15	150	3
16	514	5
17	353	4
18	413	4
In	3249	37
Gesamt	**6255**	**73**

Der Old Course ist nur einer von sieben Kursen der Unternehmensgruppe Oceânico. Ihr neuer Kurs, der von Nick Faldo entworfen wurde, ist im Stil eines Wüstenkurses in Arizona errichtet.

El Saler

El Saler

Parador de El Saler, Valencia, Spanien

Rund 16 km südlich der Stadt Valencia liegt ein schmaler Landstreifen aus Dünen und Pinienwäldern zwischen den weiten Feuchtgebieten des Nationalparks Albufera und den noch unberührten Stränden an diesem Teil der spanischen Mittelmeerküste. In den 1960er-Jahren, noch bevor der Golftourismus in Spanien große Bedeutung erlangte, beschloss man, das Angebot des Luxushotels Parador Luis Vives um einen Golfplatz zu bereichern. Die Aufgabe, den Platz zu gestalten, fiel dem begabten und damals außerhalb Spaniens noch fast unbekannten Architekten Javier Arana zu. El Saler ist sein bester Entwurf und zeugt auch nach seinem Tod von seinem großen Talent.

Obwohl einige der Löcher in den Dünen nahe der Küste an einen Links erinnern, ist El Saler grundsätzlich ein Pinienwaldkurs mit weiträumigen, geschwungenen Fairways und ausgedehnten Grüns. Aranas Bunker sind dazu passend großzügig proportioniert, obwohl ihr flacher Boden ein Entkommen recht einfach macht. Nur in den tiefen Bunkern in den Dünen kann man untergehen. Sie liegen häufig hinter den Grüns, und dann führt der Rettungsschlag auf ein in Schlagrichtung abschüssiges Grün, das selbst die Besten auf die Probe stellt.

Golf im Einklang mit der Natur

El Saler ist ein wahres Naturparadies und besonders reich an Wald- und Wasservögeln. Eine Tour durch den Nationalpark Albufera kann man nur wärmstens empfehlen. Die reiche Flora und Fauna sprechen für eine gesunde Umwelt. Damit dies so bleibt, wird der Platz gut bewässert, was die Grüns jedoch auch langsam macht. Wollte man sie aber schnell machen, würde die sengende Sonne sie bald verbrennen und damit zerstören.

▶ El Saler hat bisher nur wenige Turniere ausgerichtet, darunter die Spanish Open, das Turespaña Masters und die Seve Trophy. Bernhard Langer gewann die Spanish Open 1984 mit beeindruckenden 62. Seine Mitstreiter waren so überrascht, dass sie meinten, er müsse zwei Löcher ausgelassen haben.

LINKS *Am Abschlag des letzten Lochs zeigt sich der Links-Charakter: ein sich windendes Fairway und jede Menge sandiges Unheil zur Rechten.*

Zwischen Pinien gelegen, zeigen die ersten vier Löcher die typischen Merkmale von Aranas Architektur. Seine von trügerischen Graten durchzogenen Fairways erschweren das Abschätzen von Distanzen und Platzieren des Abschlags. Dieser Platz will mit Bedacht gespielt werden. Einfach drauflosschlagen hilft hier nicht. Doch plötzlich ändert sich am 5. Loch der gesamte Charakter des Kurses, denn der Abschlag führt bergauf auf einen entfernten Grat zu. Dahinter erwartet einen ein umwerfender Blick mit einem steil bergab verlaufenden Fairway und einem in den Dünen liegenden Grün vor einem ausladenden Meerespanorama.

Auf der ersten Kurshälfte bleibt der Links-Charakter erhalten, mit dem weiten, geschwungenen Par 4 am 6., einem der besten Löcher des Platzes, oder der riesigen Düne am 8. Loch. Dadurch setzt sich El Saler von den vielen anderen Pinienwaldkursen Spaniens ab. Am 10. Loch geht es dann wieder zu den Bäumen. Die raffiniert bebunkerte Bahn endet in einem typischen, erhöht zwischen Bäumen liegenden Grün. Nach einem etwas nüchternen Abschnitt kehrt der Kurs zu einem großartigen Finish in die Dünen zurück, wo das 17. Loch zwischen sandigen Hügeln seinen trügerischen Charme entfaltet. Am letzten Abschlag lockt rechts der Blick aufs Meer, doch der Golfer sollte sich auf das Loch konzentrieren. Das kurvige Fairway ist schwer zu treffen, und die Dünen rechts verheißen Unheil. Zu guter Letzt ist das Grün eine knifflige Angelegenheit, wenn man nicht genau den richtigen Punkt trifft, denn es fällt in mehrere Richtungen ab.

SCOREKARTE DES KURSES

Loch	*Länge (in Meter)*	*Par*
1	391	4
2	344	4
3	486	5
4	173	3
5	471	5
6	404	4
7	327	4
8	328	4
9	143	3
Out	3068	36
10	365	4
11	519	5
12	181	3
13	318	4
14	379	4
15	516	5
16	391	4
17	195	3
18	426	4
In	3290	36
Gesamt	**6458**	**72**

Las Brisas

Real Club de Golf Las Brisas, Nueva Andalucía, Spanien

In der Region um Marbella an der Küste Andalusiens gibt es heute rund 20 Golfclubs. Gelände, das nicht zu einem Golfkurs gehört, ist wahrscheinlich mit Villen, Apartmenthäusern und Hotels zugebaut. Als Las Brisas aber 1968 seine Pforten öffnete, war es hier praktisch noch allein und blickte über offenes Land auf La Concha, den höchsten Gipfel der Sierra Blanca. Bis heute zählt der Club zu den exklusiven und teuren seiner Art.

Robert Trent Jones, der produktivste unter den Golfplatzarchitekten, hatte Spanien schon 1965 mit Sotogrande, seinem ersten Kurs in Europa, seinen Stempel aufgedrückt. Die Ehre, den ersten Golfplatz in dieser Region angelegt zu haben, gebührt zwar Guadalmina (1959), doch Sotogrande war der Maßstab, an dem sich alle späteren Kurse messen mussten. Leider war er auch stilprägend, und so musste nun jeder Golfkurs „amerikanisch" aussehen. Mit Wasserhindernissen auf insgesamt zwölf Bahnen fällt Las Brisas, Jones' zweiter Kurs in Spanien, eindeutig in diese Kategorie.

UNTEN *Irgendwo auf diesem Bild ist ein Golfplatz! Durch die unkontrollierten Auswüchse des Massentourismus in Andalusien gehen schöne Kurse wie Las Brisas zwischen Betonburgen unter.*

EIN WELTCUP DER STARS

Bei seinem ersten World Cup war Las Brisas erst fünf Jahre alt. Unter den starken Teams war auch das amerikanische Duo Jack Nicklaus und Jonny Miller. Es siegte, und Miller war mit insgesamt 277 Schlägen (11 unter Par) auch der beste Einzelspieler. Mit einer 65er-Runde stellte er zudem einen neuen Kursrekord auf. 1989 kehrte der World Cup zurück, und seitdem haben hier mehrere Spanish Open und ein Mediterranean Open auf der European Tour stattgefunden, doch meist sind auf Las Brisas nur Freizeitsportler unterwegs.

Eine Fülle von Wasserhindernissen

Der Kurs beginnt harmlos mit einem Par 4. Doch schon am 2. Loch legt er einen Zahn zu mit einem schweren Drive auf das schmale Fairway, das rechts um einen Teich abknickt und dann zum erhöhten Grün ansteigt. Bei den nächsten Löchern müssen große Distanzen zurückgelegt werden, so auch beim 5., das mit 532 m die längste Bahn ist. Dann trifft man am 8. Loch auf eine besondere Herausforderung. Es wird fast über seine gesamte Länge von einem Wasserlauf begleitet, der es dann kurz vor dem Grün kreuzt. Auf den letzten rund 90 m verläuft jenseits des Wassers ein alternatives Fairway. Es liegt auf einer Achse mit dem Grün und bietet einen sichereren Zugang, doch wer einen Birdie oder Eagle erzielen will, muss den kürzeren und gefährlicheren Weg über das Wasser wählen.

Ein weiteres Par 5 für kühne Schläge ist das 12. Loch, denn will man das Grün mit zwei Schlägen erreichen, muss man ein großes Stück Wasser überwinden. Beim World Cup löste Jack Nicklaus die Probleme des 15. Lochs, indem er das Dogleg komplett ausließ und mit einem rund 250 m langen Schlag nonchalant direkt über die Bäume und das Aus hinwegspielte. Auch das 16. Loch, ein Par 3, bietet eine ausgedehnte Wasserfläche, und der Bach vor dem 17. Grün hat schon so manche Wertung auf dieser Bahn ruiniert. Selbstredend führt auch der Abschlag am letzten Loch über Wasser.

▶ Nick Faldo gewann 1987 die Spanish Open in Las Brisas. Die Grüns waren damals besonders schnell und schwierig, doch Faldo sagten sie zu, und so setzte er sich durch.

SCOREKARTE DES KURSES

Loch	Länge (in Meter)	Par
1	365	4
2	389	4
3	436	5
4	189	3
5	532	5
6	345	4
7	158	3
8	447	5
9	316	4
Out	3178	37
10	361	4
11	188	3
12	467	5
13	338	4
14	361	4
15	382	4
16	203	3
17	291	4
18	362	4
In	2954	35
Gesamt	6133	72

LINKS *Las Brisas ist wunderbar gepflegt. Sein Wasser mag den Golfer behindern, aber schon alleine wegen seines erstklassigen Zustands bleibt dieser Platz in Erinnerung.*

„Eine anspruchsvolle, unerbittliche, aber attraktive Aufgabe für ein Turnier.“

WORLD ATLAS OF GOLF

78

Valderrama

Valderrama

Club de Golf Valderrama, San Roque, Cadiz, Spanien

Valderrama, häufig als bester Golfkurs auf dem europäischen Festland bezeichnet, ist untrennbar mit dem Volvo Masters, dem großen Turnier am Ende der European Tour, verbunden. 1997 erlebte der Club einen der am härtesten umkämpften Ryder Cups. Seve Ballesteros europäischem Team gelang es noch am letzten Tag, das Comeback der Amerikaner zu verhindern, und sie behielten den Cup mit einem Punkt Vorsprung. Trotz seines hohen Anspruchs und des berüchtigten 17. Lochs ist Valderrama für Spieler aller Stärken geeignet. Eine große Bandbreite an Abschlägen bietet sowohl unterschiedliche Distanzen als auch Wege. Dies ist dem kreativen Design des Platzes zu verdanken, der interessanterweise zweimal vom selben Architekten angelegt wurde.

Valderrama hieß ursprünglich Sotogrande New, wurde dann in Las Aves umbenannt, bevor es vom reichen bolivianischen Industriellen Jaime Ortiz-Patiño aufgekauft wurde. Da er hochrangige Turniere auf seinem Platz empfangen wollte, rief Ortiz-Patiño den viel beschäftigten Robert Trent Jones, der schon den ersten Platz entworfen hatte. Seine wichtigste Änderung war die Umkehrung der Reihenfolge, sodass die schwersten Löcher nun das Finish bilden. Zudem wurde die Dränage stark verbessert und später ein See vor dem 17. Grün angelegt. Der Kurs ist immer in erstklassigem Zustand.

Ein Hauch Augusta

Große Distanzen waren in Valderrama nie vorrangig, und dennoch stellt der Kurs den Spieler vor keine einfache Aufgabe. Das Gelände ist hügelig, und der Wind, der in zwei verschiedene Richtungen weht, ist ein ständiger, aber stetig wechselnder Faktor. Die vielen Bäume des Kurses verlangen nicht nur nach sehr geraden Schlägen, sondern verstellen auch viele Wege. Dadurch bleibt einem häufig nur eine einzige mögliche Route zum Grün, und so wird das Spiel in Valderrama schnell zum Zielgolf.

Ortiz-Patiño wünschte sich, dass sein Kurs hinsichtlich des Entwurfs und der Platzbedingungen an Augusta erinnerte, was am 10. Loch auch gelingt. Obwohl es kurz ist, lässt es wenig Raum für Fehler, denn der Abschlag muss im Bogen um einen See herum und an einem Bunker vorbei, der jeden zu geraden Ball verschlingt. Von hier genießt man einen schönen Blick auf das von weißen Bunkern und Korkeichen umstellte Grün. Dennoch braucht man, wie beim 9. in Augusta, eine kräftige Annäherung, denn jeder schwache Schlag rollt unweigerlich rückwärts vom Grün und oft wieder das Fairway zurück!

Einen großen Teil seines Reizes verdankt Valderrama seiner zauberhaften, unberührten Natur, die ein leuchtendes Beispiel für andere Kurse ist. Aufgrund eines aktiven ökologischen Engagements finden sich auf dem Platz doppelt so viele Pflanzenarten und ein Drittel mehr Vogelarten als in seiner Nachbarschaft. In Valderrama verzichtet man auf Dünger und Pestizide und wahrt dennoch höchste Standards. Der amerikanische Ryder-Cup-Kapitän Tom Kite bezeichnete die Grüns sogar als die besten, auf denen er je geputtet habe.

▶ Um den Kurs in bestem Zustand zu erhalten, werden jedes Jahr enorme Summen aufgewendet. Valderrama besitzt 4600 Sprinkler. Im Vergleich dazu sind es auf Kursen in den USA durchschnittlich 600.

LINKS *Dieser Blick über das kurze Par 4 des 10. zeigt, dass auch auf Profiniveau Distanz keine Rolle spielt, wenn ein Architekt das Gespür besitzt, die Topografie harmonisch zu nutzen.*

SCOREKARTE DES KURSES

Loch	*Länge (in Meter)*	*Par*
1	356	4
2	365	4
3	158	3
4	489	5
5	348	4
6	149	3
7	422	4
8	315	4
9	403	4
Out	3006	35
10	333	4
11	500	5
12	180	3
13	368	4
14	338	4
15	183	3
16	386	4
17	467	5
18	397	4
In	3152	36
Gesamt	**6158**	**71**

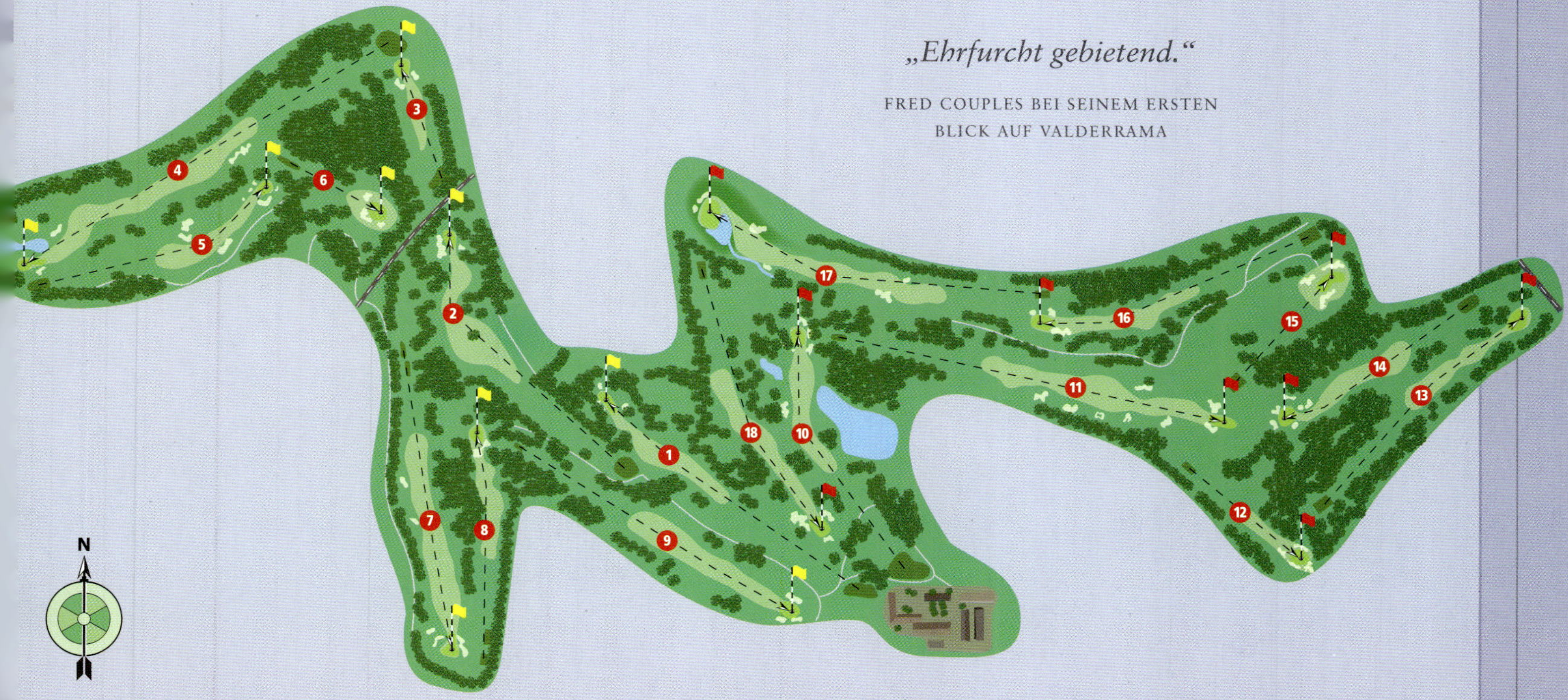

„Ehrfurcht gebietend."

FRED COUPLES BEI SEINEM ERSTEN BLICK AUF VALDERRAMA

BERÜCHTIGTES 17. LOCH

Mit nur 467 m sollte das 17. in Valderrama für die Profis ein einfaches Par 5 sein, es ist jedoch eines der umstrittensten Löcher des Golfsports. Wie viele Bahnen des Kurses beginnt es mit einem anspruchsvollen Drive auf ein von Bunkern und Korkeichen gesäumtes Fairway. Hinter einem leichten Dogleg nach rechts bewacht ein See den Zugang zum Grün, und eine steile Böschung hinter dem Grün beherbergt drei Bunker. Das Grün ist umstritten, da es gefährlich zum Wasser abfällt, wie Tiger Woods bei der World Golf Championship 1999 mit einem Triple-Bogey herausfand. Beim Ryder Cup wurde das 17. aufgrund seines unberechenbaren Grüns kritisiert. Colin Montgomerie beschrieb es als „die schlimmste Bahn Europas" – nicht ganz taktvoll, bedenkt man, dass Seve Ballesteros, Kapitän der Europäer, das Loch neu gestaltet hatte. Dafür bereitet es dramatische Golferlebnisse. Das emotionale Publikum erklärte es direkt zu seinem Liebling und schwärmte in Scharen auf die Böschung hinter den Bunkern, um jene zu bestaunen, die bewiesen, dass man das Grün in zwei Schlägen erreichen und auch dort liegen bleiben kann.

RECHTS *Unter Anspannung, wie beim Ryder Cup oder bei anderen Profiturnieren, ist das 17. für alle Spieler ein gefürchteter Moment. Hier bieten sich der Galerie oftmals dramatische Szenen. Aber zeugt es wirklich von erstklassiger Golfarchitektur, wenn scheinbar perfekt gespielte Schläge aufs Grün ganz unterschiedlich belohnt werden?*

Falsterbo

Falsterbo

Falsterbo Golfklubb, Falsterbo, Schweden

Viele erhaschen ihren ersten Blick auf den packenden Links von Falsterbo aus dem Flugzeug bei An- oder Abflug von Kopenhagen. Vom Flughafen aus ist er dank der neuen Brücke über den Öresund in nur etwa 30 Minuten erreichbar. Falsterbo liegt südlich von Malmö am Ende einer Halbinsel im Südwesten Schwedens. 1909, im Jahr seiner Gründung, war Falsterbo auch Austragungsort des ersten internationalen Matches Schwedens gegen den benachbarten Copenhagen Golf Club.

Den ersten 9-Loch-Kurs in Falsterbo legte Robert Turnbull an, ein britischer Profi des Copenhagen Golf Club. Erst 1930 wurden 18 Löcher eingeweiht, die Gunnar Bauer, ein einheimischen Arzt, entworfen hatte. Mit Ausnahme des 16. und des 17. Lochs, die 1934 entstanden, entspricht der heutige Kurs noch exakt seinem Entwurf. Lediglich die Grüns und Bunker wurden kürzlich überarbeitet, was allgemein sehr begrüßt wurde.

Ein echter Links

Falsterbo ist zwar unbestreitbar sehr flach, er ist aber genauso unverkennbar ein echter Links-Kurs, einer der wenigen auf dem europäischen Kontinent. Sein Wahrzeichen ist ein alter Leuchtturm neben dem von Bäumen umringten 13. und hinter dem 14. Grün. Es überrascht also nicht, dass der Kurs auf zwei Seiten vom Meer begrenzt wird. Seine kurze, landeinwärts Richtung Marsch verlaufende Sequenz umfasst einige der besten Löcher.

Der Einstieg mit einem langen, neben einem Wäldchen landeinwärts laufenden Par 4 ist stramm. Darauf folgen ein gut bebunkertes kurzes Loch und ein Par 5 mit bedrohlich lauerndem Aus. Die wahre Prüfung folgt aber erst am 4. Loch. Bei Gegenwind kann es teuflisch sein. Rechts ist nur Wasser und links gefährliches Rough. Zudem ragt das Grün ins Wasser hinein, was Nerven aus Stahl verlangt. Das 5. ist mit Wasser auf beiden Seiten des Fairways und einem großartigen Grün kaum einfacher. Zwei einzigartige Two-Shotter. Am 7. Loch, einem fast mit dem Drive erreichbaren Par 4, kann man etwas durchatmen, aber sein Grün wird von gierigen Bunkern bewacht.

Zu Beginn der hinteren Neun kehrt der Kurs ins Marschland zurück. Die 11. Bahn ist vollständig von Wasser umgeben, doch glücklicherweise ist sie ein kurzes Par 3. Das 13. und 14. Loch sind beide sehr lang und führen um den Leuchtturm herum. Schließlich läutet das 15. Loch Falsterbos berühmtes Finish ein. Das Grün des spielbaren Par 5 wird von einem weiteren Teich geschützt. Während das 16. Loch ganz an die Spitze der Halbinsel führt, verläuft die 17. Bahn parallel zum Strand, und ihr Fairway wird zum Ende eines guten Drives hin immer schmaler. Den krönenden Abschluss bildet ein verlockendes Par 5. Der Abschlag vom Strand zielt auf ein nach rechts abknickendes Fairway, was den Druck erhöht, so weit wie möglich abzuschlagen. An stillen Tagen ist Falsterbo idyllisch, pfeift aber der Wind, kann es die Hölle sein.

▶ In Europa gibt es zahlreiche eindimensionale Profi-Tour-Kurse unterschiedlichster Länge. Doch wenn es um Raffinesse geht, ist Falsterbo mit seinen 6083 m besser als viele dieser 7000-m-Kurse.

LINKS *Dies ist das kurze 7. Loch. Das Par 4 ist mit seiner geschickten Bebunkerung und seinem welligen Terrain typisch für den Kurs in Falsterbo.*

SCOREKARTE DES KURSES

Loch	*Länge (in Meter)*	*Par*
1	411	4
2	175	3
3	510	5
4	405	4
5	370	4
6	155	3
7	290	4
8	180	3
9	385	4
Out	2881	34
10	350	4
11	145	3
12	371	4
13	515	5
14	210	3
15	470	5
16	355	4
17	345	4
18	440	5
In	3201	37
Gesamt	**6083**	**71**

Halmstad

Halmstad

North Course, Halmstad Golfklubb, Tylösand, Schweden

International wahrgenommen wurde Halmstad erst 2007, als hier der Solheim Cup stattfand, doch schwedische Golfer wussten schon lange, dass der Kurs zu den besten gehört, und zwar nicht nur in ihrem eigenen Land. Er liegt an Schwedens Westküste etwas landeinwärts hinter dem Badeort Tylösand in einem sandigen Waldgebiet und wird auch das schwedische Wentworth genannt. Und das ist nicht einmal weit hergeholt, denn der Architekt Rafael Sundblom arbeitete beim Anlegen des East und West Course in Wentworth mit Harry Colt zusammen und lernte dabei viel über die Technik und Philosophie des Altmeisters.

UNTEN *Halmstads Stärken sind traditionell seine langen Two-Shotter. Aber auch die kurzen Löcher sollten nicht unterschätzt werden. Das 4. Loch erinnert stark an das 2. von Wentworth.*

Der Club wurde 1930 gegründet und nutzte zunächst ein militärisches Übungsgelände, bevor er 1938 auf den neuen 18-Loch-Platz in Tylösand umzog. 1963 errichtete Architekt Nils Sköld zusätzlich einen 9-Loch-Kurs, und 1975 kamen nochmals neun Löcher von Frank Pennink hinzu. Man nahm Skölds neun Löcher und die hinteren Neun des Sundblom-Kurses und schuf daraus den North Course. Penninks Bahnen bildeten daraufhin gemeinsam mit Sundbloms vorderen Neun den South Course. Die beiden wunderbaren Kurse halten den Vergleich mit dem historischen East und West Course von Wentworth jederzeit stand.

Dichter Wald

Der Wald in Hamstad ist so dicht, dass Rough praktisch überflüssig ist. Die Fairways sind breit genug, um den Golfer nicht übermäßig zu beunruhigen, und die Bebunkerung ist sparsam. Unbedachtes Spiel ist hier aber dennoch nicht ratsam. Am 1. muss man beispielsweise auf die rechte Seite des Fairways spielen, um freien Zugang zum Grün zu haben. Landet man zu weit links, versperrt ein Baum den Weg. Und am sehr langen 5. Loch muss der Abschlag genau durch die Lücke zwischen zwei Bäumen, die das Fairway einengen, sonst gerät man unweigerlich in Rückstand.

RECHTS OBEN *Der Wasserlauf, der den Kurs durchzieht, wird strategisch geschickt genutzt. Dies ist das 16. Loch.*

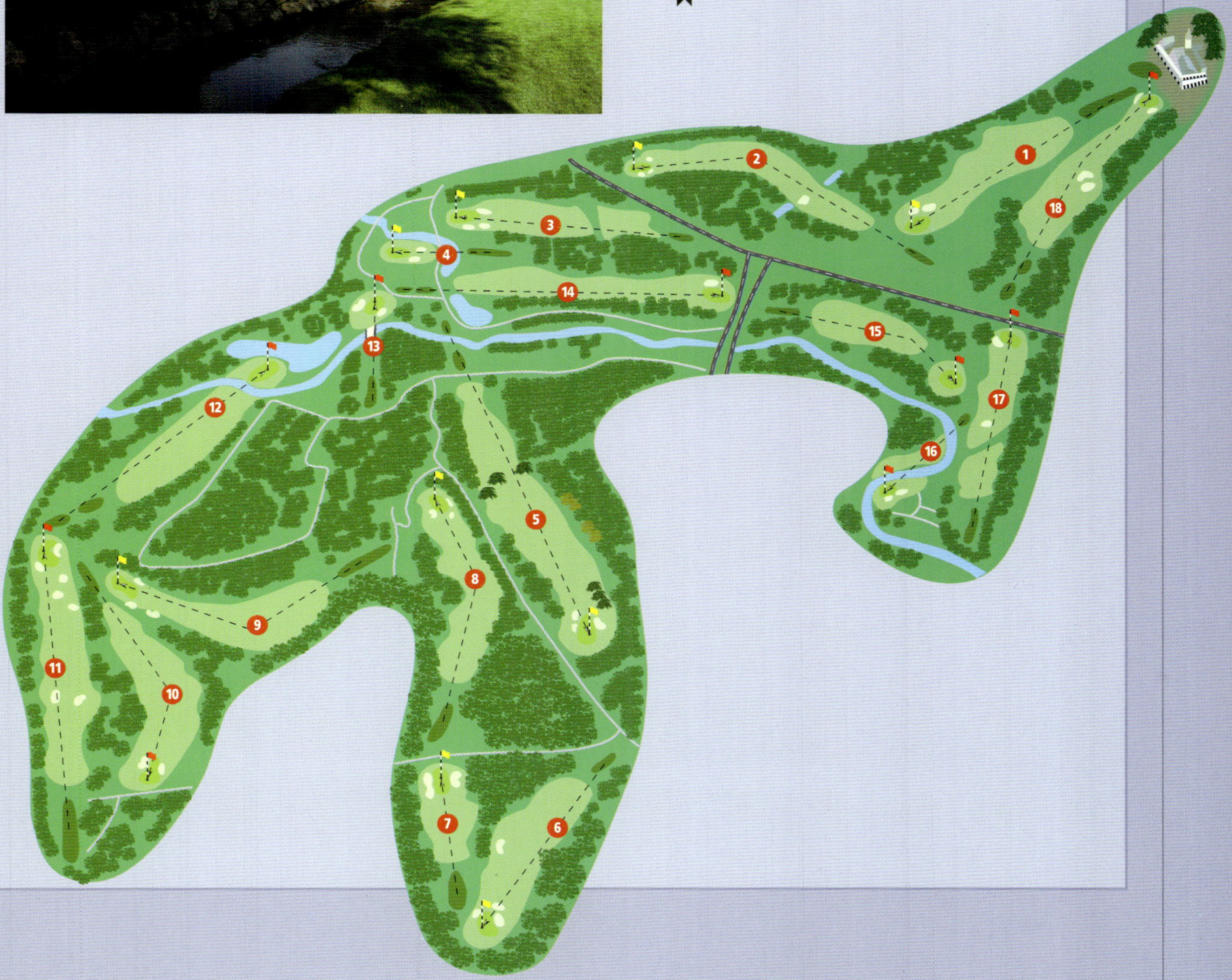

▸ Beim Solheim Cup 2007 in Halmstad führten die Europäer vor den zwölf Single Matches des Finaltags mit 8½:7½ gegen die Amerikaner, sie verloren aber schließlich mit 16:12.

▸ Die herausragende britische Golferin Laura Davies gewann 1999 die Chrysler Open in Halmstad mit 15 unter Par und damit acht Schläge vor ihrer Landsmännin Alison Nicholas.

SCOREKARTE DES KURSES

Loch	Länge (in Meter)	Par	Loch	Länge (in Meter)	Par
1	397	4	10	360	4
2	497	5	11	466	5
3	350	4	12	401	4
4	152	3	13	157	3
5	549	5	14	510	5
6	326	4	15	308	4
7	195	3	16	164	3
8	387	4	17	323	4
9	416	4	18	361	4
Out	3268	36	In	3051	36
			Gesamt	6319	72

Der Kurs ist voller Doglegs, die es mit Bögen nach rechts oder nach links zu umspielen gilt. Die Strecke vom 8. bis zum 10. Loch ist daher für all jene Golfspieler interessant, die ihre Bälle gerne anschneiden und weite Bögen schlagen.

Im direkten Vergleich fällt auf, dass die vorderen und die hinteren Neun des North Course von zwei verschiedenen Architekten stammen. Während die vorderen Neun großzügig angelegt sind, sind die hinteren Neun kürzer und allgemein straffer. Zudem werden die Wasserläufe des Kurses hier stärker als strategische Hindernisse genutzt. Beispielsweise ist die Annäherung aufs 12. Grün besonders anspruchsvoll, und am 16. erwartet ungenaue Schläge ein nasses Grab. Vom Abschlag des 17. Lochs muss ein rund 183 m entfernter Grat überspielt werden, und sein Grün ist abgewinkelt. Dennoch ist diese Bahn nicht übermäßig lang. Wenn man die Fairway-Bunker vermeiden kann, sollte man eine leichte Führung auf der Schlussbahn des Kurses verteidigen können.

81

Crans-sur-Sierre

Crans-sur-Sierre

Golf-Club Crans-sur-Sierre, Wallis, Schweiz

Die ersten Swiss Open fanden 1939 in Crans statt. Nach einer Pause während des Zweiten Weltkriegs wurden sie hier 1948 wieder aufgenommen und ziehen seitdem alljährlich erstklassige Spieler an, heute allerdings unter dem Namen European Masters. Zu den Gewinnern zählen große Namen wie Garcia, Donald, Els, Romero, Westwood, Montgomerie, Ballesteros, Olazábal, Stadler, Faldo, Woosnam, Price, Locke, Rees, Nagle, Charles und viele andere. Das Turnier ist für seinen schönen Austragungsort, seine Atmosphäre, sein Preisgeld und den Golfkurs berühmt, der niedrige Ergebnisse erlaubt.

Der erste Golfplatz in Crans entstand 1905. Im darauffolgenden Jahr wurde er als 9-Loch-Kurs eröffnet und wenige Jahre später auf 18 Löcher erweitert, bevor er im Ersten Weltkrieg zerstört wurde. Der zweite Anlauf zur Anlage eines Golfplatzes begann 1921 erneut mit neun Löchern, die 1929 von einem 18-Loch-Kurs abgelöst wurden. Dieser von dem Engländer Harry Nicholson angelegte Platz blieb bis 1997 größtenteils unverändert. Dann verpflichtete man Seve Ballesteros, der die Grüns neu anlegte, den Kurs insgesamt etwas schwieriger gestaltete und ein paar neue Abschläge erstellte.

NIEDRIGE ENDWERTUNG

1971 erreichte der Italiener Baldovino Dassù in Crans-sur-Sierre als erster Spieler in der Geschichte der European Tour eine 60. Damit lag er an diesem Tag erstaunliche 13 unter Par. Colin Montgomerie hält mit 260 den Rekord über 72 Löcher in Crans. Er brachte es auf 61er- und 63er-Runden und gewann mit vier Schlägen Vorsprung.

RECHTS *Das 7. ist eine der leichtesten Bahnen des Kurses. Das Drive-and-Pitch-Loch ist nur 303 m lang, aber die Kulisse ist schlicht überwältigend!*

Überwältigende Aussicht

Würde man den Kurs von Crans irgendwo mitten im Flachland anlegen, würde er wenig Aufmerksamkeit erregen. Was ihn so besonders macht, ist seine überwältigend schöne Lage. Wann pitcht man schon auf ein Grün, hinter dem die Kulisse der schneebedeckten Alpen aufragt? Vor einem solchen Hintergrund wirkt ein Golfkurs schnell winzig. Aber mit einer Gesamtlänge von 6343 m von den White Tees, einem 575 m langen Par 5 und seinem längsten Par 4 mit 460 m ist dieser Kurs alles andere als klein. Allerdings liegt er auch auf einem Hochplateau in 1500 m Höhe über dem Meeresspiegel, was weitere Schläge erlaubt.

Der Kurs eröffnet mit einem spielbaren Par 5. Das 2. ist ein gegenläufiges, handfestes Two-Shot-Loch, gefolgt von einer kurzen Bahn entlang der Platzgrenze. Das 4. wurde früher als Par 5 gespielt, ist heute aber ein extrem langes Par 4, das selbst vom Besucher-Tee aus stattliche 445 m misst. Am folgenden 5. mit Dogleg, dem von Kiefern umstandenen 6., dem weitläufigen 7. und dem gut bebunkerten 8. ist Weite weniger wichtig. Aber dann kommt das enorme 9. Loch, das sich schier endlos fast bis zum Clubhaus erstreckt.

Auf den hinteren Neun finden sich mit dem 12. ein weiteres scharfes Dogleg sowie zwei aufeinanderfolgende Par 5. Normalerweise wird das 16. Loch als kurzes Par 4 gespielt, beim European Masters wird es aber ein auf 215 m verkürztes Par 3, sodass der Kurs insgesamt Par 71 ergibt. Den Abschluss bilden zwei unkomplizierte Par 4.

▶ In Crans existiert ein zweiter Kurs mit neun von Jack Nicklaus entworfenen Löchern, den man hofft, irgendwann auf 18 Löcher erweitern zu können.

▶ Crans ist wahrscheinlich das beste Beispiel für einen Kurs, dessen Karte oder Statistik nichts über das eigentliche Golferlebnis aussagen.

SCOREKARTE DES KURSES

Loch	Länge (in Meter)	Par	Loch	Länge (in Meter)	Par
1	494	5	10	370	4
2	401	4	11	187	3
3	175	3	12	375	4
4	460	4	13	183	3
5	310	4	14	544	5
6	296	4	15	472	5
7	303	4	16	316	4
8	160	3	17	336	4
9	575	5	18	369	4
Out	3174	36	In	3169	36
			Gesamt	6343	72

Kurse 82–89

NAHER OSTEN
82 Emirates, Vereinigte Arabische Emirate

AFRIKA
83 The Cascades, Ägypten
84 Royal Dar Es Salam, Marokko
85 Karen, Kenia
86 Durban Country Club, Südafrika
87 Fancourt, Südafrika
88 Gary Player Country Club, Südafrika
89 Leopard Creek, Südafrika

Naher Osten & Afrika

Resort-Golf mag im Nahen Osten und Afrika noch recht neu sein, aber der Sport an sich wird hier schon seit vielen Jahren gespielt. Außer im Süden Afrikas war jedoch das Klima immer ein Problem, denn in der Trockenheit Nordafrikas und des Nahen Ostens wuchs überhaupt kein Gras. Und in den feuchten Äquatorregionen war das Gras nicht fein genug. Die Golfer mussten also improvisieren.

Eine einfache Lösung war eine Golfmatte, die man mit sich trug. Man konnte sein Tee hineinstecken, und bei den folgenden Schlägen sorgte sie für eine perfekte Lage. Die Grüns stellten ein größeres Problem dar. Als Lösung fertigte man Sandgrüns an, die platt gewalzt und geölt wurden, damit die Oberfläche nicht weggeweht wurde. Sie boten eine sehr gute Puttunterlage und waren einfach zu reparieren. Hie und da sind sie heute noch in Gebrauch, und auch in den Südstaaten der USA wurden sie früher verwendet, bis die Wissenschaftler geeignetes Gras entwickelten, das auch in extremer Hitze gedeiht.

Im Nahen Osten ist das Wasser, das benötigt würde, damit Gras wächst, teurer als Öl!

Emirates

Majlis Course, Emirates Golf Club, Dubai, Vereinigte Arabische Emirate

Als mit dem Emirates Golf Club 1988 der erste Graskurs des Nahen Ostens eröffnete, wurde er verständlicherweise „The Desert Miracle" (das Wüstenwunder) getauft. Scheich Mohammed bin Rashid Al Maktoum, Mitglied der Herrscherfamilie Dubais, hatte das Grundstück gespendet und bestand darauf, dass der Kurs den natürlichen Zustand des Landes widerspiegeln sollte. Karl Littens Entwurf wurde begeistert aufgenommen. Er schuf üppig grüne Fairways, die eher an National Augusta erinnern, nutzte aber die natürlichen Sanddünen als Hindernisse.

Der Kurs hat aber nicht nur Gras in die Wüste gebracht, sondern auch eine Vielzahl von Wasserhindernissen. Unter enormem Aufwand wird Wasser aus einer nahe gelegenen Entsalzungsanlage hierhergepumpt. Es ist schon eine erstaunliche Leistung, in einer solch unwirtlichen Gegend einen Golfplatz zu errichten. Ist er dann auch noch qualitativ so hochwertig, hat er die Bezeichnung „Wunder" allemal verdient!

Sofortiger Erfolg

Dank seiner hohen Qualität wurde Majlis nur ein Jahr nach seiner Fertigstellung von der European Tour für die Dubai Desert Classic erwählt. So kann der recht junge Kurs auf eine bewegte Vergangenheit zurückblicken. Dramatische Szenen spielen sich oft am 18. Loch ab, einem langen Par 5 mit Dogleg in Richtung eines Sees. Kurzes Spiel ist hier sinnvoll, es verlockt aber, direkt über den Knick zu spielen, wobei man jedoch im Wasser landen kann. Die Annäherung führt über den See, der hier schon so manchen verirrten Ball verschluckt hat. Sowohl Ian Woosnam als auch Tiger Woods haben bei der Annäherung auf das 18. Grün in diesem See schon sicher geglaubte Turniersiege eingebüßt. Wie man dieses Loch perfekt spielt, demonstrierte Ernie Els, der mit einem Eisen 6 bis auf 7 m ans Loch heranspielte, zum Eagle einlochte und damit 2005 mit einem Schlag Vorsprung den Sieg errang.

▸ Ernie Els hält den Kursrekord von 61, der ihm 1994 den Sieg beim Dubai Desert Classic einbrachte. 2002 und 2005 konnte er das Turnier erneut gewinnen.

▸ 2008 siegte Tiger Woods beim Dubai Desert Classic mit einem atemberaubenden Finale. Mit nur 31 Schlägen auf den hinteren Neun zog er an Ernie Els vorbei.

LINKS *Der Majlis Course verbindet satte grüne Fairways und Grüns mit ödem Wüstenboden. Sein einzigartiges Clubhaus ist Beduinenzelten nachempfunden.*

SCOREKARTE DES KURSES

Loch	*Länge (in Meter)*	*Par*	*Loch*	*Länge (in Meter)*	*Par*
1	419	4	10	502	5
2	321	4	11	155	3
3	485	5	12	427	4
4	172	3	13	503	5
5	399	4	14	397	4
6	443	4	15	165	3
7	168	3	16	389	4
8	397	4	17	328	4
9	423	4	18	500	5
Out	3227	35	In	3365	37
			Gesamt	6592	72

Wie das 18. erfordern viele der Löcher starke Nerven und präzises Spiel, um die Seen des Kurses zu überspielen. Das schönste Loch des Platzes ist allerdings das atemberaubende 8. Das Fairway knickt um einen Wüstenstreifen herum ab. Vom Abschlag bietet das schwere Par 4 mit dem scharfen Kontrast aus grünem Fairway und Wüstengestrüpp eine berauschende Aussicht. Ebenso erhaben ist die Annäherung auf das erhöhte Grün vor dem einmaligen Clubhaus.

Das aus Beton und Glas errichtete Gebäude bietet einen einzigartigen Anblick. Es erinnert an eine Beduinen-Zeltstadt, eine beeindruckende Kulisse für diesen Kurs. Gastfreundschaft wird hier besonders groß geschrieben und das nicht nur im luxuriösen Clubhaus. Auch die Betreuung der Golfspieler auf dem Platz ist erstklassig. So stehen klimatisierte Hütten zur Erfrischung zur Verfügung. Schließlich liegt der Platz in der Wüste mit Temperaturen von 30–50 °C.

2006 wurde der zweite 18-Loch-Kurs, Wadi, von Nick Faldo neu gestaltet. Der ebenfalls ansprechende Kurs nutzt das „Wadi" (arabisch „Tal") als Teil des Kurses. Zusammen mit den für Faldo typischen Fairway-Bunkern entstand daraus ein interessanter Kurs, der sehr geplant gespielt werden will.

The Cascades

The Cascades

The Cascades Golf & Country Club, Soma Bay, Ägypten

Steht man auf diesem friedlichen Kurs, fällt es schwer zu glauben, dass er bis vor Kurzem eine ägyptische Militärbasis war. Bevor mit den Bauarbeiten begonnen werden konnte, mussten Landminen geräumt werden. Glücklicherweise sind die kriegerischen Tage vorbei, und The Cascades ist heute ein wunderbar idyllischer Ort.

Malerische Fairways, im Hintergrund das Rote Meer und in Kaskaden angelegte Teiche, die dem Platz ihren Namen geben, verleihen dem Kurs eine Zen-artige Atmosphäre. Das Fünf-Sterne-Resort wurde als Ort der Ruhe und Entspannung konzipiert, bietet weitläufige Wellness-Einrichtungen und ist besonders bei Tauchern beliebt, die das klare Wasser des Roten Meeres schätzen. Nichts erinnert hier mehr an Kasernen.

Der Kurs ist so angelegt, dass er nicht ganz ohne Hindernis-Erfahrung zu absolvieren ist. Wie die meisten Wüstenkurse nutzt auch der von Gary Player angelegte Platz Sand als natürliches Hindernis – schließlich war Player einer der besten Bunkerspieler aller Zeiten. An manchen Bahnen drohen aber auch Seen. Vom erhöhten Abschlag des 4. Lochs bildet das Rote Meer eine herrliche Kulisse hinter dem Grün, an vier Löchern kommt es aber auch direkt ins Spiel. Die ins Meer hinausragende 5. Bahn ist unzweifelhaft das Aushängeschild des Kurses. Bei diesem schwierigen Par 3 über einen langen Bunker verlängert der vorherrschende Wind den einschüchternden Schlag, macht ihn aber nicht einfacher.

RECHTS *Das 4. Grün und dahinter das 5. Loch, dessen verschiedene Abschläge Spieler aller Spielstärken in den Genuss dieses Aushängeschilds kommen lassen.*

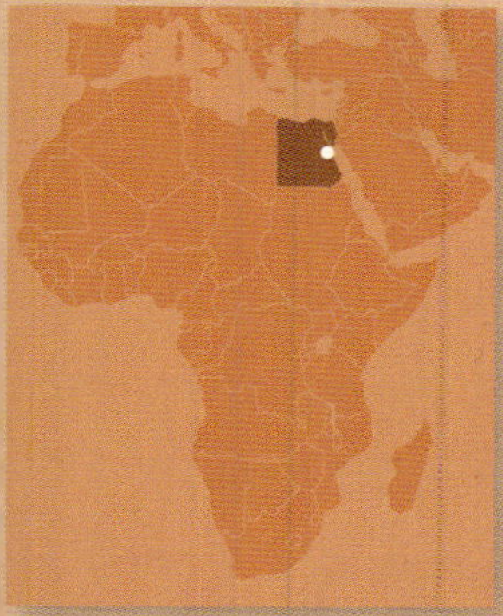

Wüstenschönheit

Wasserfälle, entfernte Gebirgszüge, das blaue Wasser des Meeres und die sattgrünen Fairways machen ihn zu einem der außergewöhnlichsten Plätze der Welt. In solcher Umgebung wäre es einfach gewesen, die Bahnen eintönig anzulegen und allein auf den Reiz der natürlichen Kulisse zu setzen. Dieser Kurs ist aber höchst abwechslungsreich.

Das 2. Loch ist ein kraftvolles Par 5 mit gut platzierten Fairway-Bunkern, die nach einem überlegten zweiten Schlag verlangen. Es gibt mehrere gute kurze Two-Shotter, wie etwa die vom hinteren Abschlag 310 m lange 6. Bahn. Ihr Grün ist in einem Schlag erreichbar, bedarf aber starker Nerven, da ein zu starker Slice leicht im Meer landet. Die geschickt platzierten Fairway-Bunker (und am 12. Loch auch ein zweites Fairway) zwingen den Golfer, eine Linie zu wählen, die seinen Fähigkeiten entspricht.

Gary Player entwarf ebenfalls den zugehörigen 9-Loch-Kurs, der wunderbar konzipierte Par-3-Bahnen bietet, was kaum überrascht, betrachtet man die Qualität der Par 3 auf dem Turnierkurs. Man sollte sich aber nicht täuschen. Was wie eine nette Entspannungsrunde für den Abend wirkt, kann am 141 m langen 9. Loch schnell zur bitteren Erfahrung werden, denn die Bahn führt über einen See auf ein winziges Inselgrün.

SCOREKARTE DES KURSES

Loch	Länge (in Meter)	Par
1	389	4
2	561	5
3	390	4
4	401	4
5	189	3
6	310	4
7	351	4
8	174	3
9	494	5
Out	3259	36
10	439	5
11	390	4
12	325	4
13	500	5
14	170	3
15	327	4
16	168	3
17	430	4
18	390	4
In	3138	36
Gesamt	**6397**	**72**

▶ Dies ist der erste Turnierkurs in der Golfregion, der von einem der „Big Three", wie Arnold Palmer, Jack Nicklaus und Gary Player genannt werden, angelegt wurde.

▶ Hurgharda ist die nächste Stadt und war früher ein armes Fischerdorf. Das Golf-Resort ist ein Grund, warum es heute eines der führenden Touristenzentren ist.

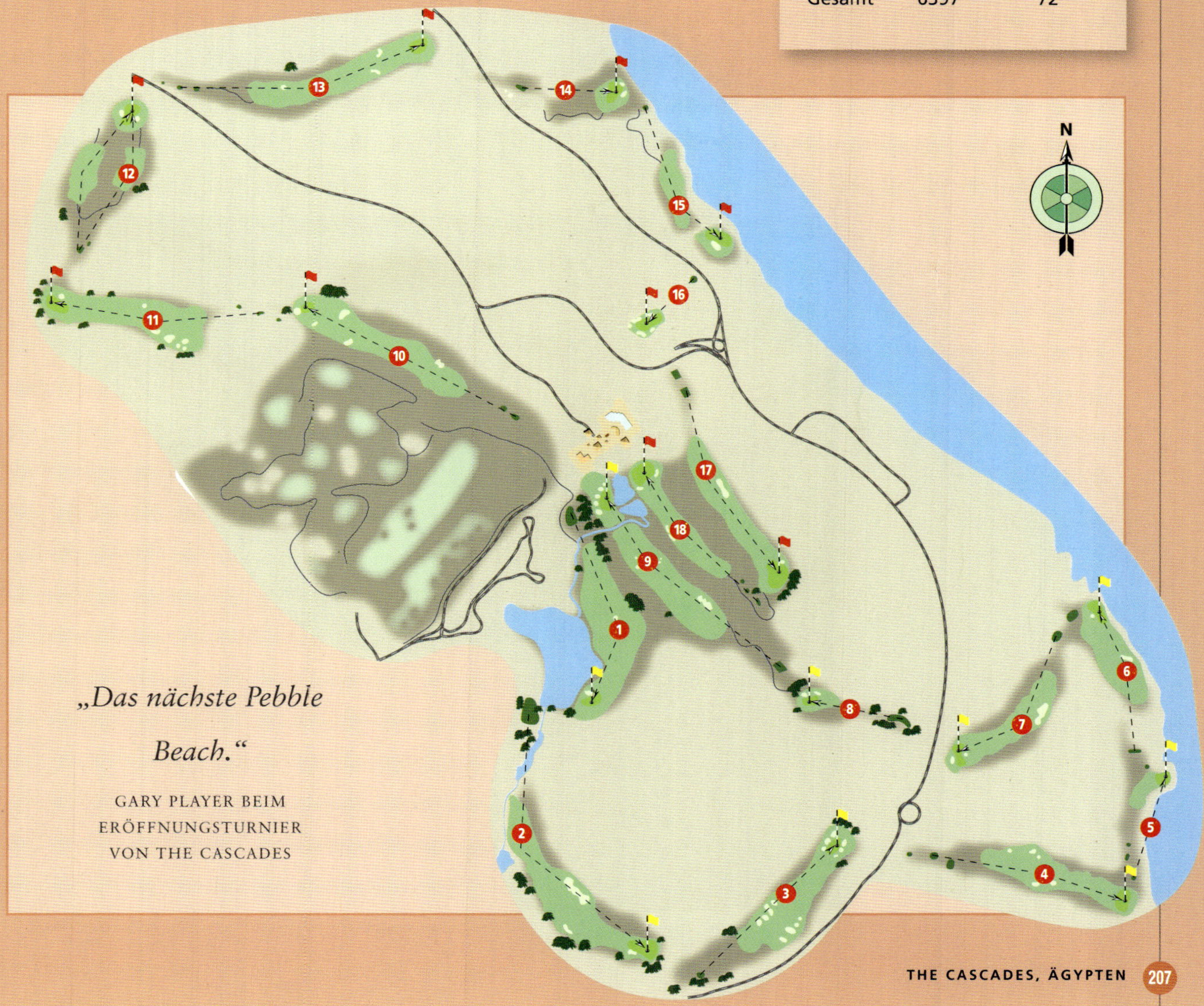

„Das nächste Pebble Beach."

GARY PLAYER BEIM ERÖFFNUNGSTURNIER VON THE CASCADES

Royal Dar Es Salam

Red Course, Royal Golf Dar Es Salam, Rabat, Marokko

Robert Trent Jones, Architekt des Kurses, sagte: „Der König ist mit Verlaub gesprochen ein echter Golf-Verrückter." Die Rede ist von König Hassan II. von Marokko, der Jones beauftragte, zwischen 1970 und 1974 eine 45-Loch-Golfanlage in Rabat zu bauen. Nordafrika ist eine Region der starken Kontraste, nicht nur zwischen Arm und Reich. Wer in Royal Rabat spielen darf, kann sich wirklich privilegiert fühlen, denn er ist ein wahres gartenbauliches Wunder. Hätte es diese Golfanlage bereits in der Antike gegeben, hätte sie die besten Chancen gehabt, statt der Hängenden Gärten in die Liste der sieben Weltwunder aufgenommen zu werden.

Trent Jones machte sich nicht nur durch seinen Tatendrang einen Namen als Golfplatzarchitekt, sondern auch, indem er Golfplätze modellierte, bei denen er Tausende Tonnen Erde bewegen ließ. In Rabat gab man ihm ein Gelände, das voller Korkeichen stand. Es gibt hier immer noch viele Eichen, und der unkonzentrierte Golfer wird auch bald ihre Hindernisqualitäten entdecken. Wer aber auf den Fairways bleiben kann, stellt fest, dass diese Bahnen mit perfekt geschnittenen Grüns, tiefblauen Seen und Teichen in erstklassigem Zustand sind.

Der Red Course ist extrem anspruchsvoll und lang. Drei der Par 3 messen über 183 m, und mit zwei Ausnahmen erstrecken sich alle Par 4 über mehr als 365 m. Das 10. Loch mit seinen 440 m sollte hingegen für einen guten Spieler fast zwingend ein Birdie (wenn nicht sogar Eagle) sein. Und gute Spieler beehren diesen Platz häufig, nicht zuletzt deshalb, weil seit vielen Jahren die Moroccan Open fester Bestandteil der European Tour sind. Der von Howard Clark 1987 aufgestellte Kursrekord von 66 wurde zwar mehrfach in Angriff genommen, aber nie gebrochen.

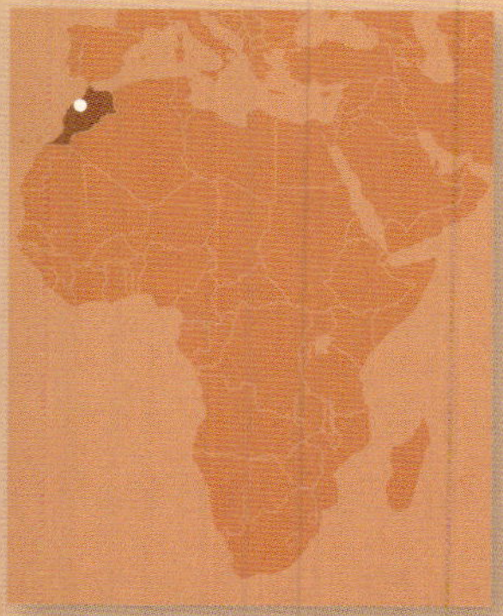

▶ Robert Trent Jones und König Hassan II. von Marokko freundeten sich während der Entstehung des Platzes an. Während einer Geburtstagsparty des Königs 1971 wurde ein Putschversuch unternommen, der fehlschlug. Jones war mit allen anderen Gästen gefangen. So etwas erlebt man nicht alle Tage, es ist aber – gut überstanden – eine tolle Geschichte für Dinnerpartys.

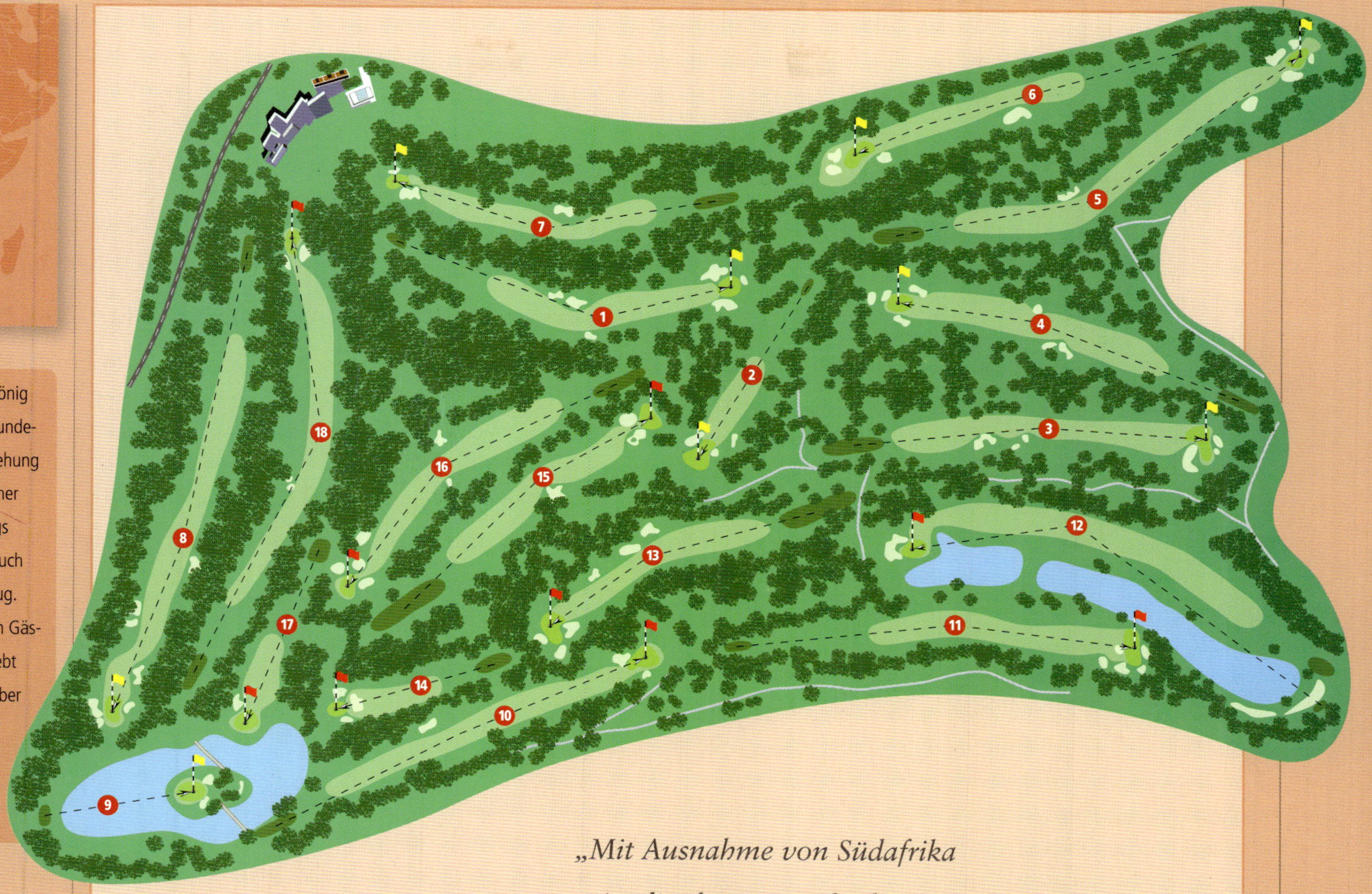

LINKS *Der friedvolle Eindruck täuscht, denn das Inselgrün am 9. Loch ist vollständig von Wasser umgeben und selbst vom vordersten Abschlag kein einfaches Ziel.*

„*Mit Ausnahme von Südafrika ist dies bestimmt der beste Kurs des Kontinents.*"

ROBERT GREEN, *CLASSIC GOLF HOLES*

SCOREKARTE DES KURSES

Loch	*Länge (in Meter)*	*Par*	*Loch*	*Länge (in Meter)*	*Par*
1	366	4	10	440	5
2	212	3	11	427	4
3	405	4	12	481	5
4	369	4	13	351	4
5	517	5	14	188	3
6	402	4	15	357	4
7	384	4	16	388	4
8	532	5	17	206	3
9	172	3	18	505	5
Out	3359	36	In	3343	37
			Gesamt	6702	73

Verzwickte Annäherung

Jones' Anlage ist bösartig. Entweder man trifft den idealen Punkt auf dem Fairway, um ein streng bewachtes Grün anzugehen, oder man kämpft verzweifelt um ein Wunder. Am 1. Loch ist das schmale Fairway von Eichen gesäumt und knickt nach links ab. Als ob es nicht schon schwierig genug wäre, diesen Knick anzuspielen, wird er zusätzlich von zwei Fairway-Bunkern bewacht. Jones' Anlage verlangt Abschläge von höchster Präzision und großer Weite, sonst muss der Spieler büßen.

Aber auch seine Grüns sind kein bisschen kompromissbereiter, wie ein Blick auf das 16. Loch zeigt. Hat man die Fairway-Bunker vom Tee aus glücklich überwunden, warten vor dem Grün sowie zu seinen Seiten weitere Bunker, und der Ball muss auf dem flachen Grün sehr präzise landen. Kein einziges der Grüns auf diesem Kurs ist ohne Bunker, und die meisten Fairways sind in den Landezonen ebenfalls mit Bunkern bestückt.

Karen

Karen

Karen Country Club, Nairobi, Kenia

Über das Unrecht der Kolonialzeit in Afrika muss man nicht streiten, aber ein weiteres Erbe dieser Zeit, das in Kenia deutlicher ins Auge fällt als in anderen Ländern, ist die gute Golf-Infrastruktur. Kenias Klima und Landschaft sind ideal für den Tee- und Kaffeeanbau geeignet, und viele der Golfclubs wurden bereits im frühen 20. Jahrhundert von den Plantagenbesitzern gegründet. Sie beschränkten sich auch nicht auf eine bestimmte Region, sondern sind im ganzen Land zu finden.

Der Nairobi Golf Club entstand 1906 zunächst als 9-Loch-Kurs. König George V. verlieh ihm den Zusatz Royal. Heute ist es eine weitläufige Anlage mit 18 Löchern. Nyeri war 1910 der erste Kurs im Landesinneren, dem bald weitere folgten. Aber auch die Küste des Indischen Ozeans war vielversprechendes Golfland, und so entstand der Mombasa Golf Club schon 1911, kurze Zeit später gefolgt von Kisii (1914) im Rift Valley nahe dem Victoria-See. Einen der schönsten Namen trägt der Nandi Bears Club, der 1928 von Teefarmern gegründet wurde. Der Golftourismus in Kenia floriert, und so können Besucher hier erstklassige Anlagen in der einmaligen Landschaft Kenias erleben.

Literarische Wurzeln

Baroness Karen von Blixen hat in ihrem Roman *Jenseits von Afrika* das Leben in Kenia in den Jahren vor Ausbruch des Zweiten Weltkriegs wunderbar beschrieben. Auf einem Teil ihrer früheren Kaffeeplantage, der Karen genannt wird, wurde in den 1930er-Jahren mit dem Bau eines der besten Plätze Kenias begonnen. Der Karen Country Club war die Idee des jungen Bankiers Remi Martin (mit dem Cognac-Produzenten weder verwandt noch verschwägert). Er erwarb das Land, gründete eine Baufirma und erschloss das Bauland, das für Investoren besonders attraktiv war, da der Kurs echte „Grüns" aus Gras haben sollte. In Kenia wurden sonst fast

UNTEN *In einer Höhe von 1646 m über dem Meer ist es auf dem Golfkurs von Karen nicht so heiß, wie man es befürchten könnte. Diese Golfer putten am 12. Grün.*

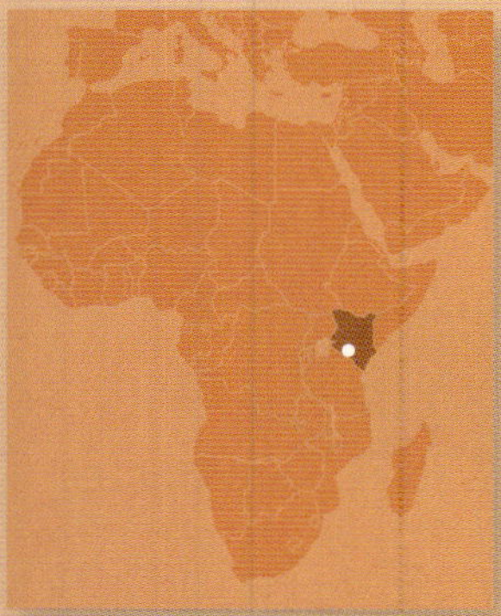

▶ In den ersten Jahren zählten zu den natürlichen Hindernissen auch Kobras (eine störte die offizielle Cluberöffnung 1937), Paviane, Zebras, Antilopen und sogar Löwen.

nur Sandgrüns („Browns" genannt) genutzt. Seine harte Arbeit zahlte sich aus. Bis heute wird der Kurs in bestem Zustand gehalten und empfängt alljährlich die Kenyan Open auf der European Challenge Tour.

Karens Golfkurs bietet ein traumhaftes Bild. Seine reiche Flora und Fauna hat der Kurs den aktiven Bestrebungen zum Erhalt der Natur und der Feuchtgebiete zu verdanken. Rundum erstrahlt er in den herrlichsten Farben. Aber auch das Golfspiel hier ist äußerst abwechslungsreich gestaltet.

Der Kurs ist über lange Jahre fast unverändert erhalten geblieben und wird heute noch praktisch über dieselben Distanzen gespielt wie vor 30 Jahren. Um dem Können der heutigen Profis trotzen zu können, musste man die Bahnen nicht übermäßig verlängern. Man reduzierte das Par schlicht von 72 auf 71, indem eines der Par 5 (das 3. Loch) bei Turnieren als Par 4 gespielt wird. Als Par 5 erhalten blieb das 2. Loch. Mit seinem in Drive-Distanz fast rechtwinklig abknickenden Fairway ist es sehr anspruchsvoll.

RECHTS *Das alte Clubhaus wurde 1977 durch ein Feuer vollkommen zerstört, woraufhin der Club fast schließen musste. Der Neubau entstand im Stil einer Lodge.*

SCOREKARTE DES KURSES

Loch	*Länge (in Meter)*	*Par*
1	320	4
2	530	5
3	492	4
4	354	4
5	186	3
6	447	4
7	169	3
8	351	4
9	405	4
Out	3254	35
10	331	4
11	361	4
12	275	4
13	419	4
14	125	3
15	513	5
16	178	3
17	419	4
18	511	5
In	3132	36
Gesamt	**6386**	**71**

Durban Country Club

Durban Country Club

Durban Country Club, Durban, Natal, Südafrika

Der Durban Country Club ist eine der großen Golfinstitutionen Südafrikas. Bereits 16 Mal hat er die South African Open ausgerichtet und damit öfter als jeder andere südafrikanische Club. Er gilt in der Golfwelt als einer der wenigen echten Weltklasse-Kurse des Landes, wenn nicht sogar des gesamten Kontinents.

Der Durban Country Club wurde 1922 gegründet, weil der Durban Golf Club (später Royal Durban) durch Nässe in sehr schlechtem Zustand war und kaum Hoffnung auf schnelle Besserung bestand. Für den neuen Durban Country Club wurde ein hoch gelegenes Gelände mit gut durchlässigem, sandigem Boden und Blick auf den Indischen Ozean gefunden. Die beiden erfahrenen südafrikanischen Golfer George Waterman und Laurie Waters legten den Kurs so an, dass sie sowohl die höher gelegene, windgepeitschte Dünenlandschaft als auch das niedrigere Waldstück ideal nutzen konnten. Obwohl über die Jahre ein paar Änderungen vorgenommen wurden, blieben Routenführung und Charakter des Kurses praktisch unverändert, was für Watermans und Waters' guten Entwurf spricht.

Der Wind

In St. Andrews oder Lahinch ist es ganz normal, wenn man Spieler über die Windverhältnisse sagen hört: „Das ist ein Wind für Dreier-Schläger." Damit beschreiben sie einen starken Wind, der bei einem Schlag, der normalerweise mit einem Eisen 6 gespielt wird, nach einen Eisen 3 oder Eisen 9 verlangt, je nachdem, ob man mit oder gegen den Wind schlägt. Die Windverhältnisse in Durban können genauso extrem sein, und der Wind wechselt manchmal innerhalb von ein oder zwei Stunden völlig. Waterman und Waters mussten also durch ihren Entwurf dafür sorgen, dass ihr Kurs auch bei solchen Winden spielbar bleibt, ohne an windstillen Tagen gleich zu einem Spaziergang zu werden. Um beurteilen zu können, wie gut sie diese schwere Aufgabe gemeis-

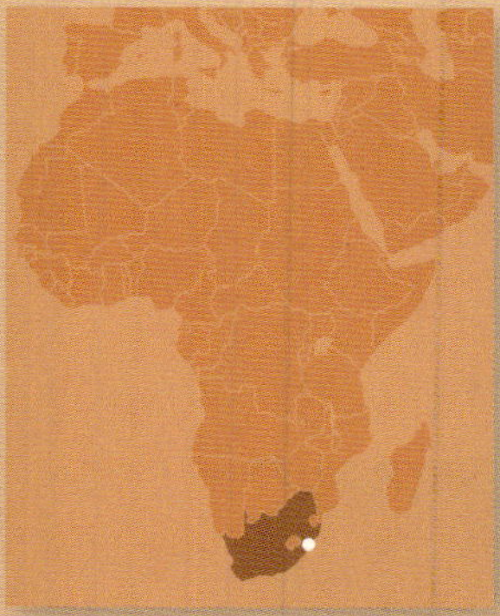

▶ Gary Player stellte bei der South African Open 1969 in Durban mit 273 einen neuen Platzrekord auf. Er wurde erst 1998 von Ernie Els eingestellt.

RECHTS OBEN *Der Durban Country Club während eines Turniers. Eine kleine Gruppe Zuschauer hat sich am 1. Loch versammelt.*

LINKS *Küstengolf in Höchstform: Ein stark gewelltes Fairway bestimmt den Charakter des 18. Lochs und macht es zu einem exzellenten kurzen Par 4.*

tert haben, muss man den Kurs eigentlich mehrfach und bei unterschiedlichem Wind spielen. Einige der besten Löcher kommen gleich zu Anfang. Bereits das 1. Loch verlangt beherzte Schläge, denn rechts droht das Aus, das Fairway ist abschüssig, und die Annäherung auf das beiderseits stark bewachte Grün führt bergauf. Dann folgt eine wunderschöne kurze Bahn mit Blick auf das Meer. Für viele ist das 3. Loch eines der besten Par 5 der Welt, denn hier muss man kerzengerade schlagen. Das 4. Loch spielt von den Dünen herab auf ein niedriger gelegenes Grün, und das 5. ist ein anspruchsvolles Par 4 mit gewelltem Fairway.

SCOREKARTE DES KURSES

Loch	*Länge (in Meter)*	*Par*
1	354	4
2	172	3
3	468	5
4	166	3
5	420	4
6	322	4
7	340	4
8	458	5
9	397	4
Out	3096	36
10	512	5
11	439	4
12	143	3
13	310	4
14	482	5
15	177	3
16	381	4
17	367	4
18	251	4
In	3061	36
Gesamt	**6158**	**72**

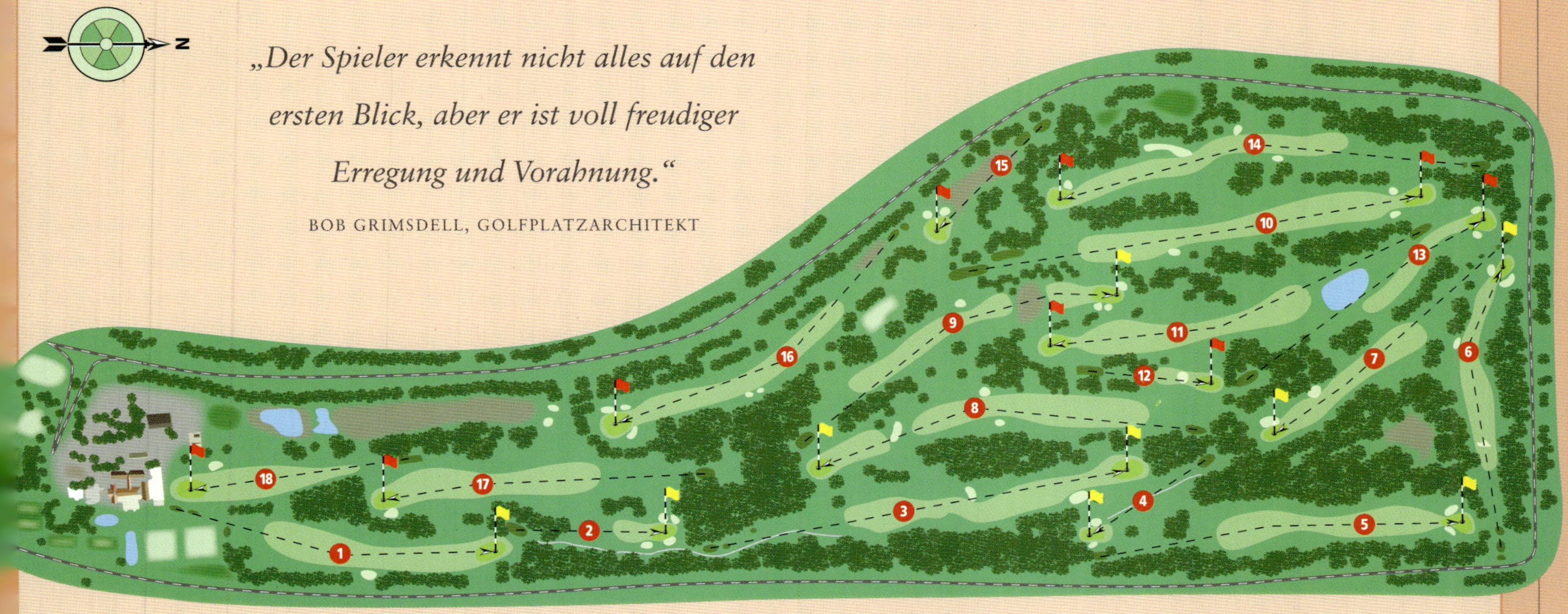

„Der Spieler erkennt nicht alles auf den ersten Blick, aber er ist voll freudiger Erregung und Vorahnung."

BOB GRIMSDELL, GOLFPLATZARCHITEKT

Fancourt

The Links at Fancourt, Fancourt Hotel and Country Club Estate, George, Südafrika

Am 23. November 2003 war dieser Links Schauplatz eines der größten Duelle der Golfgeschichte. Beim President's Cup lagen das US- und das internationale Team am Ende des 4. Tages gleichauf, und so musste jeweils ein Spieler in eine Sudden-Death-Playoff-Runde. Rund 800 Millionen Zuschauer sahen gespannt zu, wie Ernie Els und Tiger Woods um den Cup rangen, während sich langsam die Nacht über den Kurs senkte.

Nach zwei Löchern mit gleichem Ergebnis sahen sich beide Spieler am 3. mit langen Putts konfrontiert, um Par zu spielen. Tiger lochte aus 4,5 m ein. Els musste also seinen 2,5-m-Putt schaffen, um nicht zu verlieren. Jack Nicklaus, Kapitän des gegnerischen Teams, sagte später: „Niemand auf der ganzen Welt wollte, dass du diesen Putt verschlägst." Els hielt dem Druck stand und lochte ein. Die beiden Kapitäne Nicklaus und Player sahen dies als Zeichen, und man einigte sich darauf, den Cup zu teilen.

Der von Gary Player entworfene Kurs verläuft am Fuß der Outeniqua-Berge, deren Hügel ihm einen Links-Charakter verleihen. Die Hügellandschaft wirkt sehr natürlich, da sie im Einklang mit der umgebenden Bergwelt steht, ist aber das Resultat massiver Erdbewegungen. Vom 13. Loch aus genießt man einen Blick hinunter über das flache Farmland, das eigentlich diese Region prägt. Aber ob nun natürlich oder künstlich angelegt, dieser Kurs spielt sich wie ein Links. Seine sorgfältig angelegten Hügel umschmeicheln die Fairways, und tiefe Potbunker schützen kompromisslose Grüns.

UNTEN *Das Clubhaus verströmt den Charakter eines alten Landguts. Es ist das Herzstück des Resorts und bietet täglich eine ausgezeichnete Küche.*

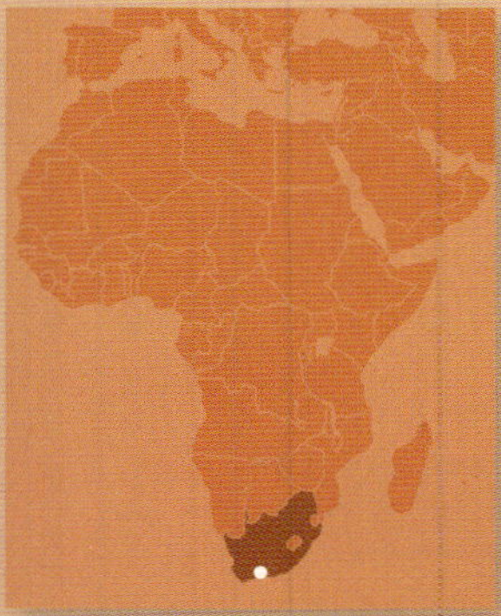

Der Lohn des Risikos

Players Kurse belohnen Risikobereitschaft und sind für Spieler aller Stärken spielbar, was man auch diesem Platz deutlich anmerkt. Spieler mit kräftigem Schlag erhalten an fast allen Löchern Gelegenheit zu langen Carries, und beide Par 4, das 6. und das 14., reizen dazu, direkt aufs Grün abzuschlagen. Der Drive muss dann aber perfekt platziert sein, denn mit großen Potbunkern und dichtem Rough auf den Dünen sind diese Löcher sehr geschickt angelegt. Verschiedene Abschläge machen den Kurs für Golfer aller Stärken spielbar, was zu interessanten Duellen zwischen Spielern mit langen Schlägen und Spielern mit kurzem Präzisionsspiel führt. Auf zu vielen Kursen sind die Bahnen für lange Schläge zu kurz und für kurzes, präzises Spiel wiederum zu lang. Da Fancourt aber kurzes präzises Spiel genauso erlaubt wie die aggressivere Linie, ist es für den President's Cup ideal.

Das 15. Loch erinnert an das 18. von Sawgrass, da das lange Par 4 um ein Stück Marschland abknickt. Das eigentliche Juwel des Platzes ist aber das Par 3 des 17. Lochs. Da links und geradeaus ein Kanal liegt, spielen die meisten Spieler nach rechts und stehen vor einem schweren Chip auf das schnelle Grün. Die Bäume hinter dem Grün machen zudem den Wind schwer einschätzbar. Daher fragt man am besten einen der Fancourt-Caddies, die zu den besten der Welt gehören sollen, um Rat.

FANCOURTS VIER GOLFKURSE

Der Links ist der bekannteste der Kurse in Fancourt. The Montagu ist erst kürzlich von David McClay Kidd, dem Architekten von Bandon Dunes in Oregon (USA), überarbeitet worden, und der 6400 m lange Outeniqua-Kurs stammt ebenfalls von Gary Player. Die Kurse sind Gästen des Resorts vorbehalten. Nur Bramble Hill, ebenfalls von Gary Player entworfen, ist ein öffentlicher Platz, der „Golfern aller Spielstärken ein echtes Fancourt-Erlebnis" vermittelt.

SCOREKARTE DES KURSES

Loch	Länge (in Meter)	Par
1	362	4
2	216	3
3	429	4
4	452	4
5	502	5
6	319	4
7	435	4
8	185	3
9	557	5
Out	3449	36
10	373	4
11	147	3
12	440	4
13	487	5
14	330	4
15	436	4
16	534	5
17	170	3
18	563	5
In	3481	37
Gesamt	**6930**	**73**

„Golfer werden feststellen, dass dieses Spiel nicht dazu bestimmt ist, fair zu sein."

GARY PLAYER

DAS RICHTIGE MASS

Damit der Links-Charakter auch überzeugend wirkte, besuchte Player (angeblich der am weitesten gereiste Sportler der Welt) nochmals mehrere Links-Kurse in Schottland und Irland. Über Fancourt schrieb er: „Ich habe ihn mit gewellten Fairways, Potbunkern, großen Grüns, tiefem Rough und dem Anschein eines Meeresblicks so angelegt, dass Golfer sich fühlen können, als seien sie in Ballybunion, Dornoch oder St. Andrews."

OBEN *Das 17. Loch, hier vom Abschlag aus gesehen, gilt als eines der schwersten Par 3 aller vier Kurse. Im Hintergrund sieht man deutlich die buckelige Landschaft, die dem Kurs den wahren Links-Charakter verleihen soll.*

RECHTS *Um eine gelungene Links-Atmosphäre zu schaffen, müssen die künstlichen Hügel so angelegt sein, dass sie nicht vor der Bergkulisse im Hintergrund untergehen, wie das 12. Loch sehr schön beweist.*

Gary Player Country Club

Gary Player Country Club, Sun City Resort, Südafrika

Gary Player ist einer der zähesten Golfspieler. Sein erstes Major gewann er im Alter von 23 Jahren, er siegte als erster Nicht-Amerikaner beim Masters und war mit 29 Jahren der jüngste Spieler, der je den Grand Slam gewinnen konnte. Doch als der Ausnahmespieler mit dem Spitznamen „The Black Knight" 1978 das Gelände für den geplanten Kurs sah, hätte er fast das Handtuch geworfen. Er sollte im an Las Vegas erinnernden Sun-City-Resort einen Kurs anlegen, der die besten Turniere der Welt empfangen könne. Das Gelände war jedoch nicht gerade für Golf geeignet.

Erstens lag das Gelände auf einem erloschenen Vulkan, der Boden war felsig und trocken und unglücklicherweise ohne fließendes Gewässer. Ein eher geringes Problem war, dass das Gebiet voller Kühe, Kuhdung und Stacheldrahtzäune zu sein schien. Und als ob die Landschaft selbst nicht schon Herausforderung genug gewesen wäre, sollte hier ein Kurs entstehen, der die besten Profis auf die Probe stellen können, aber dennoch als Resort-Kurs für Freizeitgolfer spielbar bleiben sollte. So wurde ein Budget bereitgestellt, das Player und seinem Team erlaubte, so viel Erde zu bewegen, wie notwendig war.

Mehrere Abschläge

Player löste dieses Problem, indem er die Längen der Löcher durch mehrere Abschläge variierte, sodass ein Fairway-Bunker Spieler mit hohem Handicap genauso bedroht wie Spieler vom Format eines Ernie Els. Obwohl dieser Kurs von den hinteren Abschlägen mit 7132 m zu den längsten der Welt zählt, lässt er sich aufgrund der vielen Tees flexibel an verschiedene Anforderungen anpassen. Durch die Höhenlage sind die Längen nicht ganz so extrem, wie die Scorekarte vermuten lässt. Dennoch sind einige der Par-4-Bahnen schon sehr lang.

SCOREKARTE DES KURSES

Loch	Länge (in Meter)	Par
1	403	4
2	520	5
3	411	4
4	195	3
5	449	4
6	389	4
7	206	3
8	450	4
9	545	5
Out	3568	36
10	500	5
11	419	4
12	200	3
13	406	4
14	550	5
15	432	4
16	193	3
17	437	4
18	459	4
In	3596	36
Gesamt	**7164**	**72**

„Ein wunderbarer Ort, um Golf zu spielen: tolle Atmosphäre, tolles Wetter, rundum toll."

JUSTIN ROSE

▶ „Das 18. ist für mich alljährlich eines der schönsten Schlusslöcher. Ich liebe es: die Zuschauer, den See …, und es wird anscheinend immer besser." Ernie Els

◀LINKS *Player beschrieb das 9. Loch als „ein Par 5, das Heldenmut verlangt, obwohl es normalerweise so präpariert wird, dass das Grün mit zwei Schlägen erreichbar ist".*

Die strategische Ausrichtung des Kurses belohnt risikofreudiges Spiel. Am besten zeigt sich dies am Wahrzeichen des Kurses, dem 9. Loch. Vom Championship Tee aus 545 m lang, wird es meist von einem der vorderen Abschläge über 464 m gespielt. Aufgrund des leichten Dogleg ist es sogar noch etwas kürzer. Ein guter Drive ermuntert Spieler dazu, das Inselgrün mit dem zweiten Schlag anzuspielen, um zum Birdie einlochen zu können. Kurze Eisenschläge bleiben auf dem Grün aber besser liegen als Holzschläge vom Fairway. Auf konturierten Grüns lassen sich je nach gewählter Position unterschiedlich schwere Löcher anlegen.

Gary Player sagte einmal: „Wenn ich zu den Großen zähle, dann nur, weil ich nie vor einem Bunkerschlag Angst hatte und auch nie haben werde." Bei diesem legendären Talent ist es kein Wunder, dass er Fairway- und Grün-Bunker geschickt platziert. Schwache Drives landen in dichtem Gestrüpp, auf den rutschigen Grüns bleiben Schläge aus dem Rough nicht liegen, und ihre starken Konturen sorgen dafür, dass mittelmäßige Annäherungen schlicht wieder herunterrollen. Der Kurs kann besonders am gewaltigen 8., einem Par 4, und am 18. Loch hart sein, er ist aber fair und bringt Spielern mit Spielwitz und Genauigkeit ein Erfolgserlebnis.

Leopard Creek

Leopard Creek

Leopard Creek Country Club, Malelane, Mpumalanga, Transvaal, Südafrika

Leopard Creek ist ein sehr diskreter Club in der Bushveld-Region, der neue Mitglieder nur mit Einladung aufnimmt. Während der Alfred Dunhill Championship 2007 erregte er jedoch viel Aufsehen, als Ernie Els, schon fast auf dem Weg zu seinem vierten Sieg in Folge bei diesem Turnier, am letzten Grün zwei Bälle hintereinander ins Wasser schlug, letztlich auf acht Schläge kam und die Trophäe an den wenig bekannten englischen Profi John Bickerton weiterreichen musste.

Die Idee zu Leopard Creek stammt von dem Bankier Johann Rupert, der den weisen alten Herrn des südafrikanischen Golfs, Gary Player, engagierte, um ihm beim Entwurf seines Traumplatzes zu helfen. Player hatte Erfahrung mit dieser Art Umgebung, da er bereits den Gary Player Country Club in Sun City angelegt hatte. Leopard Creek bot aber noch ganz besondere Schwierigkeiten, denn das Gelände liegt an der Südgrenze des Krüger-Nationalparks mit seiner reichen, geschützten Tier- und Pflanzenwelt. Es ging also um viel mehr als um Dünger, der das Wasser des Parks nicht verunreinigen durfte. Rupert wollte, dass seine Gäste in den Genuss von Flora und Fauna kommen sollten, ohne gleich als Mittagessen eines hungrigen Krokodils zu enden. Der Kurs musste also erhöht liegen, sodass Flusspferde ungehindert im Crocodile River baden, Golfer aber ihrerseits sich auf ihr Spiel konzentrieren können. Der Kurs wurde 1996 eröffnet und noch mehrfach angepasst. So wurden einige Abschläge und Grüns wieder abgesenkt und eine Mauer hinter dem 13. Grün entfernt, um einen weiten und ungehinderten Blick auf die einzigartige Umgebung zu gewähren.

RECHTS *Heute scheint es fast Pflicht zu sein, dass Schlussbahnen auf einem Inselgrün, wie dem 18. von Leopard Creek, enden, das 2007 Els' Niederlage besiegelte.*

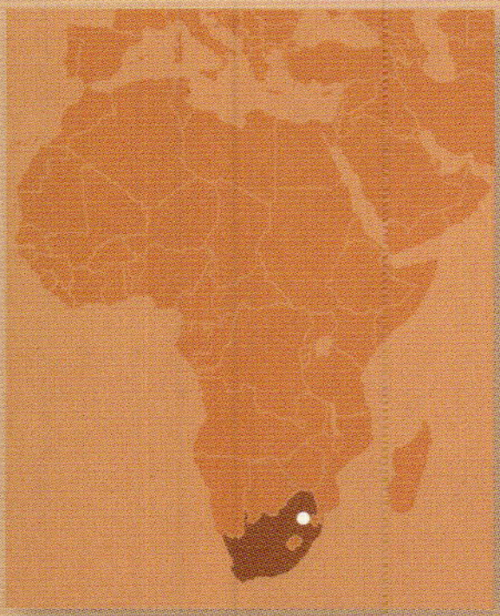

▶ Der Kurs bietet viele schöne Blicke in den Nationalpark, aber der vom Abschlag des 12. Lochs ist einfach unüberbietbar; eine harte Prüfung für den Golfer, der sich auf den Schlag zum tiefer gelegenen, von Bunkern umringten Grün konzentrieren muss.

RECHTS *Das 13. Grün am Crocodile River. Bei der direkten Nähe des Nationalparks und seiner Tiere fällt die Konzentration auf das Golfspiel wohl nirgends schwerer als auf diesem Platz.*

Weitläufige Anlage

Beim Entwurf von Leopard Creek nutzten Gary Player und sein Team so viele natürliche Hindernisse wie möglich. Der Kurs verlangt aber dennoch nach einigen sehr anspruchsvollen Schlägen, wie etwa den Drive am 3. Loch. Mit Bunkern zur Linken, Bäumen zur Rechten und einem Bach quer über das Fairway ist hier ein gerader, langer Schlag gefragt. Überhaupt ist häufig Wasser im Spiel, wie etwa auf den parallel verlaufenden Bahnen 9 und 18, deren Grüns beide von einem See bewacht werden. Beim Alfred-Dunhill-Turnier tauschen die beiden Löcher ihre Plätze, sodass das 18. auf dem Inselgrün endet.

Das spektakulärste Loch des Platzes ist das 15. Das Par 5 wird von einem Bach gesäumt, sein Grün thront über einem See und bietet einen grandiosen Blick auf die Landschaft. Am 16. geht der Spaß gleich weiter, denn der Abschlag führt über genau diesen See auf ein fast vollständig vom Wasser umringtes Grün. Nur das 17. Loch bietet ein seltenes wasserfreies Intermezzo.

SCOREKARTE DES KURSES

Loch	*Länge (in Meter)*	*Par*
1	383	4
2	496	5
3	410	4
4	390	4
5	150	3
6	292	4
7	197	3
8	439	4
9	495	5
Out	3251	36
10	395	4
11	343	4
12	176	3
13	505	5
14	378	4
15	547	5
16	190	3
17	410	4
18	435	4
In	3378	36
Gesamt	**6628**	**72**

„Schnaubende Flusspferde oder Löwen am Zaun bieten schon ein einzigartiges Golferlebnis.“

GARY PLAYER

Kurse 90–101

ASIEN
90 Royal Calcutta, Indien
91 Mission Hills, China
92 Spring City, China
93 Kawana, Japan
94 Blue Canyon, Thailand
95 Nirwana Bali, Indonesien

AUSTRALIEN
96 Barnbougle Dunes, Tasmanien
97 New South Wales, New South Wales
98 Royal Adelaide, South Australia
99 Royal Melbourne, Victoria

NEUSEELAND
100 Cape Kidnappers, Nordinsel
101 Paraparaumu Beach, Nordinsel

Asien & Australasien

Seit Jahren boomt der Golfsport in Asien. Die asiatischen Spieler zählen zu den ehrgeizigsten und erfolgreichsten auf der US und der European Tour. Der Golftourismus wächst rasant, und überall entstehen neue Kurse. Nun hat auch China den Sport entdeckt, und mit politischer Unterstützung explodiert er regelrecht. Mission Hills verfügt bereits über zwölf Golfkurse. Das 600 Jahre alte St. Andrews hat gerade einmal sechs! Dennoch ist Golf in Asien nichts Neues. Royal Calcutta ist der älteste Golfclub der Welt jenseits der Britischen Inseln. Golf verbreitete sich überall dort, wo Europäer Kolonien hatten oder große Handelsposten unterhielten. In Japan erfreute sich Golf besonders in den Jahren zwischen den Weltkriegen sehr großer Beliebtheit.

Australien und Neuseeland mit ihren britischen Wurzeln sind mit einigen Weltklasse-Kursen ausgestattet. Wie in Asien wird der Bau neuer Plätze mit Volldampf betrieben, und ihre Qualität ist so hoch, dass jeder der 20 modernen Kurse hier hätte aufgenommen werden können. Aber auch die älteren Plätze müssen sich nicht hinter der jungen Konkurrenz verstecken.

Royal Calcutta

Royal Calcutta

Royal Calcutta Golf Club, Kalkutta, Indien

Royal Calcutta ist der älteste Club der Welt außerhalb des Vereinigten Königreichs und wurde 1829 als Dum Dum Golf Club gegründet. Erst zwölf Jahre später eröffnete in Mumbai ein weiterer indischer Club. Die beiden Clubs waren die Keimzellen des Spiels auf dem indischen Subkontinent. Royal Calcutta (das „Royal" kam mit dem Besuch von König George V. und Königin Mary 1911) war sogar so einflussreich, dass sein Status als Bewahrer der Golf-Etikette und -Regeln in Indien dem des R&A gleichkam. Außerdem initiierte dieser Club die Einrichtung der indischen Amateur Championship.

Während der britischen Herrschaft hatten Inder keinen Zutritt zum Club. Diese Zeiten sind zum Glück vorbei. Bis heute unterhält der Club enge Beziehungen zum R&A und einer Reihe weiterer britischer Clubs, und die Mitglieder genießen wechselseitiges Abschlagsrecht. Leider konnte er aber nicht alle 36 Löcher bewahren und musste weiter vom Clubhaus entfernte Grundstücke an die bengalische Regierung verkaufen. Es ist aber immer noch ein großartiger und schwerer 18-Loch-Platz.

Unsichtbare Gefahren

Auf den ersten Blick wirkt Royal Calcutta recht freundlich mit ebenen Fairways und nur wenigen Bunkern. Was dem Auge verborgen bleibt, ist ein Netzwerk von Teichen und Wassergräben, das den Kurs unterhalb des 1. Fairways überzieht. Sie entstanden durch die Erdarbeiten für die Grüns und Abschläge und dienen heute als Wasserspeicher, „Tanks" genannt. Ihre Lage lässt sich nicht vorhersagen, und sie zwingen immer wieder zu ganzen Serien von Carries.

Eine der schwersten Bahnen des Platzes ist das 7. Loch, ein Par 4 an der Platzgrenze, auf dem man aus einer zwischen Bäumen liegenden Rinne heraus, an Wasser vorbei, auf ein nach links schwenkendes Fairway abschlägt, das abrupt an einem Tank endet. Dadurch erhält der zweite Schlag eine besondere Bedeutung. Ein weiteres starkes Loch auf den vorderen Neun ist die nach rechts schwenkende 3. Bahn mit einem weiten Carry über einen Tank aufs Fairway.

RECHTS *Das schöne Clubhaus, die spirituelle Heimat des Golfspiels in Indien seit 1829. Es verströmt immer noch das Flair von Würde und Förmlichkeit.*

Royal Calcutta ist ein langer Kurs mit nur zwei kurzen Bahnen. Die Par 5 sind nach heutigen Maßstäben nicht sonderlich lang, aber es gibt ausreichend längere Par 4, um die mittleren und langen Eisen zu beschäftigen. Ein gutes Beispiel ist das 10. Loch, bei dem der zweite Schlag zum Grün erneut Wasser überqueren muss. Und so geht es Tank für Tank weiter, bis man auf der letzten Bahn endlich auf ein wasserfreies Fairway stößt. Irgendwo muss hier doch noch ein Tank versteckt sein! Aber nein, hier lauern nur noch ein einsamer Fairway-Bunker und ein paar Bunker am Grün auf allzu sorglose Schläge.

▸ Der Cashmere Cup, den der Royal Calcutta Golf Club 1882 dem R&A schenkte, wurde zur Trophäe des ersten Handicap-Turniers der Welt, dem heutigen Calcutta Cup.

RECHTS *Schafe suchen auf Royal Calcutta in einem Bunker Schutz vor der sengenden Sonne. In Schottland wurden die ersten Bunker wohl von Schafen gegraben, die Schutz vor dem Wind suchten.*

SCOREKARTE DES KURSES

Loch	Länge (in Meter)	Par
1	328	4
2	129	3
3	399	4
4	480	5
5	390	4
6	386	4
7	379	4
8	378	4
9	364	4
Out	3232	36
10	395	4
11	375	4
12	337	4
13	177	3
14	374	4
15	459	5
16	331	4
17	339	4
18	393	4
In	3181	36
Gesamt	6414	72

Mission Hills

Olazábal Course, Mission Hills Golf Club, Shenzhen, China

Mit 216 Löchern auf zwölf Kursen, die alle nach berühmten Golfern benannt sind, gilt Mission Hills als das größte Golf-Resort der Welt. Die Namen der meisten Kurse gehen leicht von der Zunge: Annika, Duval, Els, Faldo, Leadbetter, Nicklaus, Norman, Olazábal, Ozaki, Pete Dye, Vijay und Zhang Lian Wei. Auf dem Nicklaus Course fand 1995 der World Cup statt; er war der erste chinesische Platz, der von der amerikanischen PGA akkreditiert wurde. Das Turnier kehrte 2007 zurück, diesmal als erster von zwölf World Cups, die hier jedes Jahr stattfinden sollen.

Es ist erstaunlich, welch hohe Zuwachsraten der Golfsport in China hat. Ob dieser Eifer, mit dem Plätze und Resorts entstehen, gut für das chinesische Golf ist, bleibt abzuwarten, aber das enorme touristische Potenzial ist nicht zu übersehen. Mission Hills liegt nur 20 Minuten von Hongkong entfernt, und die Infrastruktur, um die Besucherzahlen für ein so großes Resort zu bewältigen, ist vorhanden und exzellent. Ein weiterer großer Vorteil ist das Klima, das es erlaubt, ganzjährig Golf zu spielen, was die Golfer aus Hongkong bereits seit 1889 wissen.

▶ Als Olazábal den im Bau befindlichen Platz 2002 besuchte, sagte man ihm, dass seiner und vier weitere Kurse noch in diesem Jahr fertiggestellt werden sollten. Mithilfe von rund 3000 Arbeitern und 600 Baumaschinen gelang das auch.

LINKS OBEN *Das 16. Grün des Faldo Course erinnert stark an das 17. von TPC Sawgrass.*

LINKS UNTEN *Die Architekten hatten fast völlig freie Hand. Hier ist das kreativ angelegte 6. Loch des Ozaki Course zu sehen.*

Lang und schwer bebunkert

Für den World Cup 2007 wählte man den Olazábal Course aus. Olazábal hatte nie den weitesten (oder präzisesten) Drive aller Tourspieler, auch wenn er ein begnadeter Spieler mit dem Eisen ist. Vor diesem Hintergrund überrascht es ein wenig, dass der längste aller zwölf Kurse von Mission Hills seinen Namen trägt. Bei diesem Turnier siegten mit Colin Montgomerie und Marc Warren, der im Vorjahr Zweiter geworden war, erstmalig seit den Anfängen des Turniers als Canada Cup 1953 zwei Schotten.

Die lange 6. Bahn ist mit ihrer schmalen Landezone für den Drive vermutlich das härteste der Par 4. Wie auf so vielen Bahnen bildet auch hier der Dschungel einen faszinierenden Hintergrund. Den kann man besonders gut von den erhöhten Abschlägen des 8., eines langen und schwierigen Par 3, und des 9. Lochs, eines schwer bebunkerten Par 5, genießen. Olazábal ist ein beachtlicher Bunkerspieler, und dem trägt die Anzahl von rund 150 Bunkern beeindruckend Rechnung.

Heute ist es beinahe Pflicht, ein sogenanntes Signature Hole zu haben. Auf dem Olazábal Course ist dieses Markenzeichen das 15. Loch. Es ist eine gnadenlose Auseinandersetzung mit dem Wasser, das sich entlang der linken Fairwayflanke erstreckt und dem Mutigen (oder Dummen) mehrere Abkürzungen anbietet, die ein reguläres Par 5 in einen todesmutigen Two-Shotter verwandeln können. Diese Art Loch sieht man immer häufiger, ähnlich wie Imitationen der Abschlussbahn von TPC Sawgrass. Und auch hier ähnelt das Finalloch mit seinem von links drohenden Wasser verblüffend dieser Vorlage.

SCOREKARTE DES KURSES

Loch	*Länge (in Meter)*	*Par*
1	409	4
2	160	3
3	501	5
4	370	4
5	161	3
6	435	4
7	518	5
8	196	3
9	524	5
Out	3274	36
10	369	4
11	519	5
12	418	4
13	220	3
14	367	4
15	530	5
16	395	4
17	180	3
18	421	4
In	3420	36
Gesamt	**6693**	**72**

„Das ist ein wirklich wunderbarer Platz."

COLIN MONTGOMERIE

DIE QUAL DER WAHL

Bei zwölf Kursen steht der Besucher in diesem erstaunlichen Resort vor der Qual der Wahl. Ungeachtet des Reizes des Olazábal Course, wird es viele auf den Nicklaus Course ziehen, auf dem 1995 der World Cup gespielt wurde. Der härteste ist wohl der Norman Course, der als der schwierigste Kurs Asiens gilt. Der Sorenstam Course, der von der ersten Profispielerin entworfen wurde, die je gegen die Männer der PGA Tour angetreten ist, ist lang genug, auch diese Pros zu beschäftigen. David Leadbetter genießt den Ruf, einer der besten Golflehrer der Welt zu sein, dennoch ist sein Platz kein „Lehrkurs“, sondern genauso lang und schwierig wie die anderen auch.

OBEN *Auf der 10. Bahn des Olazábal Course bleibt man lieber auf der linken Seite des Fairways, um den vielen Bunkern zu entgehen und einen Zugang zum Grün zu finden.*

RECHTS *Sand ist auf der 15. Bahn – dem Markenzeichen des Olazábal Course – reichlich vorhanden. Doch die Bunker dienen meist dazu, den Ball vor dem Wasser zu retten.*

Spring City

Spring City

Mountain Course, Spring City Golf & Lake Resort, Kunming, China

Kunming im Süden Chinas ist mit einem idealen ganzjährigen Frühlingsklima gesegnet. Das passend zum Wetter Spring City getaufte Resort liegt umgeben von Bergen und mit Blick auf den Yang Zong Hai See auf 2134 m Höhe. Mit seinen zwei Kursen – dem Mountain Course von Jack Nicklaus und dem Lake Course von Robert Trent Jones jr. – zielt es auf das Spitzensegment des Resort-Golf-Markts. Es lässt sich leicht per Flugzeug erreichen und bietet alle Extras, die man in dieser Preisklasse erwarten kann.

Golf kann in dieser Umgebung sehr idyllisch sein, aber es kostet auch ein Vermögen. Daher braucht man eine große Mitgliederzahl, um den Bau und die laufende Pflege der beiden von klangvollen Namen gebauten Kurse zu finanzieren. Deshalb hat das Resort viele Villen, Lodges und Apartments gebaut, deren Bewohner automatisch Mitglieder des Golfclubs werden. Als Folge sind viele Bahnen von Häusern umgeben, die zwar recht dekorativ sind, aber dank derer der Golfer nicht immer so eins mit der Natur ist, wie er das vielleicht gerne hätte.

DER LAKE COURSE

Robert Trent Jones jr. konnte frei wählen, welchen Teil des Geländes er für seinen Kurs nutzen wollte. Er entschied sich für den unteren Teil, der aber das Problem hatte, dass der See 46 m tiefer lag. Da die Bahnen möglichst eben bleiben sollten, gibt es deutliche Niveauunterschiede zwischen den Bahnen, und man kommt nicht umhin, einen Buggy zu benutzen.

RECHTS *Das 11. Loch des Mountain Course hat eine ausgefuchste Bebunkerung. Es ist ein kurzes Par 4 und eine der attraktivsten Bahnen des Platzes.*

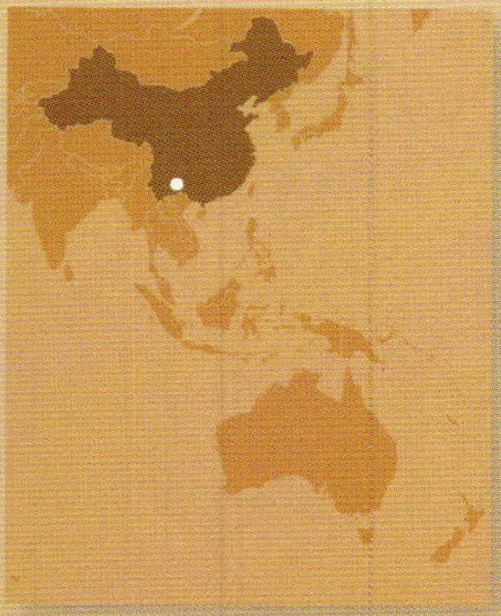

UNTEN *Das 9. Loch des Lake Course ist ein schönes Par 5 mit Gefahren auf beiden Seiten des Fairways: Wasser auf der einen und Felsen auf der anderen.*

Unterschiedliche Anlagen

Die Kurse nutzen die Topografie geschickt aus. Beide Architekten hatten Höhenunterschiede zur Verfügung, aber jeder hat die Routenführung seines Kurses anders in Angriff genommen. Wo Jones das Spiel mitten in der Runde an den Rand des Sees führt, hebt sich Nicklaus das Wasser für den Abschluss auf. Die meisten Bahnen laufen eher an den Steigungen entlang, statt hinauf und hinunter, sodass das Spiel in der Ebene bleibt und auch untrainierte Spieler nicht überfordert, wobei die meisten Besucher sowieso in Buggys umherfahren.

Nicklaus' 1. Bahn ist ein schönes Beispiel, da sie entlang einer Hügelflanke verläuft und auf der rechten Seite des Fairways einen Abhang und auf der linken eine Felswand hat. Sie spielt in den Wind und ist vom hinteren Abschlag aus kein leichter Einstieg. Jede Bahn verfügt über fünf Tees, die für sehr unterschiedliche Längen sorgen, sodass der Kurs für Spieler aller Handicaps spielbar ist. Allerdings müssen alle auf den beiden Abschlussbahnen in Topform sein, denn die langen Par 4 spielen gegen den Wind und sind reich bebunkert. Dazu schneidet eine Klamm kurz vor dem Grün durch das letzte Fairway. Ungeachtet des Score ist der Blick durch die Bäume über den See spektakulär.

Während Nicklaus' Anlage in alle Himmelsrichtungen spielt, besteht Jones' Kurs aus einer Reihe fast ausschließlich paralleler Bahnen. Fast immer gibt es steile Hügelflanken auf einer oder auf beiden Seiten des Lochs. Das kann bedrückend sein, wie am 11. Loch, das einen weiten Drive über eine tiefe Schlucht direkt vor dem Abschlag erfordert. Der Lohn für die Mühe sind viele großartige Ausblicke und einige spannend platzierte Grüns, wie das 13., das auf einem Felsvorsprung thront.

SCOREKARTE DES KURSES

Loch	Länge (in Meter)	Par	Loch	Länge (in Meter)	Par
1	410	4	10	400	4
2	413	4	11	354	4
3	165	3	12	524	5
4	549	5	13	187	3
5	421	4	14	346	4
6	394	4	15	574	5
7	380	4	16	177	3
8	142	3	17	409	4
9	546	5	18	425	4
Out	3419	36	In	3396	36
			Gesamt	6815	72

Kawana

Kawana

Fuji Course, Kawana Golf Resort, Ito City, Shizuoka, Japan

Ein Golfjournalist hat Japan einmal als das „golfigste Land der Erde“ bezeichnet, und tatsächlich betreiben die Japaner das Spiel mit Leidenschaft. Das einzige Problem ist, dass das Land viel zu wenig Plätze hat, die mehr als einer Handvoll von Nachwuchsgolfern ihre Pforten öffnen. Viele der schönsten Plätze, wie das ehrwürdige Hirono bei Kobe, sind strikt privat, und die meisten japanischen Golfer können nur darüber lesen. Es gibt aber eine löbliche Ausnahme: Kawana.

UNTEN *Eine hinreißende Bahn auf einem hinreißenden Platz: das 15. Loch. Das Par 5 ist ein großartiges Loch mit einem fantastischen Grün.*

Der Fuji Course von Kawana ist einer der schönsten Plätze in Asien, vor allem das äußerst malerische 15. Loch, das entlang der Klippen mit einer herrlichen Aussicht über die Bucht von Sagami verläuft. Auf den ersten Blick könnte man den Kurs für einen modernen Platz halten, der mit Hightech-Maschinen aus dem Boden gestampft wurde, aber da täuscht man sich. Er stammt aus dem Goldenen Zeitalter der Golfplatzarchitektur zwischen den Weltkriegen. Der Architekt war Charles Alison, ein Engländer, der Partner des großen Harry Colt wurde und viele Projekte Colts außerhalb von Europa übernahm. Er reiste in den 1930er-Jahren mehrfach nach Japan, und seine Plätze zählen zu den beliebtesten des Landes.

Kawana hat eigentlich zwei Kurse, den Fuji und den kürzeren Oshima, der bereits existierte, als Alison nach Kawana kam. Er ist genauso schön, aber die eifrigen Golfer wollen sich meist lieber am Fuji Course messen.

▶ Während die Golfer in Europa und den USA nach ihrer Golfrunde häufig direkt an die Bar strömen, ist es in Japan üblich, dass Golfpartner gemeinsam in ein öffentliches Badehaus gehen.

Ein traumhafter Start

Man wird selten eine so einladende Eröffnungsbahn finden wie die des Fuji Course. Sie läuft schlicht eine Hügelflanke hinunter, und die Ränder des Fairways sind deutlich durch den alten Baumbestand definiert. Im Hintergrund liegt das Meer. Ein Platz muss nicht hinreißend schön sein, um großartig zu sein, aber es hilft.

Alison war ein Meister in der Kunst der Bebunkerung. Seine Bunker sind Kunstwerke, die dem Spieler ins Gesicht starren und ihn herausfordern, sie zu überspielen, und doch mit Sirenenstimmen locken. Eine Handvoll von ihnen liegt im Knick des 411 m langen 3. Lochs, eines Par 3, das sich als Par 5 spielt, weil es steil bergauf führt. Diese Bunker muss man unbedingt überwinden, will man das Grün mit zwei Schlägen erreichen.

Eine der schönsten Bahnen ist das 7. Loch, ein abschüssiger Two-Shotter mit einem Achterbahn-Fairway und einem engen Zugang auf das Grün durch ein Spalier aus Bunkern. Auch hier liefert das Meer eine grandiose Kulisse. Ein weiteres äußerst unebenes Fairway prüft am 9. Loch das Können beim Abschlag. Auf diesem Kurs der Kontraste folgt auf das winzige 10. direkt ein Monster von einem Par 5. Aber dieses bietet über 566 m traumhafte Ausblicke. Dabei haben wir den Fujiyama noch gar nicht erwähnt! Als ob dieser Ort noch nicht malerisch genug wäre, erhebt sich der höchste und symbolträchtigste Berg Japans wie ein Gott über die Golf spielenden Sterblichen.

SCOREKARTE DES KURSES

Loch	*Länge (in Meter)*	*Par*
1	379	4
2	376	4
3	411	5
4	441	5
5	166	3
6	397	4
7	359	4
8	137	3
9	336	4
Out	3002	36
10	131	3
11	566	5
12	369	4
13	361	4
14	380	4
15	430	5
16	169	3
17	375	4
18	335	4
In	3116	36
Gesamt	**6118**	**72**

Blue Canyon

Blue Canyon

Canyon Course, Blue Canyon Country Club, Phuket, Thailand

Thailand ist reich an Golfplätzen unterschiedlichster Qualität. Der berühmteste des Landes ist Blue Canyon, ein Country Club mit zwei fantastischen Kursen in einer himmlischen Landschaft mit Blick auf das blaue Wasser der Andamanen-See und den Phang-Nga-Bergen. Das traumhaft schöne Gelände war allerdings nicht immer so malerisch. In einem früheren Leben war es eine Zinnmine und eine Kautschukplantage.

Als man beschloss, hier einen Golfplatz anzulegen, engagierte man Yoshikazu Kato als Architekten und trug ihm auf, die Erdbewegungen auf ein Minimum zu beschränken und die natürlichen Gegebenheiten zu nutzen. Der Tagebau hatte bereits große Mengen Erde bewegt, und die aufgegebenen Gruben hatten sich mit dem in Thailand so reichlich fallenden Regenwasser gefüllt und Seen und Teiche gebildet. Die in diesem Klima schnell wachsende Vegetation trug das ihre dazu bei, die einst harschen Konturen des Geländes abzurunden. Kato begann mit dem Canyon Course, der 1991 gebaut wurde. 1999 folgte der Lake Course, der seinem Namen mehr als gerecht wird: 17 der 18 Bahnen verfügen über Wasserhindernisse.

TIGERS TRIUMPH

1994 fand das Johnnie Walker Classic auf dem Blue Course statt. Greg Norman stürmte mit einem Score von 64 zum Sieg. Auf dem geteilten 34. Platz landete damals ein junger Amateur – Tiger Woods. Woods kehrte als Pro zum Johnnie Walker Classic 1998 hierher zurück. Zu Beginn der letzten Runde lag er neun Schläge hinter dem führenden Ernie Els, den er erst am letzen Grün einholen konnte. Woods gewann das Play-Off und konnte einen ausgesprochen populären Sieg feiern, nicht zuletzt, weil seine Mutter aus Thailand stammt.

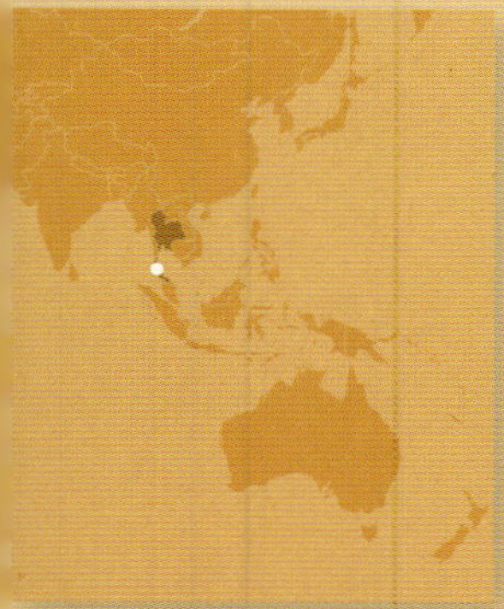

LINKS *Das 14. ist trügerisch. Es spielt sich dank des großen Höhenunterschieds zwischen Abschlag und Grün kürzer, als man denkt.*

UNTEN *Die starke Abschlussbahn mit einem Drive über Wasser und einem geneigten Grün.*

Der Canyon Course

Nach einem recht geradlinigen Eröffnungsloch stößt man am 2. Loch, einem langen Par 3, erstmals auf Wasser. Auf der 3. Bahn steht ein riesiger Trompetenbaum mitten auf dem Fairway. Auf welcher Seite soll man ihn passieren? Die folgenden Par 4 sind zwar relativ kurz, erfordern aber präzise Abschläge und kontrollierte Annäherungen auf die mehrstufigen Grüns, während die strammen Par 5 einen Vorgeschmack auf die noch anstehenden Herausforderungen geben.

Am 10. Abschlag genießt man einen herrlichen Blick aufs Meer, während die Bahn selbst ein spielbares Dogleg nach links ist. Dann kommt ein 549 m langes Ungetüm von einem Par 5, das durch Wasser noch an Schwierigkeit gewinnt. Wasser findet man ebenfalls am nächsten Loch, und es erfordert auch strategische Entscheidungen am 14., einem Par 3 mit nierenförmigem Grün, und am 15. Loch. Das zwischen Bäumen zur Linken und Wasser zur Rechten eingeklemmte 17. ist eine tolle kurze Bahn, und das von Wasser bewachte 18. Loch sorgt dafür, dass der Druck bis zum Ende diese wunderbaren Kurses erhalten bleibt.

SCOREKARTE DES KURSES

Loch	Länge (in Meter)	Par
1	357	4
2	199	3
3	411	4
4	372	4
5	364	4
6	508	5
7	187	3
8	377	4
9	513	5
Out	3288	36
10	358	4
11	549	5
12	402	4
13	357	4
14	177	3
15	536	5
16	326	4
17	202	3
18	369	4
In	3276	36
Gesamt	6564	72

„Einer der besten Plätze, auf denen ich je gespielt habe."

TIGER WOODS BEIM JOHNNIE WALKER CLASSIC 1998

Nirwana Bali

Nirwana Bali Golf Club, Bali, Indonesien

Die Insel Bali ist ein beliebtes Urlaubsziel. Der Tourismus ist sogar die größte Industrie der Insel, wobei der „Kongress-Tourismus" eine große Rolle spielt. Der Nirwana Bali Golf Club ist die Hauptattraktion des Nirwana Bali Resort, das auf Klippen mit Blick auf den berühmtesten Tempel Balis, den Tanah Lot, liegt. Abends versammeln sich hier Touristen und Einheimische, um den Sonnenuntergang hinter dem auf einer Felsenkuppe gelegenen Tempel zu bewundern, der bei Flut vom Festland abgeschnitten ist.

Golfer schulden dem Tempel Tanah Lot Dank, der der Legende zufolge durch die hochgiftigen Seeschlangen, die in diesen Gewässern heimisch sind, vor irdischen Einflüssen geschützt wird. Teils aus Respekt vor der Heiligkeit des Tempels, teils aufgrund der Seeschlangen haben die Erbauer von Nirwana Bali darauf verzichtet, ihr Resort zu nah am Wasser zu bauen. Stattdessen wurde hier ein Golfplatz als Puffer zwischen den Feriengästen und den gefürchteten Seeschlangen angelegt.

Der Platz trägt den Namen Greg Normans, aber es war sein Chefdesigner Bob Harrison, der für die Arbeit verantwortlich war. Der genoss die Möglichkeit, einen Platz so nahe am Meer zu bauen, und beschloss, den Kurs so zu führen, dass beide Neun Bahnen am Wasser haben. Die übrigen Bahnen schlängeln sich durch Dschungel und Reisfelder. Die Felder und eine Handvoll Wasserläufe und Teiche sind Hindernis genug, sodass man Bunker nur sehr zurückhaltend eingesetzt hat.

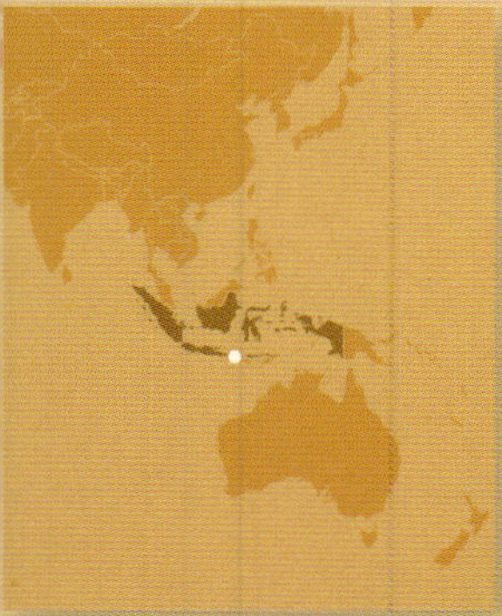

„Wenn man so ein Gelände zur Verfügung hat, will man es nicht verbocken.“

BOB HARRISON ÜBER DIE ANLAGE DES PLATZES

▶ Die in den Platz integrierten Reisfelder werden von einheimischen Bauern bestellt, die kontinuierlich nachsäen, damit die Felder ganzjährig bepflanzt sind.

LINKS *Die 7. ist die unvergesslichste der Bahnen am Meer, sowohl wegen der Schwierigkeit des Carry aufs Grün als auch wegen der hinreißenden Umgebung.*

Zweimal Meer

Die Reisfelder sind das erste Hindernis, das man auf dem Weg landeinwärts überwinden muss. Bedrohlicher sind allerdings die Bunker links vom geneigten Fairway. Die kurze 2. Bahn führt weiter vom Meer weg, die 3. verläuft über das obere Ende des Platzes, und die nächsten drei Bahnen, allesamt Doglegs, queren eilig die Mitte des Geländes.

Am 7. Loch ändert sich alles. Dies ist die erste Bahn am Meer und wirklich schön. Da es sich um ein Par 3 handelt, muss man lediglich den Ball aufs Grün schlagen, das aber 196 m entfernt auf der anderen Seite eines Arms des Indischen Ozeans liegt, der vor Seeschlangen wimmelt. Links sieht man den Tempel, aber die volle Aufmerksamkeit sollte besser der Windgeschwindigkeit und -richtung gelten. Hier darf man nicht zu kurz schlagen! Mit dem 8. beginnt der Rückweg zum Clubhaus, und das 9. erwartet einen mit einem aufregenden Pitch über ein tiefes Tal auf das Grün.

Auf den hinteren Neun führt uns eine der besten Bahnen zum Glück wieder zurück ans Meer. Das 12. Grün liegt auf einem Felsvorsprung und ist schön anzusehen, aber schwer zu treffen. Die nächste Bahn liegt direkt am Wasser und wirkt auf dem Papier recht simpel, ist aber bemerkenswert tückisch. Spielt man von den hinteren Tees aus, ist man am 14. Loch fast komplett von Wasser umgeben und muss über den Strand auf ein erhöhtes Grün schlagen. Es geht wieder landeinwärts, aber die Spannung bleibt bis zur Alles-oder-nichts-Annäherung am letzten Grün erhalten.

SCOREKARTE DES KURSES

Loch	Länge (in Meter)	Par	Loch	Länge (in Meter)	Par
1	350	4	10	407	5
2	172	3	11	193	3
3	366	4	12	348	4
4	401	4	13	308	4
5	403	4	14	170	3
6	458	5	15	409	4
7	196	3	16	394	4
8	497	5	17	319	4
9	355	4	18	475	5
Out	3199	36	In	3024	36
			Gesamt	6222	72

Barnbougle Dunes

Barnbougle Dunes

Barnbougle Dunes, Bridport, Tasmanien, Australien

Einer der aufregendsten Golfplätze, die in den letzten Jahren in Australien entstanden sind, liegt überraschend weit von den Ferienzentren entfernt an der tasmanischen Nordküste auf einem ansonsten ungenutzten Stück Land einer riesigen Kartoffelfarm. Deren Eigentümer ist nicht an Golf interessiert, aber ein junger Mann namens Greg Ramsey erkannte das Potenzial der Dünenlandschaft und konnte den Eigentümer mit viel Überredungskunst davon überzeugen, dass hier ein großartiger Golfplatz entstehen könnte. Es fiel dem angesagten Architekten Tom Doak zu, dieses Potenzial zu erwecken, und das ist ihm auf ganzer Linie gelungen.

OBEN *Das kurze Par 4 des 4. Lochs ist ein schönes Beispiel für Doaks Händchen für äußerst attraktive Bahnen, die aber trotzdem Biss haben.*

Barnbougle Dunes ist auf einem sehr schmalen Stück Land gebaut, das an die traditionellen Kurse wie zum Beispiel Royal Aberdeen oder auch den Old Course von St. Andrews erinnert. Allerdings ist das Clubhaus hier nicht an einem Ende, sondern in der Mitte platziert, sodass zwei Schleifen aus den vorderen und hinteren Neun entstehen. Damit hat jede Bahn mit Ausnahme der 2. entweder das Meer auf einer Seite oder Dünen auf beiden Seiten des Fairways. Zum Glück neigt Doak zu breiten Fairways, die genügend Raum lassen, damit Spieler mit hohem Handicap mit dem Wind zurechtkommen können, aber erfahrenen Golfern auch verschiedene Optionen offenbleiben.

Solche Optionen sind besonders ansprechend, wenn der Architekt den Mut hat, sie auf einem kurzen Par 4 zu bieten, wie der 271 m langen 4. Bahn. Man kann sein Spiel auf diesem Loch nicht planen, sondern muss warten, bis man da ist, und sehen, wie der Wind weht und wo die Fahne steht. Dann kann man entsprechend den eigenen Stärken und Schwächen eine Entscheidung treffen. Bahnen dieser Länge und Qualität sind selten. Wir wollen hoffen, dass sie niemals verlängert wird, egal, wie sich Schläger- und Balltechnologie in Zukunft entwickeln mögen. Auch die 5. Bahn, ein Par 3, ist zeitlos und verlangt nach einem Abschlag, der nach der Landung ausrollt, damit die Bodenkontur den Ball zur Fahne leitet.

RECHTS *Das doppelte Fairway der 8. Bahn ist keine Einladung zum Drauflosschlagen. Je nach Fahnenposition muss die Route geplant werden.*

▸ Barnbougle Dunes ist für einen modernen, weltbekannten Platz insofern ungewöhnlich, als es zwei Par 4 (das 4. und das 12.) hat, die vom hinteren Tee weniger als 274 m messen.

▸ Es gibt auch Unterkünfte für Spieler auf Besuch, aber nicht etwa in einem teuren Hotel, sondern in hübschen Häuschen im Stil traditioneller Strandhütten.

SCOREKARTE DES KURSES

Loch	Länge (in Meter)	Par	Loch	Länge (in Meter)	Par
1	507	5	10	409	4
2	381	4	11	475	5
3	339	4	12	254	4
4	271	4	13	188	3
5	201	3	14	508	5
6	381	4	15	321	4
7	110	3	16	153	3
8	447	4	17	401	4
9	401	4	18	402	4
Out	3038	35	In	3112	36
			Gesamt	**6149**	**71**

Architektonisches Genie

Was Tom Doak zu einem der herausragenden Architekten unserer Zeit macht, ist seine Bereitschaft, unkonventionell zu sein, wenn das zur richtigen Bahn am richtigen Ort auf dem richtigen Platz führt. Ein hervorragendes Beispiel ist das 13. Loch, ein solides Par 3 von 188 m Länge. Mit moderner Ausrüstung können die meisten das mit einem mittleren Eisen schaffen, aber es ist das Grün, das das Loch hervorhebt. Es ist so fantasievoll konturiert, dass der normale hohe, abstoppende Schlag hier nicht genügt. Man muss Länge und Flugbahn des Schlages kontrollieren und den Ball auf die richtige Position platzieren, damit die Konturen des Grüns ihn zur aktuellen Fahnenposition rollen lassen. Dank Doaks blühender Fantasie müssen die Spieler jedes Loch gleichermaßen kreativ angehen.

In Barnbougle Dunes kam Doak der ehemalige Tourspieler Michael Clayton zu Hilfe, der ein ähnlich originelles Architekturverständnis mitbrachte. Wir dürfen wohl in Zukunft noch weitere solcher ungewöhnlichen Plätze in Australien erwarten.

„Ich habe diese Dünen gehasst. Es war Land, auf dem ich keine Kartoffeln anbauen konnte.“

RICHARD SATTLER, EIGENTÜMER VON BARNBOUGLE DUNES

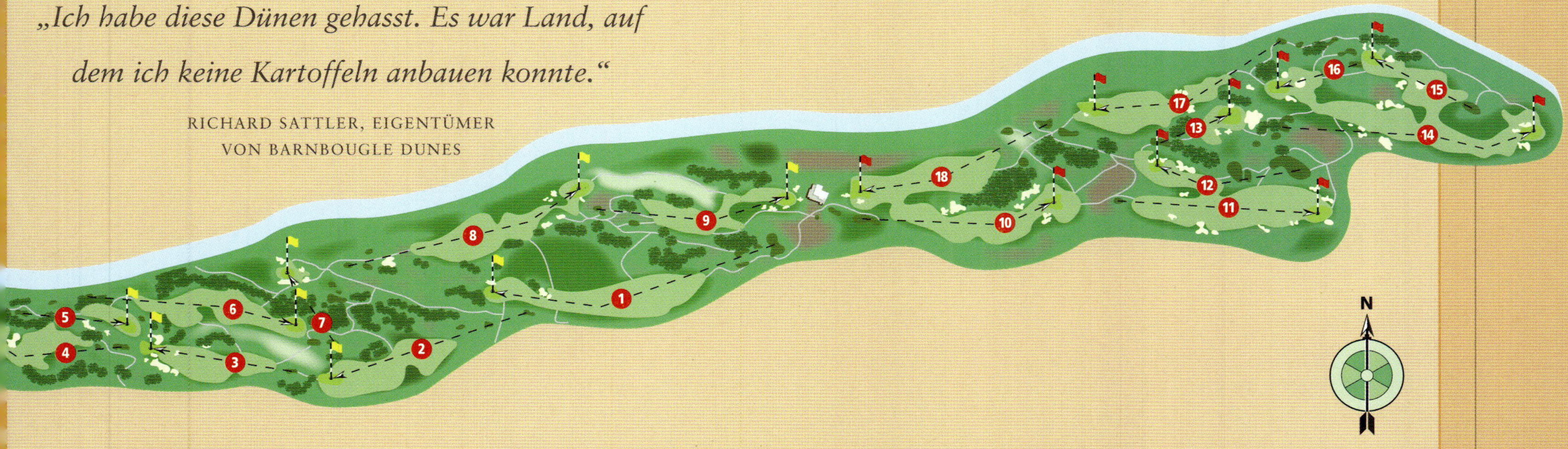

New South Wales

New South Wales

New South Wales Golf Club, Matraville, New South Wales, Australien

Australiens größte Stadt Sydney ist mit erstaunlich wenig guten Golfplätzen gesegnet. Der einzig wirklich aufregende Kurs liegt hoch oben auf den Klippen über Botany Bay im New South Wales Golf Club. Die Aussicht ist fantastisch, der Kurs ist rau und kann, wenn der Wind weht (was er meist tut), sehr unbequem sein. Aber wer kann schon einem Platz seine Schwierigkeit übel nehmen, wenn es so viel Spaß macht, ihn zu spielen?

Ungeduldige Spieler können es nicht erwarten, die Bahnen am Meer zu erreichen, aber der Weg dahin ist alles andere als einfach, denn das 2. Loch ist ein hartes Par 3, und das 3. muss blind über eine Düne gespielt werden. In einer Zeit, in der Bulldozer und Erdhobel das Spiel einfach machen, ist es schön, einen so altmodischen Kurs anzutreffen.

Australiens Pebble Beach?

New South Wales kann zwar in Sachen Küstenbahnen nicht mit Pebble Beach mithalten, aber die Qualität seiner Bahnen ist, beginnend mit der 5., durchaus vergleichbar. Auf diesem Abschlag erwartet den Spieler ein großartiger Meeresblick, und man beginnt sofort, am eigenen Können zu zweifeln. Ob man den Grat überspielen kann, der das Fairway in Abschlagweite quert? Wenn nicht, steht man vor einem einschüchternden blinden Schlag mit unbekanntem Ausgang auf der anderen Seite. Spieler, die es über den Grat schaffen, profitieren davon, dass der Ball am Ziel kostbare Meter ausrollt und das Grün mit zwei Schlägen erreichbar macht. Ungeachtet des golferischen Könnens und auch ungeachtet des Score, wäre man ein herzloser Spieler, ginge man nicht mit leichtem Herzen von dieser Bahn.

RECHTS *Das 6., hier von jenseits des Grüns gesehen, beginnt am Abschlag auf den Felsen an der Botany Bay, in der Captain Cook 1770 an Land ging.*

▶ Unter den Verantwortlichen für New South Wales sticht der Name Alister MacKenzie heraus, aber MacKenzie ist bei seinen Änderungen sehr zurückhaltend vorgegangen, war die ursprüngliche Routenführung doch schon brillant. Der Ruhm für diese Vision gebührt dem Australier Eric Apperly, einem versierten Amateurgolfer.

RECHTS *Beim ersten Besuch macht das 3. Loch ratlos. Es ist ein scharfes Dogleg, auf dem die richtige Linie vom Abschlag schwer zu erkennen ist.*

SCOREKARTE DES KURSES

Loch	*Länge (in Meter)*	*Par*	*Loch*	*Länge (in Meter)*	*Par*
1	294	4	10	360	4
2	185	3	11	149	3
3	380	4	12	482	5
4	391	4	13	375	4
5	468	5	14	323	4
6	177	3	15	372	4
7	376	4	16	403	4
8	505	5	17	153	3
9	340	4	18	501	5
Out	3116	36	In	3118	36
			Gesamt	6234	72

Auf das 5. Loch folgt eine kurze Bahn, die mit ihrer Umgebung alles in Pebble Beach in den Schatten stellt. Man spielt hier von einem Abschlag tief auf den Felsen über die donnernden Wellen auf ein in einer Geländefalte auf der anderen Seite gelegenes Grün. Ein schöneres Golferlebnis kann es kaum geben!

Das Schwierigste soll aber noch kommen. Eine Reihe harter Par 4 vom 13. bis zum 16. Loch kann jeden noch so vielversprechenden Score zunichtemachen, sind doch so spät in der Runde kaum mehr Korrekturen möglich. Das erhöhte 13. Grün ist äußerst schwer anzugreifen, während das 14. eines der seltenen kurzen Par 4 ist, die durch die modernen Schläger und Bälle etwas leichter zu spielen sind. Am 15. sorgt der Abschlag für Angst und Schrecken, denn der kompromisslose Drive lässt keinen Raum für Fehler. Jeder Kontakt mit den Dünen an der 16. Bahn zieht mindestens einen Drop nach sich.

Diese Strecke ist wohl die schwerste Serie von Bahnen in Australien, vor allem wenn der Wind Technik und Entschlossenheit des Spielers auf die Probe stellt und auch die kleinste Unsicherheit bloßstellt. Das kurze 17. ist ebenfalls dem Wind ausgesetzt, während das Abschlussloch den starken Spieler belohnt.

Royal Adelaide

Royal Adelaide

Royal Adelaide Golf Club, Seaton, Adelaide, South Australia, Australien

Viele Plätze, allen voran die etablierten britischen Kurse, werden zumindest über eine kurze Strecke von Eisenbahnschienen begleitet. Beispiele sind Royal Troon, Wentworth, Carnoustie oder Prestwick. Andere, wie der Old Course von St. Andrews und Royal County Down, haben ihre stählernen Begleiter schon vor Jahren verloren. In seinen Anfangstagen hatte Royal Adelaide sogar einen eigenen Bahnhof, an dem die Mitglieder aussteigen und direkt zum 1. Abschlag laufen konnten. Der Bahnhof ist Geschichte, aber die Bahnlinie ist noch in Betrieb und bildet am 2. und 14. Loch ein ungewöhnliches Hindernis, führt der Drive doch von einer Seite der Schienen auf die andere.

Der Club zog 1904 an seinen heutigen Standort in den Vorort Seaton um, nachdem schon seit 1869 Golf in Adelaide gespielt wurde. Für die Anlage zeichnete der einheimische Golfer Cargie Rymill verantwortlich, und trotz eines Besuchs von Alister MacKenzie 1926 ist viel von seinem Design erhalten geblieben. MacKenzie hatte dem Club zwar einen detaillierten Plan mit Verbesserungen vorgelegt, aber nur ein Teil seiner Vorschläge wurde auch umgesetzt.

Royal Adelaide ist mit zwei brillanten Par 4 gesegnet, die Golfer trotz der stärkeren modernen Schläger und Bälle auch heute noch faszinieren. Mit 266 m Länge kann das 3. Loch von schlagstarken Spielern bewältigt werden, aber auf der rechten Seite lauert eine tückische Sanddüne, und das Grün ist lang und schmal und erfordert selbst aus der Nähe einen pfeilgeraden Ball. Ein weiteres unvergessliches Par 4 ist das „Crater Hole" genannte 11. Loch. Hier wird das Fairway durch eine Sandfläche von der Länge eines anständigen Drive unterbrochen, sodass man kurz davor spielen und dann einen schwierigen Annäherungsschlag über den Sand auf ein tellerartiges Grün in den Armen einer Sanddüne schaffen muss. Die Düne war früher mit Kiefern bewachsen, die aber entfernt wurden, um die Puttfläche zu verbessern.

RECHTS *Das 14. Loch von Royal Adelaide ist vermutlich die schwerste Bahn des Platzes. Ist der Drive schon schwierig genug, folgt noch die tückische Annäherung über eine Mulde aufs Grün.*

Die Eisenbahnschienen auf der 2. Bahn gelten als integraler Teil des Kurses, und ein Ball, der dort landet, muss so gespielt werden, wie er liegt, oder fallen gelassen werden.

Royal Adelaide ist Austragungsort der Eisenhower Trophy 2008 und hat bisher neun Australian Open und 16 Australian Amateur Championships gesehen.

SCOREKARTE DES KURSES

Loch	*Länge (in Meter)*	*Par*	*Loch*	*Länge (in Meter)*	*Par*
1	348	4	10	345	4
2	500	5	11	353	4
3	266	4	12	205	3
4	411	4	13	395	4
5	420	4	14	445	4
6	420	4	15	455	5
7	175	3	16	166	3
8	358	4	17	473	5
9	496	5	18	383	4
Out	3393	37	In	3220	36
			Gesamt	**6613**	**73**

Sand ist in Seaton reichlich vorhanden, und mit seinen schnellen Fairways und glatten Grüns spielt sich Royal Adelaide in vielerlei Hinsicht wie ein Links-Platz und erfordert Erfahrung im Bodenspiel und eine solide Chip-Technik.

Die großen Par 3

Die besten Löcher des Platzes sind die drei kurzen Bahnen. Die 7. ist das einzige Par 3 auf den vorderen Neun und wurde vor Kurzem verlängert. Die Bahn spielt sich sogar noch länger, als die Zahlen besagen, da sie leicht ansteigt und gegen den Wind läuft. Bunker vor dem Grün unterstreichen die Notwendigkeit eines vollen Carry. Noch länger ist mit soliden 205 m die 12. Bahn. Die letzte und vermutlich beste der drei Bahnen ist die 16. Sie hat ein gewölbtes Grün, auf dem nur die absolut präzisen Bälle halten, und konkurriert mit dem 14. Loch um den Titel der schwersten Bahn der hinteren Neun, mit dem sie eine wunderbare Lage des Grüns gemeinsam hat. Das Herz des 14. Grüns lässt sich nur mit zwei exzellent ausgeführten Schlägen über das gut bebunkerte Fairway treffen.

Royal Melbourne

Royal Melbourne

West Course, Royal Melbourne Golf Club, Black Rock, Victoria, Australien

Der Royal Melbourne Golf Club war und ist der einflussreichste Golfclub Australiens, und der Mann, der ihn dazu gemacht hat, war niemand anderer als Dr. Alister MacKenzie. Er war auf Bitte von Royal Melbourne vom R&A nach Australien geschickt worden, um den Club bei der Anlage eines neuen Kurses zu beraten. MacKenzie traf im Oktober 1926 ein und blieb zwei Monate, in denen er auch eine Reihe anderer Plätze besuchte, um dort Verbesserungen vorzuschlagen.

MacKenzies Erbe war die Rekrutierung des australischen Amateur Champions und Mitglieds von Royal Melbourne, Alex Russell, und des Greenkeepers des Clubs, „Mick" Morcom, im Jahr 1924. MacKenzie sollte nicht lange genug in Australien bleiben, um die Umsetzung seiner Vorschläge in Royal Melbourne und den vielen anderen Clubs zu überwachen. Russell und Morcom übernahmen schnell MacKenzies Architekturstil und konnten eine Revolution in der strategischen Anlage (vor allem im Bunkerdesign) durchführen, die bis heute nachwirkt, vor allem im Melbourner Sandgürtel.

Modellbunker

Als Nick Faldo, damals gerade am Anfang seiner Architekten-Karriere stehend, vor einigen Jahren eine Reihe Turniere in Australien spielte, ging er in der spielfreien Zeit nicht auf den Übungsplatz, sondern untersuchte, vermaß und fotografierte viele der Bunker von Royal Melbourne, so beeindruckt war er von ihrer riesigen Vielfalt und dem gewaltigen Einfluss, den sie auch heute noch auf die Spielstrategie ausüben, obwohl die modernen Pros doch solche Experten im Bunkerspiel sind.

RECHTS *Beide Kurse von Royal Melbourne sind attraktiv ineinander verwoben. Hier kann man von der Rückseite des 2. Grüns des East Course das berühmte 6. Loch des West Course sehen, das sich rechts in die Ferne erstreckt.*

▸ Für Turniere werden Bahnen des East und des West Course kombiniert, um das Spiel innerhalb der Grenzen des Hauptgeländes zu halten und Straßenquerungen zu vermeiden.

▸ Zu den Gründern von Royal Melbourne gehören auch einige Schotten: John Bruce, Tom Finlay und Hugh Playfair aus St. Andrews und William Knox und Tom Brentnall aus Musselburgh.

Die Bunker sind aber nur ein Teil des Geheimnisses, denn die Genialität des West Course liegt in der Art, wie MacKenzie den Kurs geführt hat, um die Topografie des Geländes optimal auszunutzen. Ein Beispiel ist die Strecke vom 3. bis zum 10. Loch, die zwei große und zwei kleinere Sandhügel geschickt nutzt. Das 4. Loch ist eine großartige Bahn, ob man sie nun als kurzes Par 5 oder extralanges Par 4 spielt, mit einem Drive über riesige Bunker auf eine entfernte Hügelkuppe, gefolgt von einem langen zweiten Schlag, sehr wahrscheinlich aus einer hängenden Lage, entlang einem geschwungenen Fairway auf ein schwer bebunkertes Grün. Es folgt das 5., eine traumhafte kurze Bahn, und das 6. ist eines der großen Two-Shotter der Welt mit einem Drive über gefährliche Bunker und einer Annäherung auf ein gekonnt bebunkertes, erhöhtes Grün in den Dünen eines der größeren Hügel.

Wenig Aufmerksamkeit erhält meist das kurze 7., das als eines der besseren Löcher einen Hügel hinauf statt über einen angrenzenden Teich führt, während das 8. Grün abweisend nach hinten und den dort liegenden Bunkern zugeneigt ist. Es folgt ein mittellanges Par 4 mit einem schwierigen Pitch auf ein erhöhtes Grün, und dann kommt das fantastische 10., ein perfektes kurzes Par 4, das schlagstarke Spieler verleitet, das Grün mit dem Drive anzugreifen. Hier ändern auch moderne Schläger und Bälle nichts an seiner Großartigkeit.

SCOREKARTE DES KURSES

Loch	Länge (in Meter)	Par
1	392	4
2	439	5
3	324	4
4	430	5
5	161	3
6	391	4
7	135	3
8	347	4
9	380	4
Out	2999	36
10	279	4
11	416	4
12	435	5
13	134	3
14	335	4
15	427	5
16	202	3
17	401	4
18	396	4
In	3026	36
Gesamt	**6025**	**72**

„Das ist einer der besten Plätze der Welt, aber er macht auch Angst.“

NICK FALDO

DER EAST COURSE

Neben den fünf Australian Open auf dem kombinierten Kurs und den zwei auf dem West Course wurden auch zwei Open auf dem East Course gespielt. Er ist ein sehr schöner Kurs, der 1930–1931 von Alex Russell und Mick Morcom angelegt wurde. Die beiden wurden eindeutig durch Alister MacKenzies Besuch 1926 inspiriert, denn es finden sich viele stilistische Gemeinsamkeiten mit dem West Course, vor allem in der Bebunkerung. Russell und Morcom hatten offensichtlich auch etwas von dem Auge MacKenzies für schöne Grünlagen „geerbt“, und beide Kurse sind hervorragende Prüfungen für Annäherungsschläge. Besonders ansprechend sind die kurzen Bahnen, wobei die 184 m lange 4. Bahn genauso hart ist wie die Bahnen des West Course. Sie führt zwischen gefährlichen Bunkern hindurch bergauf.

OBEN *Das erhöhte 7. Grün (West) ist schmal und quer zur Fluchtlinie gedreht. Angesichts der Bunker auf der Rückseite sollte man nicht zu weit schlagen.*

RECHTS *Das 5. (West), ein großartiges Par 3, erfordert einen Abschlag über eine Senke auf ein schwer bebunkertes Grün mit deutlicher Neigung.*

Cape Kidnappers

Cape Kidnappers

Cape Kidnappers Golf Course, Hawke's Bay, Nordinsel, Neuseeland

Viele Jahre lang war Neuseeland ein weißer Fleck auf der Golfkarte. Trotz der natürlichen Vorzüge des Klimas und der Landschaft entwickelten nur wenige Plätze ihr wirkliches Potenzial. Paraparaumu Beach ist da eine löbliche Ausnahme. Heute gibt es zwei spektakuläre moderne Plätze – Kauri Cliffs und Cape Kidnappers, die die Messlatte deutlich höher gelegt haben, so wie ihr amerikanischer Schöpfer Julian Robertson die Latte für den Golftourismus in Neuseeland höher gelegt hat.

Schon der Name Cape Kidnappers deutet an, dass es hier hinreißende Küstenlandschaften und darin unzählige fantastische Bahnen gibt. Aber der Schlüssel zur optimalen Nutzung eines Geländes liegt darin, was man mit dem Rest des Kurses anfängt. Es wäre die Mühe nicht wert gewesen, hätte man langweilige Bahnen in langweiligem Gelände gebaut, die nur als Weg zu den außergewöhnlichen Bahnen dienen. Mit Tom Doak als Architekt hat Robertson die richtige Wahl getroffen, denn Doak ist ein Meister der Wegführung, der dafür sorgt, dass jede Bahn interessant ist und den Platz unvergesslich macht. Er und sein Team gingen das Gelände mehrfach ab, bevor sie sich an die Planung machten, um jeden Zentimeter kennenzulernen und sich an die fantastische Kulisse zu gewöhnen, die man ihnen zur Verfügung gestellt hatte. Doak konnte sein Talent zum Finden atemberaubender Plätze für Grüns voll ausschöpfen.

RECHTS *Das wie am Rand der Welt liegende 12. Grün ist nur das erste einer ganzen Reihe atemberaubend platzierter Ziele auf dieser Runde.*

„*Das 15. Loch ist wahrscheinlich die schwierigste, furchterregendste und gefährlichste lange Bahn im Golf.*"

MICHAEL CLAYTON, *WORLD ATLAS OF GOLF*

Breite und Optionen

Doak hat sich gegen die „totale" Architektur vieler seiner Zeitgenossen aufgelehnt: Er wollte keine schmalen Fairways, die auf jeder Bahn nach Präzisionsgolf verlangen. Stattdessen schenkt er dem Spieler wo immer möglich Breite, so wie Alister MacKenzie dies Anfang des 20. Jahrhunderts auch machte. Und so wie MacKenzies Grüns clever bewacht waren, sodass man sich je nach Lage auf dem Fairway immer neue Annäherungen einfallen lassen muss, fordert auch Doak die Fantasie heraus, indem er einem die Wahl lässt.

So hat man beispielsweise auf der 1. Bahn ein schön breites Fairway, das zu einem kräftigen Drive einlädt. Aber das Grün ist quer zur Flucht des Fairways gedreht und clever bebunkert. Steht man nicht an der richtigen Stelle auf dem Fairway, findet man keinen Zugang zum Grün.

Cape Kidnappers wäre selbst dann ein großartiger Platz, wenn es nur aus Löchern wie den ersten paar bestünde, aber ab dem 12. Loch wird es mit einer Kette von atemberaubenden Bahnen auf den Klippen wirklich herausragend. Und das 12. Grün liegt auf der feinen Linie zwischen Himmel und Hölle! Darauf folgen eine kurze Bahn am äußersten Klippenrand und ein cleveres Drive-and-Pitch-Loch, das durch einen gemeinen Potbunker besonders teuflisch wird. Dann kommt ein 594 m langes Par 5 von unglaublicher Schönheit und absoluter Hinterhältigkeit: Zur Linken liegt in schwindelerregender Tiefe das Meer, zur Rechten eine Bälle fressende Schlucht. Kann man am 16. Loch vielleicht noch einen Schlag gutmachen, sind die beiden Abschlusslöcher äußerst hart, und man muss bis zum letzten Putt voll konzentriert bleiben.

▶ 2007 bewertete das Magazin *Golf Digest* Cape Kidnappers als zehntbesten Platz außerhalb der USA – ein großes Lob für einen Kurs, der erst 2004 eröffnet wurde!

▶ Den Namen Cape Kidnappers erhielt der Ort 1769 von Captain Cook, nachdem Maoris versucht hatten, seinen Kabinenstewart von der HMS Endeavour zu entführen.

SCOREKARTE DES KURSES

Loch	*Länge (in Meter)*	*Par*
1	402	4
2	494	5
3	197	3
4	497	5
5	384	4
6	206	3
7	414	4
8	166	3
9	369	4
Out	3129	35
10	393	4
11	205	3
12	421	4
13	119	3
14	318	4
15	594	5
16	457	5
17	423	4
18	439	4
In	3370	36
Gesamt	**6499**	**71**

ROBERTSONS VISION

Der zweite Beitrag Julian Robertsons zum modernen Golf in Neuseeland ist Kauri Cliffs auf der Nordinsel. Wie in Cape Kidnappers gibt es hier hinreißende Meerblicke von diesem Kurs auf den Klippen, der vom in Florida ansässigen Platzarchitekten David Harman angelegt wurde. Nicht weniger als 15 Bahnen liegen am Meer, wobei aber einige der besten Löcher, wie das Par 5 der 4. Bahn, im Landesinneren liegen. Das 7. Loch bietet den ersten Kontakt mit dem Meer mit einem Alles-oder-nichts-Carry über einen Abgrund. Mit den Löchern 14 bis 17 haben auch die hinteren Neun eine fantastische Serie von Bahnen auf den Klippen zu bieten. Es gibt dank der spektakulären Lage einige offensichtliche Gemeinsamkeiten zwischen den beiden Plätzen, aber wirklich faszinierend ist der Vergleich der Detailarbeit beider Architekten.

RECHTS *Diese Luftaufnahme fängt die spektakuläre Umgebung der Bahnen 14 bis 17 von Kauri Cliffs wunderbar ein. Im Vordergrund sieht man das 14. und das 17. Grün.*

Paraparaumu Beach

Paraparaumu Beach

Paraparaumu Beach Golf Club, Kapiti Coast, Nordinsel, Neuseeland

Der traditionelle, schnell trocknende Sandboden, das kurz gemähte Fairwaygras, die schnellen Grüns und die tiefen Bunker des Links-Golfs sind jenseits der Küsten der britischen Inseln eine Seltenheit. Man kann nicht viel weiter von Großbritannien entfernt sein als auf Neuseeland, aber in Paraparaumu Beach findet man tatsächlich einen echten Links-Kurs – und zwar einen von Weltklasse.

Golf wurde hier erstmals 1929 auf einem 9-Loch-Kurs gespielt, der kurz vor dem Zweiten Weltkrieg auf 18 Löcher ausgebaut wurde. Bereits da existierten Pläne, ihn zu einem großen Platz auszubauen, und man engagierte Alex Russell, den Australier, der mit Alister MacKenzie an Royal Melbourne gearbeitet hatte. Er vollendete seine Arbeit 1949, und seitdem hat sich nur wenig verändert.

Nicht zu kurz für die Stars von heute

Mit einer Länge auf dem Papier von etwas über 6035 m scheint Paraparaumu Beach zu kurz für Spieler wie Michael Campbell und Tiger Woods zu sein, um nur zwei der Weltstars zu nennen, die hier ernsthaft gespielt haben. Aber der Kurs ist gut verteidigt, und schon der kleinste Fehler wird viel härter bestraft, als man meinen möchte. Ein Beispiel ist das 5. Loch, eine kurze Bahn von bescheidenen Ausmaßen ohne Bunker. Trifft man das Grün und kann den Ball auf der Puttfläche halten, ist alles gut. Verfehlt man es, kann nur noch ein perfekter Schlag dafür sorgen, dass der dritte Schlag ein Putt ist, denn dieses Grün sitzt hoch über seiner Umgebung und hat kurz geschorene Flanken. Das 16. Loch ist noch kürzer, aber es ist ein herrlicher Beleg dafür, dass es keine Länge braucht, um einen großartigen One-Shotter zu schaffen.

Es gibt aber auch einige bemerkenswerte längere Bahnen. So sind das 3. und das 4. Loch parallele, lange Par 4, die in entgegengesetzte Richtungen zu spielen sind und so die

Wirkung des Winds verstärken. Die herausragendste Bahn ist vermutlich das 13. Loch, ein 408 m langes Par 4 mit einem stark gewellten Fairway, dessen letztes Stück um einiges unterhalb des Grüns endet. Der lange Carry vom höher gelegenen Teil auf das Grün ist eine beachtliche Aufgabe, und ein wesentlich kürzerer Schlag vom tiefer gelegenen Teil des Fairways erfordert höchste Präzision.

Auch das 17. Loch ist eine fantastische Bahn mit einem Fairway auf zwei Ebenen, die diagonal durch einen Grat getrennt sind. Man muss sich entscheiden. Die untere Fairwayebene ist einfacher zu erreichen, aber von hier aus hat man eine lange und anstrengende Annäherung auf ein abgewinkeltes Grün mit Bunkern zur Rechten und einer weiteren kurz geschorenen Schräge zur Linken. Für die höhere Ebene benötigt man einen wesentlich kontrollierteren und längeren Abschlag ohne Raum für Fehler. Allerdings kann man die Annäherung mit einem wesentlich kürzeren Schläger spielen, auch wenn die gleichen Gefahren auf einen ungenauen Schlag warten.

▶ Bei den New Zealand Open 2002 in Paraparaumu Beach gewann der 13-jährige koreanische Schüler Jae An als jüngster Spieler in einem professionellen Turnier die Qualifikation. Er schaffte den Cut nur zwei Schläge hinter Tiger Woods.

LINKS *Was für eine wunderschöne Grünposition für ein langes Par 4! Alister MacKenzie hätte der Führung der 13. Bahn seines Protegés Alex Russell in Paraparaumu Beach sicher zugestimmt.*

SCOREKARTE DES KURSES

Loch	*Länge (in Meter)*	*Par*
1	369	4
2	180	3
3	424	4
4	408	4
5	148	3
6	297	4
7	457	5
8	339	4
9	359	4
Out	2982	35
10	283	4
11	390	4
12	498	5
13	408	4
14	134	3
15	340	4
16	126	3
17	404	4
18	503	5
In	3087	36
Gesamt	6069	71

„Paraparaumu wird man noch 100 Jahre lang loben."

PETER THOMSON, NEUNMALIGER SIEGER DER NEW ZEALAND OPEN

Register

Die **fett** gesetzten Seitenzahlen beziehen sich auf Haupteinträge.

Abbildungsnachweis

Der Verlag dankt folgenden Personen und Institution für die Genehmigung zum Abdruck urheberrechtlich geschützter Bilder:

Sean Arbie, S. 58.

Barnbougle Dunes Golf Club, S. 238, 239.

Michael Calderwood/Peninsula Papagayo, S. 136.

Celtic Manor Resort, S. 56.

Corbis/Tony Roberts, S. 133.

Getty Images, S. 78; /David Alexander, S. 12, 13, 96; /Stan Badz/PGA, S. 104; /David Cannon, S. 2, 6, 6–7, 7, 8–9, 16, 20, 26, 28, 29, 32, 34, 48, 49, 50, 52, 54–55, 60, 61, 64, 70, 86, 92, 100, 108, 110, 112, 114, 115, 156, 158, 159, 176, 180, 196, 198, 199, 200, 222, 230, 231, 240, 241, 244, 246–247, 248, 250–251, 252; /Chris Condon/PGA, S. 102; /Stuart Franklin, S. 174, 218; /Richard Heathcoate, S. 44, 223, 228, 228–229; /Harry How, S. 74, 78–79, 79, 90; /Image Source Black, S. 4–5; /Craig Jones, S. 92–93; /Ross Kinnaird, S. 104–105; /Warren Little, S. 23, 154, 155, 212, 213, 220, 221; /Steve Munday, S. 11, 38, 170; /PGA of America/Stringer, S. 111; /Paul Severn, S. 194–195.

Hotel Transamérica Ilha de Comandatuba, S. 140, 141.

Kapalua Resort, S. 82.

Karen Country Club, S. 210, 211.

Kiawah Island Golf Resort, S. 84, 85.

La Dehesa Golf Club, S. 142.

Ed Lopez/Vista Vallarta Golf Club, S. 134, 135.

Iain Lowe Photography, S. 30–31.

Master Golf Club, S. 152.

Brian Morgan, S. 22, 72, 122, 127, 132, 146, 160, 161, 168, 172, 173, 224, 225, 232.

Ran Morrissett/GolfClubAtlas.com, S. 116, 117, 121, 138.

Mark Rowlinson, S. 188.

Rungsted Golf Club, S. 150.

Frank Sauve/St George's Golf & Country Club, S. 118.

Phil Sheldon Golf Picture Library, S. 10, 36, 37, 40, 46, 66–67, 75, 76, 80, 94, 95, 97, 98, 106, 124, 125, 190, 191, 195, 203, 204, 214, 242; /Liz Anthony, S. 14–15, 18, 42, 68, 88; /Bob Atkins, S. 62; /Richard Castka, S. 226 oben, 226 unten, 235, 236; /Patrick Eagar, S. 208; /Karina Hoskyns, S. 184–185, 185; /Jan Traylen, S. 178.

Stefan von Stengel, S. 120, 126, 128–129, 130, 131, 144, 145, 148, 162, 164, 166, 167, 181, 182, 186, 187, 192, 202, 206, 216, 216–217, 234.